聖徳太子の歴史を読む

上田正昭
千田稔
共編著

文英堂

聖徳太子の歴史を読む

文英堂

はじめに

推古《すいこ》朝の政治と文化を考える際には、誰もが聖徳太子(廐戸皇子《うまやと(と)》)の思想と行動を無視するわけにはいかない。推古朝ばかりではない。飛鳥文化をかえりみる時、聖徳太子の存在が大きく眼前に浮かんでくる。

廐戸皇子は亡くなってからも聖徳の太子としてあがめられ、さらに信仰されるようになって、日本の仏教史はもとよりのこと、日本の思想史にも大きな影響を及ぼした。たとえば慈円《じえん》の著した『愚管抄《ぐかんしょう》』は、末法《まっぽう》思想にもとづく来世《らいせ》的時世観を基調としながら、道理において道徳的・規範的なものが、自然・必然の理に優越すると説いた歴史書・思想書として注目されているが、その根本的な執筆の動機は、建保《けんぽう》四(一二一六)年に慈円みずからが聖徳太子と日吉《ひえ》社新宮の霊告を得たことからはじまる。

太子信仰はたとえば社寺建築の宮大工の間に生きつづけ、また太子信仰は日本の各地の太子講を形づくっていった。こうした事例をかえりみても、太子の思想と行動が、日本の文化に与えた影響には、はかりしれないものがある。

しかし太子に関する確かな資料はきわめて限られており、養老《ようろう》四(七二〇)年の五月二十一日に「奏」された『日本紀』(『日本書紀』)自体に多くの潤色があることは、すでに先学があいついで指摘されてきたとおりである。

本書は聖徳太子の生涯を解明し、国政と仏教興隆にいかなる役割をはたし、世界遺産法隆寺がいかにして具体化したかを考察する。そして太子をめぐる美術、さらに太子信仰のありようを考察する。

聖徳太子らがかかわりをもった冠位十二階《かんいじゅうにかい》(徳・仁・礼・信・義・智を大小に分ける)については、『隋書《ずいしょ》』東夷伝《とういでん》倭国の条(倭国伝)に、「内官に十二等あり」として、順序は異なるが、「一を大徳と曰《い》い、次は小徳・次は大仁・次は小仁・次は大義・次は小義・次は大礼・次は小礼・次は大智・次は小智・次は大信・次は小信、員に定数無し」と書きとどめており、唐《とう》の高僧で唐招提寺《とうしょうだいじ》を開いた鑑真和上《がんじんわじょう》の伝記『唐大和上東征伝』には、遣唐留学僧の榮叡《ようえい》と普照《ふしょう》が、揚州《ようしゅう》の大明寺《だいみょうじ》で鑑真和上の来日を要請したおり、「本国の昔、聖徳太子ありて曰く『二百年の後、聖教日本に興る』と。今此の運に鐘《あた》る。和上東遊して化を興せ」と懇望したのに対して、和上が「昔聞く、南嶽思《なんがくし》禅師遷化《ぜんじせんげ》の後、倭国の王子に託生《たくしょう》し、仏法を興隆す」と答えたと伝えられている。

これらは聖徳太子の存在が、古くから内外に知られていたことを示唆する。そしていわゆる五風土記《ふどき》のなかでもっとも早く記録された『播磨国《はりまのくに》風土記』に、廐戸皇子が「聖徳王」と書きとどめられていることもみのがせない。

明治以後においても太子信仰は生き続けており、そのありようは旧一万円札の太子像にも反映されていた。政治や経済さらに宗教をめぐる紛争の絶えない今の世に、聖徳太子の歴史と文化を改めて問う意義は大きい。

二〇〇八年一月

上田　正昭

もくじ

巻頭　和を以て貴しとす　大野　玄妙……8

序章　聖徳太子の思想と行動
1　聖徳太子の「和」のこころ　上田　正昭……28

1章　聖徳太子　登場前夜
1　六世紀後半における天皇家・豪族の政権抗争　塚口　義信……42
2　斑鳩・藤ノ木古墳の発掘と被葬者　石野　博信……58

2章　聖徳太子の国政と仏教興隆
1　聖徳太子の「天皇事《みかどわざ》」とは何か　塚口　義信……78
2　上宮から斑鳩宮へ―思索の旅路―　千田　稔……98
3　倭国の外交と推古朝の国際交流　森　公章……116

4　法興年号と仏法興隆　東野　治之……132
5　聖徳太子は日本仏教の礎を築いたのか　本郷　真紹……148
6　太子建立七カ寺と推古朝四十六カ寺を探る　森　郁夫……162
7　廐戸皇子の薨去　和田　萃……178

3章　聖徳太子の仏教美術と建築

1　聖徳太子と仏教美術　大橋　一章……192
2　捨身飼虎図にみる釈迦と聖徳太子　山折　哲雄……208
3　玉虫厨子　再考　上原　和……226
4　創建斑鳩寺と再建法隆寺　鈴木　嘉吉……250

4章 聖徳太子信仰と世界遺産
1 聖徳太子の伝説と遺訓 髙田 良信……268
2 資料からみた太子信仰の成立 田中 嗣人……284
3 「唐本御影」は聖徳太子像か 武田佐知子……298
4 法隆寺・世界文化遺産への道 髙田 良信……320
付章
「和」の指標―輝かそう！ 和の精神― 亀井 龍彦……336
廐戸皇子（聖徳太子）略年表……346

巻頭

和を以って貴しとす

和《わ》を以《もっ》て貴《たっと》しとす

法隆寺管長
大野　玄妙

人類は歴史の中で大きな社会不安、あるいは、先行きに行き詰まり、大きな壁にぶち当たったりして困難な状況に立ち至った時には、「温故知新《おんこちしん》(古きをたずねて新しきを知る)」という格言のように、もう一度元に戻ってやり直そうとする知恵を持っていました。私たちは今こそ、日本文化の父とも言うべき聖徳太子の精神に立ち返り、その思想や人格、また、長い間に培《つちか》ってきた人々の太子に対する信仰やその想いに目を向け、太子に学んで行くべき時ではないかと考えます。

「以和為貴」

聖徳太子は、『十七条憲法』の第一条で「一に曰《いわ》く、和《わ》を以《もっ》て貴《たっと》しとす」と述べられ、協調し仲良くする「和合《わごう》」への道の重要性を示されたことはよく知られています。「和」という文字は、今は「のぎへん」に組み入れられていますが、本来は「くちへん」で、「和」は「口」と、加えるという意味の「禾」とから成り立っていて、「声を合わせる」さらには「心を合わせる」「口々に述べられる様々な発声、意見を一つに束《たば》ね、一つの調整されたものになる」という意味であります。

さて、『論語《ろんご》』子路《しろ》篇には「子曰《しいわ》く、君子は和して同ぜず、小人は同じて和せず」とあり、この言葉は、世間の状況を実によく表わしています。これは「君子たる者は、他人と心から一致し、うわべだけの同調をするようなことはない。小人はうわべでは一致しているが、心から一致するようなことはない」という意味で、私たちは「皆がするから自分もする」「皆が持つから自分も持つ」というような、ここでいう小人の交わりの危険と常に隣り合わせの社会に生活していることに気づかねばなりません。そしてまた、太子のお言葉の「和を以て貴しとす」も、仲良く和合協調することの大切さを示すものですが、決してただ闇雲《やみくも》に和合協調することをすすめておられるのではありません。

■「和」

「和」については、『論語』の学而《がくじ》篇に「有子《ゆうし》曰く、禮《れい》はこれ、和を用うるを貴しと為す」とあり、この『論語』の有子の説に基づいていると言われています。『論語』では「和」は「禮」の働きとみられ、「禮」の実現のために「調和」が大切であるということで、つまり、「和」は「禮」との関係においてその実行手段とみているわけです。

また、さらにその先には、この「和」は、「禮」の本質に返って、さまざまな秩序を守って節制しないと悪い平等が成り立ち、うまくいかなくなってしまうと述べられています。うまく調和するために、一定の正しい基準によって節制をしなければならないというのであります。確かに、正しい見方や認識によって、皆の考えを和合させなければ、本当の正しい和は保てないことは言うまでもなく、正しい見方や認識によらずに「和合」すれば、自分たちだけの勝手な「和合」が成立し、かえって永く混乱をまねきかねません。近年の世界情勢の中では、イデオロギーの対立によっておこったアメリカとソ連の冷戦の終結や、東西ドイツの壁が取り除かれ、平和の訪れに多くの人々が希望を抱いたのはそう遠い話ではありません。しかし昨今の状況はというと、民族主義ともいうべきナショナリズムの嵐が吹き荒れて、各地で地域紛争が起こり、これらによって人々は生活の場を失い、家族は離散し、数多くの難民を生み出し、それらの困っている人にさらに追い打ちをかけるように弱者に対して攻撃を加えるといった悲惨な様相を呈《てい》していま す。目を覆《おお》いたくなるような話は実に多く、さらにエスカレートして、無差別爆撃、無差別殺人へと狂走し、多くの人が傷つき命を落としているのであります。

人々はイデオロギーによる「和合」、ナショナリズムによる「和合」、その他様々な色分けによって「和合」するという習性を持っていて、何らかの集まりに与《くみ》しないと落ち着かないのです。しかしこれらの集まりは決して正しい「和合」とは言えず、一部分の人にだけ都合のよい調和となり、正しい「和」は保つことができません。正しい見方や認識というのは、皆に平等で、しかも絶対の真実でなければならず、太子は、あくまでも「皆のための和」でなければならないと考えておられたと思うのであります。

「共是凡夫耳」

『十七条憲法』の第十条に「十に曰く、忿《いかり》を絶ち、瞋《いかり》を棄《す》てて、人の違《たが》ふことを怒らざれ。人皆心あり。心おのおの執《とる》ところあり。彼《か》れ是《ぜ》とすれば、我《わ》れは非《ひ》とす、我れ是とすれば彼れは非とす、我れ必ずしも聖にあらず。彼れ必ずしも愚《ぐ》にあらず。ともに是れ凡夫《ぼんぷ》のみ。是非の理、たれかよく定むべけんや。相ともに賢愚なること、鐶《みみがね》のはし無きが如し。是《ここ》を以って彼の人は瞋《いかる》といえども、かえって我があやまちを恐れよ。われひとり得たりといえども、衆に従って同じくおこなえ」とあります。

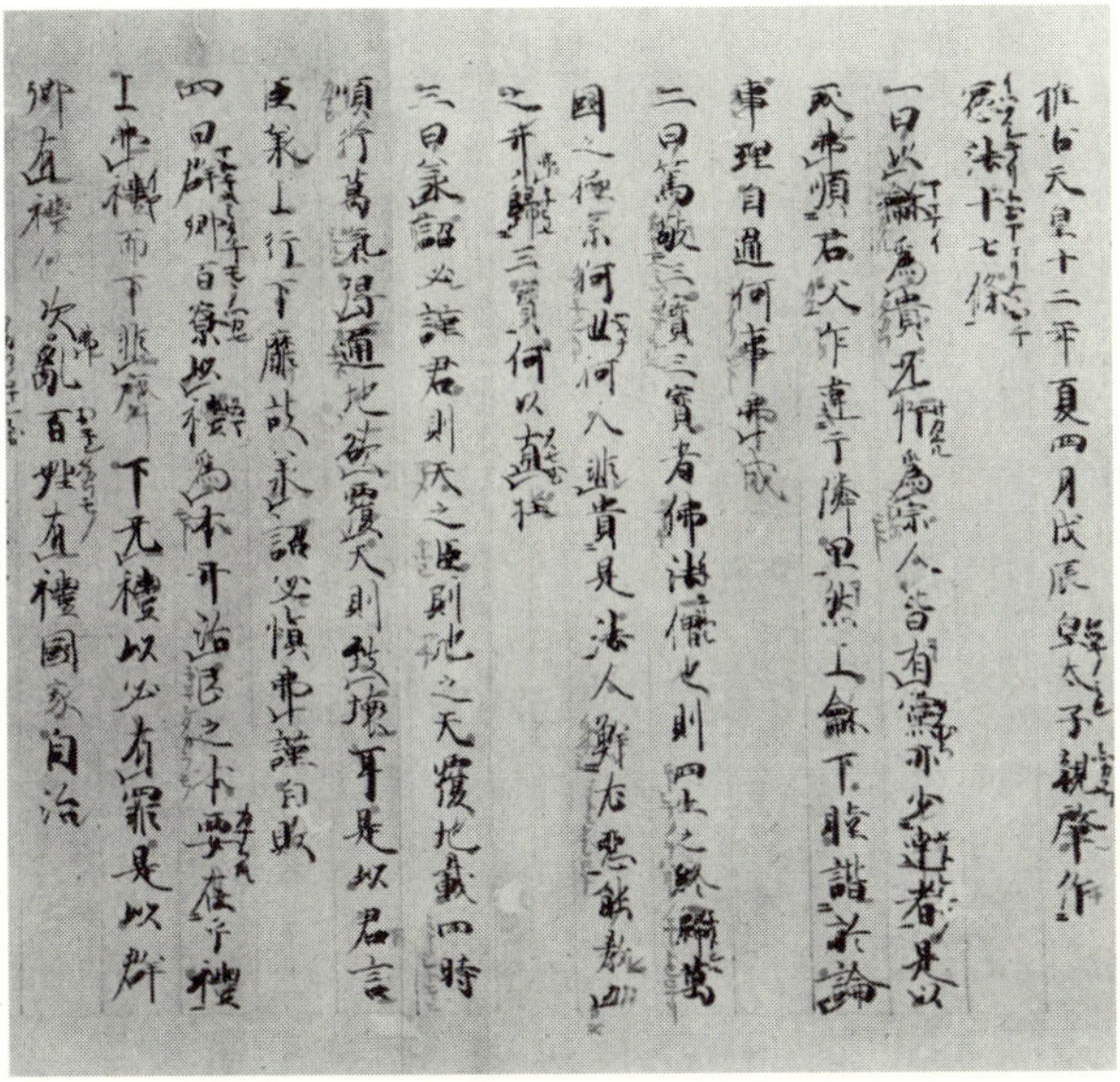

▲「十七条憲法」（『日本書紀』より）

忿はこころのいかり、瞋はおもてのいかりを表わし、心で忿《いか》ってはいけない。顔や振る舞いにも瞋《いか》りを持ってはならない。また自分の意見と違うからといって怒ってはならない。なぜならば人にはそれぞれ考えがあり、それぞれの長所があるからです。彼が正しければ私が間違っている、私が正しければ彼が間違っているとしたようなものではなく、皆お互いさまで、私は必ずしも聖人ではなく、彼が必ずしも愚かでもない。皆共に凡夫なのです。正しいとか間違いであるとかということは、誰が決めることができるのでしょうか。賢い愚かの境は、耳輪の端《はし》のないようなもので、どこが初めでどこが終りかわからないのです。人が自分に怒ったとしたら、もしかしたら自分に過ちがあるのではないかと省みてみることです。また、自分は正しいと思っても、大勢の意見を尊重し、皆に従って同調してものごとに当たりなさい、という意味であります。太子は、こうしてていねいに協調するべき理由を説明し、ご教示下さっているのです。

■「同和愛敬」

そもそも「和」というものは、「縁」によって成り立つものであります。つまり、「因縁《いんねん》」によって「和合」するもので、いかなる事象にも原因があり、「縁」が働き結びつき「和合」するのであります。仏教では、この「和合」をサンスクリット(梵語《ぼんご》)で「サンガ」といい、これが中国へ入って「僧伽《そうぎゃ》」と音訳されました。そして、「僧伽」は出家僧の集まりを意味し、「和合僧」「和合衆」と翻訳され、五人以上の出家僧がお互いに協調して、法に背《そむ》かないように修行を高め合うことで、すべての修行生活を同じくして、お互いに和して親しく敬い合うのであります。これを「同和愛敬《どうわあいきょう》(和敬《わきょう》)」といい、これによって、正しい修法が保たれて、協調された和合の衆となるのであります。つまり、一種の運命共同体で、あらゆる「縁」を「和合」させて、お互いが親しく敬い合うことによって、仲の良い、心安らかな平和な社会が実現するのであります。この様なところから「和合衆」は、平和社会を求める人々という意味に理解されています。

協調のない勝手気ままな行動や言動を、「放逸《ほういつ》」といい、お釈迦さまは強く戒《いまし》めておられます。『法華経』の序品には「汝《なんじ》一心に精進《しょうじん》し、當《まさ》に放逸を離るべし。」と説かれています。この「放逸」は、あらゆる間違いを生じさせる原因となり、不和の種を蒔《ま》くことになるのは申すまでもありません。とくに、最近の風潮では、自分や自分たちだけが正しく、また自分だけが平和であって、他への配慮に欠けた、いわゆる自己中心的な考え方が横行しています。こうした「放逸」が聖徳太子のご精神に反することはあきらかであります。相手の気持ちになりお互いの気持ちを汲み、そしてすべてに対して思いやりを持って接しなければなりません。なぜなら、先にも述べましたように、私たちもまた、人類だけでなく、すべての命・地球全体が「縁」によって結ばれた運命共同体なのです。

■「篤敬三寶」

『十七条憲法』の第二条には、「二に曰く篤《あつ》く三寶《さんぼう》を敬《うやま》へ。三寶とは佛と法と僧となり」と述べられています。太子は、「和」が正しく調和するには、佛法によらなければならないと考えられたもので、この第二条はあきらかに第一条を意識したものであります。

『十七条憲法』では、第二条の終わりを「其れ三寶に歸《よ》りまつらずんば、何を以てか枉《まが》れるを直《ただ》さん」と締めくくっておられます。太子は、まさに佛法によって秩序を守り節制する「調和」を求められているものと理解できます。このような意味から太子の説かれる「和」は、論語にいう「禮」に関わる実行手段としての調和とは大きく異なるものと受け止めるべきでありましょう。

この「三寶」について、『勝鬘経義疏《しょうまんぎょうぎしょ》』の一乗章《いちじょうしょう》で「今日の一體《いったい》の法僧に依《え》するは、即《すなわ》ち是《こ》れ如来《にょらい》に帰依《きえ》するなりと明す」とあり、法や僧に帰依するということは、結局如来(仏)に帰依することで、帰依こそまことの「和合」への目標であると考えられていたのであります。また、『維摩経義疏《ゆいまきょうぎしょ》』菩薩品《ぼさつぼん》には、「悪を離れ善を修するは、必ず三寶を以て本と為す」と述べられて、『法華経義疏《ほけきょうぎしょ》』序品《じょぼん》には、「廣《ひろ》く萬善同帰《まんぜんどうき》の理《り》を明《あか》し、莫二《まくに》の大果《たいか》を得せ使《し》めたまう」とあります。「萬善同帰」を簡単にいいますと、「あらゆる善い行いは、佛道に帰する」ということです。「莫二」というのは、二がない、つまり一以外はないということで、たった一つの乗り物（一乗）という意味です。「大果」は、大いなる結果で、一乗の目的は佛になることでありますから、成仏するということになるのです。

このように「三寶」に帰依する生活を送ることは、それ自体が「一乗」への道であり、このたった一つの「一大乗」の道こそ正しい「和合」となり得る根拠であります。いかに凡夫《ぼんぶ》の身にあっても私たちすべてが、佛に成る性質を持っていることに他ならないのです。

まさに聖徳太子の「和」は、「一大乗」の教えに基づいたすべての衆生のための大いなる「大和《たいわ》」であると同時に、真の平和実現のための指針であるといえるのであります。

■「菩薩思想」

仏法に基づいた「和」の道、「和の精神」を提唱された太子は、誰もが平等《びょうどう》に安穏に暮らすことのできる理想社会を構築したいと願われ、その実現を目指して実践の生涯を送られました。それは、人々の慈《いつく》しみの心を養い、この国を慈悲の心で満たされた善人たちの多く住む社会、つまり菩薩《ぼさつ》の国造りを目指したもので、そこはもうすでに菩薩の国、仏国土というわけでありましょう。

「菩薩」を簡単に説明しますと、仏と同じさとりを得ることを目的とする人々のことで、成仏をめざして菩薩の行を実践する人であります。元来、さとりを開く前の修行時のお釈迦さまのことを「菩薩」と呼んだのですが、紀元前後頃より、在家信者の中から大乗運動が起こり、この大乗の仏教徒たちは、自分たちのことを仏に成れる身であるということから、あえて「菩薩」と称したのであります。その当時は仏滅《ぶつめつ》後五〇〇年が経《た》ち、仏教の教団も各々の部や派に分かれて、自分たちの主張に固執し、他の在家信者や人々のことを忘れて互いに論争を繰り広げ、仏教徒本来の在り方を見失い、初心を忘れてしまったような状況でありました。

これら既成の教団に対して、在家の仏教徒の中から一種の批判運動が起こり、これに理解を示す僧たちも加わり、お釈迦さまに帰ろうといった復古運動として展開したのが、大乗仏教であります。これらの大乗の仏教徒たちは、既成の教団の修行者のことを、自己のさとりのみを求めるところから小乗と呼び、自分たちは、他者の利益を求める利他の行《ぎょう》を行い、皆で共に仏に成る道を歩む菩薩道を唱え、大乗と称したのであります。

太子は『勝鬘経義疏』の一乗章で、大乗と小乗の相違点を説明されて、「仍《すなわち》大小を辨《べん》ぜば、自度《じど》を求めず物《もの》を濟《すく》ふを先《さき》と為して、佛果に等流《とうる》するを稱して大乗と為し、物を化《け》するを患《わずら》いと為して、但自度を求めて彼の無實を臧《よみ》するを名《な》づけて小乗と曰《い》ふ。」と述べておられます。つまり、大乗と小乗とを述べれば、自己の得度（さとりを得ること）を求めることよりも、物（衆生《しゅじょう》）を済度することを先に行い、共に等しく仏の果報を得ようとするのを大乗と称し、物《もの》（衆生）を教化（教え導く）することを患《わずら》わしいこととして、ただ自己のさとりのみを求めて、あの様な真実ではないさとり(小乗のさとり)をもって、それでよしとする(賊する)のを小乗と名づけるという意味であります。

この菩薩の思想を説く大乗仏教は、中国でも広く研究され、在家仏教の考え方にも強く影響を及ぼしました。また、特に中国の南北朝期(五~六世紀)には、その時期に興起した末法《まっぽう》思想(仏滅後千年)とも関連して、末法の世において衆生を救済する教えとしての菩薩思想が注目され、「大乗経典」の研究はさらに進展することと成りました。こうして中国で大きく発展した菩薩思想は、やがて朝鮮半島の諸国を通じてわが国にも伝わり、聖徳太子の研鑽された『勝鬘経』『維摩経』『法華経』の三部の『経典』も、この在家思想や菩薩思想を説く代表的なものであります。

「住持三宝」

さて、そもそも「三宝」とは、さとりを開かれたお釈迦さまを「仏《ぶつ》」、そのお釈迦さまの教えを「法《ほう》」、その教えに従い修行するものたちを「僧《そう》」とし、そのそれぞれに「宝《たから》」を付けて、「仏宝《ぶっぽう》」・「法宝《ほうぼう》」・「僧宝」の三つの宝をいうのであります。お釈迦さまが在世の時は問題なかったのでありますが、お釈迦さまが入滅をされますと状況に変化が起こりました。

つまり、肝心の「覚者《かくしゃ》」である「仏」がこの世に存在しないというわけで、その後「三宝」について様々な解釈が生じました。この各種の「三宝」に対する考えの中の一つに、「住持三宝《じゅうじのさんぼう》」があります。これは現実に目に見える塔や仏像を「仏」、経巻や経典などを「法」、経典に基づいて仏道を実践する者たち(教団等)を「僧」とするものであります。

太子はこのような「住持三宝」の展開も、菩薩の国、平和社会実現のためには重要と考えておられたようであります。太子が四つの願いを述べられた『四節願文《しせつがんもん》』の前文の中に、「臣《しん》、亦《また》國家の奉為《おんため》に、諸の塔寺を建立し、但だ住持《じゅうじ》の方便《ほうべん》を念《おも》て更に餘《よ》の樂《ねがい》無《な》し、将《まさ》に願わくは三寶を興隆《こうりゅう》し、含生《がんしょう》を導利《どうり》して、率土《そつど》安穏にして庶民快樂《けらく》ならしめ給え。」とあります。私(臣)は国のために多くの塔や寺を建てました。そして、ただ最良の方法として住持の三宝の広まりを念願し、他に何の望みもありません。この方策によって願うことは、三宝が隆《さか》んに興《おこ》され、生あるものたちが導かれ利益をこうむり、この世が安穏で平和であり、人々が楽しく暮らせるようになってほしい、という意味で、太子の願いが実によく伝えられている文であると思います。

太子にとって、慈悲心に満たされた菩薩の国、平和社会実現のための一つの方法として、寺塔を建立することが挙げられます。寺には塔が建てられ、仏像が祀られる。そして経典が読まれ、講経され、仏道を実践する人々が集う。このように「三宝」が整った一つの小世界が寺院であり、そこは菩薩たちの集う小さなこの世の浄土というわけであります。

太子にとって寺院の建立は、理想社会をこの世に具現するための第一歩であります。各地に寺が建てられ、小さな理想社会がそこに生まれ、それらがやがて広がり繋《つな》がり、社会全体が浄化されて菩薩の浄土となると考えられ、また願われたのであります。この小さな平和社会が国中に興《おこ》され、それぞれに助け合い高め合い、調和して和合すれば、国全体が自然に平和な社会となるということでありましょう。

世界文化遺産の登録

法隆寺は、平成五（一九九三）年に国連ユネスコの趣旨に基づいて、世界人類の平和のために寄与するものとして世界文化遺産に登録されました。今では、世界各地の重要な遺産の多くが、保護されるべく世界遺産の登録を受けています。ユネスコ活動の目的は、教育・科学・文化を通じて、各国民間の理解を深め、世界の平和に尽くすことであり、世界遺産登録も、多くの人々がその重要性を認識し、国境を越えて守って行こうとすることで協調性が生まれ、世界平和が保たれることを期待するものです。

文化遺産や自然遺産にとって、最大の脅威は戦争や紛争であります。価値観の違いからの破壊、貧困や営利目的からくる盗難、自然に対する配慮の欠如など、不心得な人間による行為も決して少なくはありません。ユネスコは、それぞれの国や地域の人々が人類共有の大切な遺産の保護の重要性に目覚《めざ》め、多くの人の理解を得て、皆で守っていこうとする機運の高まることを望んでいるのであります。そうなれば、それらの地域からは戦争や紛争がなくなると同時に、これらの遺産の保護のための努力や啓蒙活動は、自然に人々の精神的支えとなり、さらに心の平和も育まれることでしょう。世界遺産が各国に点々と万遍なく登録されることによって、最終的には地球規模の平和を期待して、今日もその活動が続けられているのです。

ユネスコによる世界遺産登録の意図と、太子のお考え方には、等しく共通するものがあります。太子のお考えも、平和社会実現のために多くの寺を建て、それらの寺で人々に善行を勧めて善人を養育し、寺の周辺地域が慈悲に満ちた平和な社会となり、こうした地域が各地に生まれ広がり、やがて国全体が平和な世界となると考えられたのでした。このように、世界平和を目的とした世界遺産を守る行動と、聖徳太子の平和精神を受けて平和社会実現を目指す努力とは決して別のものではないのであります。

平和であるためには、国が安定し、人々の心が安らかでなければなりません。なぜなら一人ひとりの心の中が平和社会の最小の単位であるからなのです。またそれはすべての人々に及ばなくては、真の平和社会とはいえません。このような理想の社会の実現を心から願われ、その方法を懸命に求められたのが聖徳太子であり、『十七条憲法』第一条の「和を以て貴しとす」という金言となったのです。太子のご精神を伝え、一四〇〇年の法灯を守り、今もなお社会を照らし続ける生きた宗教文化遺産としての法隆寺を、次世代にしっかりと引き継いでいく責務を私たちは負っているのです。同時に、この遺産を活用し、その中で平和に向けた啓蒙活動を続けていくことこそが大切なのではないでしょうか。

五重塔心柱の年代

平成十三(二〇〇一)年二月、奈良文化財研究所の光谷拓実《みつたにたくみ》先生の年輪年代測定の研究によって、法隆寺五重塔の心柱《しんばしら》が推古二(五九四)年に伐採《ばっさい》されたということが明らかになりました。それまでの年輪研究では、読み取ることのできる年輪の五九一年にそれより外側のX年(六十~七十年)を加えた年とされていて、天智九(六七〇)年に焼失したことを前提とした議論が通説となっていました。しかし、この二〇〇一年の発表では、エックス線などの装置によって、心柱の伐採が五九四年であると確定したのであります。今までの法隆寺の再建、非再建という議論に対して、これまでの説を覆《くつがえ》す新しい材料が加わ

▲法隆寺五重塔

ったこととなり、もう一度考証をやり直す必要が出てきました。これをふまえて、さらに様々な角度から研究されることと思います。しかし私たち寺僧にとっては、この五九四年という伐採年についての受け止め方は、また別の意義があります。

法隆寺の創建については、一般的には金堂に安置されている薬師如来像の『光背銘《こうはいめい》』によって、推古《すいこ》十五(六〇七)年とされています。『銘文』には、太子の父用明《ようめい》天皇が即位をされた用明元(五八六)年にご病気になられ(『日本書紀』では用明二年四月)、その時、後の推古天皇と聖徳太子を召されて、「我大御《われおおみ》病太平《やまいたいら》きなんと欲《おぼ》し坐《ま》す。故《かれ》、寺を造り薬師像を作り仕奉《つかえたてまつ》らんとす。」と誓願されたことが伝えられています。つまり、ご病気の平癒のために寺を建てて薬師仏を造顕したいと願いを発《おこ》されたのであります。しかし、用明天皇は、この願いを実行することができずに崩御《ほうぎょ》されたので、後の丁卯《かのとう》の歳《とし》(推古十五年)に推古天皇と聖徳太子が、この用明天皇の命《めい》を受けて実現をしたと記されています。

この『銘文』から考えられることは、推古十五年は法隆寺建立に関わる一つの大きな区切りの年であることが理解できますが、着工を示すものではないことは、その前年(推古十四年)の『日本書紀』の記事に斑鳩《いかるが》寺(法隆寺)の名称(『勝鬘経』『法華経』の講讃の記事)が見られることからも窺い知ることができます。

次に法隆寺の着工時期を考える必要がありますが、太子が推古天皇の摂政になられた直後、太子の行われた事柄の中からその手がかりを見いだすことができます。太子は推古元（五九三）年に皇太子となり、摂政《せっしょう》となられましたが、『日本書紀』によれば、その年の中《うち》にかつて物部守屋《もののべのもりや》との戦《いくさ》の際に四天王のために寺を建てることを誓願されていたことを実行し、難波《なにわ》（大阪市）の荒陵《あらはか》で四天王寺の建立に着手されています。また、磐余池上《いわれのいけのえ》の陵《みささぎ》（奈良県）に葬られていた用明天皇を河内磯長《かわちしなが》（大阪府）の陵に改葬されておられます。続いて推古二（五九四）年、父君の願いが適《かな》えられるかたちで、「三宝興隆の詔」が発せられ、これを受けて豪族（臣《おみ》・連《むらじ》）たちは競って寺塔を建立したことが伝えられています。この時、太子も自ら「法隆寺」を建立しようとされたのではないかと想像ができます。そして、ちょうどその年（五九四年）が法隆寺五重塔の心柱の伐採年となるのであります。

その後の歴史的事情は別として、太子が摂政になられてすぐに手がけられたことは、「仏様との約束」「父君の願いの実行」でありました。そしてここに、「三宝興隆の詔」「心柱伐採」「法隆寺建立」という一連の流れが結びついてくるのであります。その材木と現在の五重塔の歴史的関係については、明らかでないことはたくさんあります。しかしこの五九四年伐採の心柱は、紛れもなく、太子の意志を受けて伐採されたもので、太子との因縁につながる材木が、今も法隆寺の五重塔の心柱として立っていることは事実であります。私たちは、よりいっそう太子を身近に感じることができ、毎日見守って下さっていると思えるのであります。

■「四摂法」

太子が研究された『勝鬘経』に、菩薩は一切衆生《しゅうじょう》（すべての人々）のために「四摂法《ししょうぼう》」を行ずる、ということが説かれています。「四摂法」とは「四摂事《ししょうじ》」ともいい、菩薩が衆生と接するときの在り方を示したもので、布施《ふせ》・愛語《あいご》・利行《りぎょう》・同事《どうじ》の四種類の方法でもって、衆生と和《な》み救済をするのであります。

この中の「布施」は、人々に施《ほどこ》しをすることでありますが、一般的には「三施《さんせ》」といって、人々に物品などを施す「財施《ざいせ》」、法の真理を説き与える「法施《ほっせ》」、恐怖心をなくし安心を与える「無畏施《むいせ》」の三種類があります。次に「愛語」というのは、人々に接するとき常に優しい言葉を用いることで、よく知られている「和顔愛語《わがんあいご》」という言葉は、穏やかで柔らかい顔で、しかも優しい言葉で人と接するように心掛けることであります。「利行」は、「身《からだ》」で行うこと・「口《くち》」で言うこと・「意《こころ》」に思うことの三つを「身《しん》口意《くい》の三業《さんごう》」といい、この三業によって「善」を行い（善行《ぜんぎょう》）、そしていつも人々の利益を考え、与えることであります。最後の「同事」とは、相手と同じ立場に自分の身を置くことで、姿形をその時々の状況に応じて変化させ、共に協同して同じ所作・行動の中で利益の恵みを潤わしめて、人々を導いてゆくことをいいます。

「和光同塵《わこうどうじん》」という語句がありますが、『老子《ろうし》』の教えの中の「其《そ》の光《こう》を和《やわら》げ、其《そ》の塵《じん》を同《おな》じくす」というところからきています。優れた学徳や才能の智慧の光を和らげ、深く包み込んで俗世間《ぞくせけん》の中に交《まじ》り合っていることであります。この「和光同塵」という言葉は、仏教にも取り入れられて、仏や菩薩が衆生を救うために、その本来の智慧の光を和らげ隠して、仮《かり》の姿として衆生に縁を結び、世俗の煩悩《ぼんのう》の塵《ちり》に同じて現れることで、太子も『維摩経義疏』の中で使われています。さとりに到った聖者であっても、衆生済度の手段として人々の中に和《なご》み、それでいて染められることなく、私たち凡夫を済う為の縁を結び続ける「利他の行」を行うのが菩薩なのであります。何日如何《いついか》なる場合にもまた何処《どこ》にでも、菩薩の光は絶えず私たちに働きかけています。このような「菩薩行」に応えて、私たちも日常の生活の中で、必ず一度は相手の身になって考え、「善行」を心掛け、人同士だけではなく、動物や自然などあらゆる取り巻く環境と協調し、善縁を結ぶ努力をしてゆきたいものであります。

「諸悪莫作・諸善奉行」

聖徳太子薨去《こうきょ》の後、斑鳩《いかるが》宮には太子のご長男、山背大兄王《やましろのおおえのおう》ら太子のご一族（上宮王家《じょうぐうおうけ》）が住んでおられましたが、皇極《こうぎょく》二（六四三）年十一月、蘇我入鹿《そがのいるか》の差し向けた軍勢によって焼き討ちされ、一族はひとまず生駒山《いこまやま》へ逃れられました。『日本書紀』によれば、このとき一族に従っていた三輪文屋君《みわのふんやのきみ》が山背大兄王に「深草《ふかくさ》（京都市伏見《ふしみ》区）の屯倉《みやけ》（皇室の直轄地）まで行って、そこから馬で東国（静岡県庵原《いはら》郡富士川町）に行き、乳部《みぶ》（王族の所領）をもととして軍をおこして戦えば、必ず勝利するでしょう」と進言しました。しかし、山背大兄王は答えられて、

「卿《いまし》がいう如《ごと》くならば、その勝たんこと必ず然《しか》らん。但《ただ》し吾《わ》が情《こころ》に冀《ねが》はくは、十年《ととせ》百姓《おおみたから》を役《つか》わじ。一身《ひとつのみ》の故《ゆえ》を以て、豈萬民《あにおおみたから》を煩労《わずら》はしめんや、又後世《またのちのよ》に民《おおみたから》の吾が故に由りて、己《おの》が父母《かぞいろは》を

喪《ほろぼ》せりと言わんことを欲《ほ》りせじ。豈《あに》其れ戦い勝ちて後に、方《まさ》に丈夫《ますらお》と言わんや、夫《そ》れ身を損《す》てて国を固《かた》めば、また丈夫にあらずや」

（『日本古典文学大系・日本書紀（下）』岩波書店による）

と言われたと記されています。

その意味は「きみの言うようにすれば勝つことであろう。しかし私の気持ちは、そのようなことをしたら十年もの間人々を使役することになってしまう。自分一人のためにどうして皆に苦労をかけることができようか。また、人々が私のために戦いで父母を亡くしたと後々の世にまで人々に言われるようなことをのぞんでいない。戦いに勝って後に勇者と言われるけれども、身を捨てて国のためになるのも勇者ではないだろうか」と言われたのであります。

そして一族は斑鳩寺（法隆寺）に帰ってきて、山背大兄王は寺を囲んだ蘇我の軍勢に、再び三輪文屋君を使いとして次の言葉を伝えました。「吾、兵《いくさ》を起して入鹿《いるか》を伐たば、其の勝んこと定《うつむな》し。しかるに一の身の故に由りて、百姓《おおみたから》を残《やぶりそこな》害わんことを欲《ほ》りせじ。ここを以って吾が一つの身をば入鹿に賜《たま》う」（私が挙兵をして入鹿を撃てば、勝つことは間違いないが、自分一人のために万民を苦しめることは、自分の願わないことである。であるからして、私の身を入鹿にやろう）と伝えられて、一族全員が自害をし、聖徳太子のご一族は滅亡されたのであります。

さて、山背大兄王の決断にはいろいろな見方があります。しかし、山背大兄王が太子のそば近くで感化を受けられたことは容易に想像ができ、太子が「和を以て貴しとす」といわれたことや、「諸《もろもろ》の悪《あ》しきことを莫作《なせ》そ、諸の善《よ》きことを奉行《おこなえ》」といわれたことを、山背大兄王は生涯の教誡とされたことを照らして考えた時、きわめて高度な平和精神が山背大兄王の心の内を支配していたと考えられます。当然、太子が研究された『勝鬘経《しょうまんぎょう》』『維摩経《ゆいまきょう》』『法華経《ほけきょう》』の三部の注釈書に目を通すことができる環境にもあり、仏教に対しても深く理解されていたことでありましょう。このようなことから考えてみましても、自分の命を捨てて、戦争という罪悪を避けた山背大兄王の行動は、菩薩の国造りを目指された父である聖徳太子の平和の精神に忠実に従い、実行されたものとみることができましょう。

『勝鬘経』の三大願章の中に「身《しん》と命《みょう》と財《ざい》とを捨てて正法《しょうほう》を護持《ごじ》せん」とあり、『勝鬘経』を説いた勝鬘夫人は、「身《からだ》と命《いのち》と財産を捨ててまでも佛法の護持に努めたい」と願いを込められたのであります。また、『大智度論《だいちどろん》』という『論典《ろんてん》』の中（第十一）に布施《ふせ》を説明する中で、財物などの施《ほどこ》し以外の菩薩の重要な施しとして「身命を惜まずして、諸々の衆生に施すなり」とあります。

特に中国の南北朝の頃には、菩薩の行う行の中の「捨身《しゃしん》」ということが大変重要視されました。南朝の梁《りょう》の武帝《ぶてい》（在位五〇二～五四九年）は、自らの邸宅を寺にした同泰寺《どうたいじ》に、四度も捨身を行ったことが伝えられています。この場合の「捨身」は自分の身を寺に投じることで、いわゆる三宝《さんぼう》の奴《やっこ》となるものであります。『勝鬘経義疏』で太子は旧《むかし》の人の解釈を出し、身・命・財の三種の分を捨てることを説明する中で「捨身」について、「舊《ふる》き人釋《しゃく》すらく、身を捨すとは謂く自ら放《ほしいまま》に奴と為る。命を捨すとは人の為に死を取《と》るなりと。今云わく、捨命と捨身とは皆是れ死なり。但《ただ》し意を建《た》つる事異《こと》なる耳《のみ》。」と述べられ、さらに譬《たと》えをもって「若し身を飢虎《がこ》に投《とう》ずるが如きは、本《も》と捨身に在り、若し義士《ぎし》の危《あやう》き事を見て命を授くるは、意《こころ》捨命に在り、財を捨すとは謂く身外《しんげ》の物《もの》なり。」と説明をされています。

このように、太子も「捨身」に「奴となる」という意味があることを理解されていたことがわかります。飢餓《きが》で苦しむ虎に身を投ずることを「捨身」と説明されているように、法隆寺の「玉虫厨子《たまむしのずし》」の台座に画かれたお釈迦さまの前生の話、「捨身飼虎(投身餓虎)図」の内容もすでに伝えられ、太子はご承知であったことも窺えます。

菩薩は何故このような「捨身」の行を行うのかということについて、『大丈夫論《だいじょうぶろん》』には「菩薩は一切種智《しゅち》の為の故に、大悲心《だいひしん》をもって、衆生の為の故に身を捨て命を捨つ」と述べられ、また「菩薩の命を施す所以《ゆえん》は、他の命を護らんが為の故なり。何を以ての故に、他の命は即ち是れ我が命なればなり。」つまり、他のものの命はそのまま自分の命であるからであると説いています。すべての人がこのような菩薩の心を持てば、平和な社会が現実のものとなりましょう。

二十一世紀は心の時代・共生の時代であるといわれています。これを単なるスローガンに終わらせてはなりません。『十七条憲法』第一条の「和を以て貴しとす」というお言葉を教訓として、改めて平和を見つめ直し、聖徳太子の「和」の精神を尊び、皆共々に「和合」し合い、真の世界平和を目指したいと思うのであります。

序章

聖徳太子の思想と行動

1

聖徳太子の「和」のこころ

京都大学名誉教授
上田　正昭

科学技術の進歩は、文明の発展に多大の貢献をしてきたが、他方で自然の乱開発を生み出し、核兵器をはじめとする人間を大量殺害する魔の殺人武器を発明してきた。自然の破壊と地球の汚染はますます深刻となって、人類の生存はもとよりのこと、生きとし生けるものが滅亡へと向う危機を迎えている。

そしてグローバリズムのひろがりは、世界を弱肉強食・利潤優先の市場原理の渦にまきこみ、大国の利害が中小国をのみこみ、あいつぐ民族紛争や宗教対立を激化させてきた。

二十世紀は欧米が世界の政治・経済・文化をリードした時代であり、自然との共生が忘却《ぼうきゃく》され、人権が受難した世紀であった。二十世紀は神を殺し、人を殺した世紀であったといっても過言ではない。

アジアの多くの民族は自然と調和して暮らしをいとなむ知恵を蓄え、自然のなかにカミをみいだし、自然と共生する生活と信仰を育んできたが、いまこそあらためて、アジアのなかの日本の英知を再発見すべき時を迎えている。

その自然と人の「和」の世界を象徴するのが、廐戸《うまやとの》皇子《みこ》すなわち聖徳太子の「和」のこころである。あらためて太子の思想と行動をかえりみたい。

太子像の虚実

廐戸皇子について、かなり詳しく伝えているのは『日本書紀』だが、その記述についてのすべてを信頼できないことは、すでに多くの先学が指摘している。

たとえば、推古《すいこ》天皇十二(六〇四)年四月に「皇太子、親《みづか》ら肇《はじ》めて憲法十七条を作りたまふ」とあるその憲法の第十二条には「国司《くにのみこともち》・国造《くにのみやつこ》・百姓《おほみたから》」とみえているが、「国司」制は律令時代の「大宝令《たいほうりょう》」によって具体化するのであって、七世紀のはじめに「国司」が存在したわけでない。

また『日本書紀』の推古天皇二十八年是歳《ことし》の条には、「皇太子と嶋大臣《しまのおほおみ》(蘇我馬子《そがのうまこ》)、共に議《はか》りて、天《すめら》皇記《みことのふみ》・国記《くにつふみ》・臣連《おみのこむらじ》伴造《とものみやつこ》国造《くにのみやつこ》百八十部《ももあまりやそとものを》并《あはせ》て公民《おほみたから》等《ども》本記《もとつふみ》を録《しる》す」と記載するが、当時すでに「天皇」という称号が使われていたかはなお検討が必要であり、さらに「公民」という用語が使われていたかも疑問である。

『国記』については皇極《こうぎょく》天皇四(六四五)年六月、蘇我蝦夷《そがのえみし》がクーデターによって自害に追いこまれたおり、船史恵尺《ふなのふひとえさか》(恵釈)が「焼かるる国記を取りて、中大兄《なかのおおえ》(皇子)に奉献」と伝えているので、存在した可能性があるけれども、『天皇記』や『公民等本記』が編纂されたかどうかは疑わしい。

『日本書紀』は、廐戸皇子の死を推古天皇二十八(六二〇)年の二月五日「斑鳩宮《いかるがのみや》に薨《かむさ》り」と述べるが、皇子がなくなったのは、法隆寺の釈迦三尊像後背銘《しゃかさんぞんぞうこうはいめい》などによってたしかめられるとおり、推古天皇三十年の二月二十二日であった。

いまは、『日本書紀』の描く太子の生涯とその事蹟についても史実と異なる若干の例を述べたにすぎ

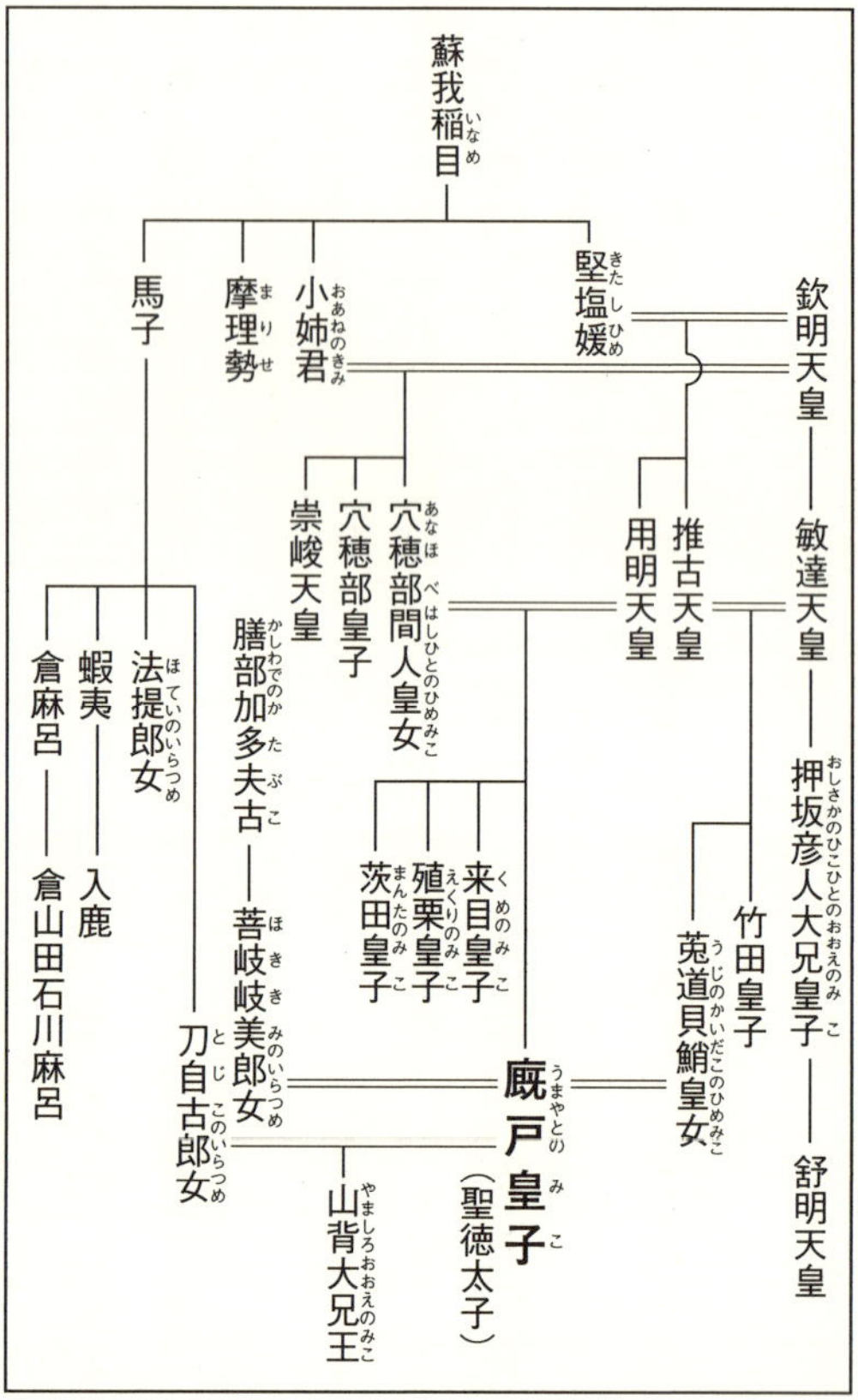

▲ 厩戸皇子関係図

ないが、『日本霊異記《りょういき》』や『聖徳太子伝補闕記《ほけつき》』をはじめ、多くの太子伝承に述べる、勝鬘経《しょうまんぎょう》・維摩経《ゆいまぎょう》・法華経《ほけきょう》の「疏《しょ》」すなわち『三経義疏《さんぎょうぎしょ》』についても、太子の真作かどうか、疑問が提示されている。敦煌《とんこう》本の中の『勝鬘経本義』は六世紀後半とみなされている写本だが、太子の作とする『勝鬘経義疏』と類似しており、そのおよそ七割が同文であることが論証されている。

太子の伝承が美化され潤色《じゅんしょく》されるのは、実在の太子の生涯が偉大であったからだが、「聖徳」の太子として厩戸皇子を奉讃《ほうさん》する太子信仰は、奈良時代の天平《てんぴょう》年間よりも早く具体化していた。『日本書紀』が最終的に完成して、養老《ようろう》四（七二〇）年の五月十一日に奏進《そうしん》される以前、すでに太子を「聖徳」とあがめ、たたえる信仰が存在したことは、法起寺《ほうきじ》（奈良県生駒《いこま》郡斑鳩《いかるが》町）の塔の「露盤銘《ろばんめい》」に「上宮太子聖徳皇」とあり、最後に「丙午《へいご》年三月露盤営作」とあるのにもうかがわれる。

この「丙午」は慶雲《けいうん》三（七〇六）年とみなされている。しかし、この「露盤銘」は現存せず後世の偽作とする説もあるが、霊亀《れいき》三（七一七）年の三月のころまでまとめられた『播磨国風土記《はりまのくにふどき》』の印南郡大国里《いなみぐんおおぐにのさと》（兵庫県加古川《かこがわ》市西神吉《かんき》町）の条にも、「聖徳王の御世」と明記されている。『日本書紀』の完成までに早くも太子信仰が具体化していたが故《ゆえ》に、太子の生涯が美化され潤色されもしたのである。

だからといって、『日本書紀』の記述がすべて信頼できないなどと断言するわけにはいかない。

■内政と外交

『日本書紀』の推古天皇十一年十二月の条に「始《はじ》めて冠位を行ふ」と記し、同十二年正月の条には「冠位を諸臣に賜《たま》ふ」と述べる。冠位十二階の制定と実施がそれである。厩戸皇子は推古女帝の太子であったが、王位（皇位）の継承資格者としての「ヒツギノミコ」ではなく、大王の代行者としての「太子」であった。こうした「太子」の例は高句麗《こうくり》の瑠璃王《るりおう》の時、無恤《ぶじゅつ》が「太子」となって軍事を委《ゆだ》ねられ、百済《くだら》の温祚王《おんそおう》のおり、多婁《たる》が「太子」として「内外の兵事」を委任されたのと類似する。

推古期の冠位十二階の推進者は厩戸太子であったが、『隋書《ずいしょ》』東夷伝倭国《とういでんわこく》の条に、「内官に十二等有り、一を大徳《だいとく》と曰《い》い、次は小徳《しょうとく》、次は大仁《だいにん》、次は小仁《しょうにん》、次は大義《だいぎ》、次は小義《しょうぎ》、次は大礼《だいらい》、次は小礼《しょうらい》、次は大智《だいち》、次は小智《しょうち》、次は大信《だいしん》、次は小信《しょうしん》、員に定數無し」と述べるように、冠位十二階の制は施行されていた。『日本書紀』の潤色とはいえない。もっとも、徳・仁・礼・信・義・智の順序が『隋書』では異なって、徳・仁・義・礼・智・信となってはいるが、冠位十二階の制は中国史書にも明記されている。

それぱかりではない。古文献や金石文《きんせきぶん》にみえる大徳の有位者は境部臣雄麻侶《さかいべのおみおまろ》ほか三名、小徳は中臣《なかとみの》連国《むらじくに》ほか十八名、大仁は鞍作鳥《くらつくりのとり》ほか十二名、小仁は物部連兄麻呂《もののべのむらじえまろ》一名、大礼は小野臣妹子《おののおみいもこ》ほか四名、小礼は鞍作福利《くらつくりのふくり》一名、大信は大部《おおともの》(伴)連屋栖古《むらじやすこ》一名、大義は坂上連首名《さかのうえのむらじおびとな》ほか二名(大礼小野妹子が後に大徳となるように、同一人物でも昇進の冠位はそれぞれ一名とする)となる。これらの例はいわゆる畿内を中心として、実際に冠位十二階が実施されたことを示す。百済《くだら》の官位が十六階であり、新羅《しらぎ》の官位が十七階であったのに対して、高句麗《こうくり》が十二階(『隋書』『新唐書』)であり、大兄・小兄、大使者・小使者など、大小に分けた官位を含むのが注目される。

倭国《わこく》から隋《ずい》王朝への遣隋使の派遣は、推古八(六〇〇)年(『隋書』)、推古天皇十五(六〇七)年(『日本書紀』・『隋書』)、推古天皇十六(六〇八)年(『日本書紀』『隋書』)、推古天皇十八(六一〇)年(『隋書』)、推古天皇二十二(六一四)年と、少なくとも五回(六回説もある)におよぶ。とりわけ有名なのは、推古天皇十五(大業《たいぎょう》三)年の大使小野妹子らが持参した倭国王の国書であった。

『隋書』によれば、遣使の理由を「聞く、海西の菩薩《ぼさつ》天子、重《かさ》ねて仏法を興《おこ》すと。故遣《かれつか》わして朝拝《ちょうはい》せしめ、兼《か》ねて沙門《しゃもん》数十人、来って仏法を学ぶ」と記載し、仏法の倭国への導入を主目的としていたことがわかる。しかし、実際に隋へおもむいた遣隋使は、仏法のほか礼制・律令など、隋の政治・文化・思想も倭国へもたらした。熱心な崇仏《すうぶつ》者であった太子らが、隋の皇帝を「海西の菩薩天子」とよんでいることも興味深い。

その国書には、「日出ずる処《ところ》の天子、書を日没する処の天子に致す。恙無《つつがな》きや」とあって、煬帝《ようだい》はこの国書を覧《み》て鴻臚卿《こうろけい》（四夷《しい》の事務・朝貢来聘《らいへい》を掌《つかさど》る外務卿）に「蛮夷《ばんい》の書、無礼《ぶれい》なる者あり、復《ま》た以《も》って聞《ぶん》する勿《なか》れ」と告げた（『隋書』）。

煬帝が激怒した理由を、俗説では東夷《とうい》の倭国自らが「日出ずる処」と称し、中華の国である隋を「日没する処」と表現したところにあるという。しかしそれは誤りである。たとえば夕暮れを「日入」とよんだことは、「天寿国繍帳銘《てんじゅこくしゅうちょうめい》」に「癸酉《みずのとり》日入」、『伊吉連博徳書《いきのむらじはかとこのしょ》』に「十五日日入」などとあり、「日入」という用語は中国の古典にみえるにとどまらず、天平五（七三三）年の遣唐使《けんとうし》の場合、唐を「日入国」と詠んでいるように（『万葉集』四二四五）、隋を「日没する処」と称したのが問題になったのではない。

問題なのは、東夷の倭国の王者が「日出ずる処の天子」を名乗った箇所であった。「天子」は中国皇帝のみが使いうる称号であることは倭国の太子たちも充分理解していたはずである。それなのになぜ「天子」を称したのか。そこには、この派遣を進めた太子らが、国際関係における「和」は、自主対等でなければならないとする理念が投影されていたからではないか。

そして私はその前提には、倭国の大王《おおきみ》が五世紀後半から中国皇帝の徳化が天下におよぶとする「治天下」（『孟子《もうし》』『論語』など）を称していた状況があったと考えている。辛亥《しんがい》（四七一）年七月の埼玉県行田《ぎょうだ》市の稲荷山《いなりやま》古墳出土の鉄剣銘に、獲加多支鹵《ワカタケル》大王（雄略《ゆうりゃく》天皇）の「治天下」を明記している。また、同じく五世紀後半の熊本県和水町《なごみ》の江田船山《えだふなやま》古墳出土の太刀銘にも「獲加多支鹵大王」の「治天下」を述べる。そして、この「治天下」の「大王」の表記は、「大宝令《たいほうりょう》」（公式令）によって、はっきり「御宇日本天皇」と詔書に書くことを定めた時まで、ひきつづき使用されていた。「大王」号が「天皇」号に変

▲ 小墾田宮推定地(明日香村)　奈良文化財研究所提供

わっても、たとえば河内(大阪府)出土の「船王後《ふなのおうご》墓誌《ぼし》」や山城《やましろ》(京都府)出土の「小野毛人墓誌《おののえみしぼし》」のように、「治天下」の「天皇」と表現されたのである。

遣隋使も朝貢使であった。にもかかわらず、倭国王が隋の皇帝から爵号《しゃくごう》・官職や軍号などを与えられた形跡はない。遣唐使の場合でも、倭国の大王・日本国の天皇が冊封《さくほう》のあかしとしての称号を賜与《しよ》された例はない。大使などには、たとえば押使粟田朝臣《おうしあわたのあそみ》真人《まひと》が司膳卿《しぜんきょう》を与えられたように賜与の例はかなりあるが、夷狄《いてき》のなかで倭国の大王や日本国の天皇が賜与されていないのは重要である。それは、倭王武《ぶ》(雄略天皇)が昇明《しょうめい》二(四七八)年に南朝宋《そう》の順帝《じゅんてい》へ上表《じょうひょう》して以後、推古天皇八(六〇〇)年の第一回遣隋使派遣まで、中国に朝貢しなかった、冊封体制からの自立をめざした動きともかかわりをもつ。

激怒した煬帝は、「復《また》以って聞する勿《なか》れ」と鴻臚卿《こうろけい》に告げたという。しかし、翌、大業《たいぎょう》四(六〇八)年には隋使裴世清《はいせいせい》らが来日して難波《なにわ》(大阪市)から大和《やまと》川をさかのぼって奈良盆地に入り、乗馬して推古の宮である大和飛鳥の小墾田宮《おはりだのみや》に向う。そして、推古女帝の前で倭国における最高の敬礼「両度《りょうど》(段)再《さい》拝《はい》」を行っている。太子らのめざした自主対等外交は成功したというべきであろう。

■朝鮮三国との関係

こうした太子らの自主対等の「和」の外交は、隋帝国に対してだけではない。百済・高句麗・新羅との間でも展開された。もっとも、推古朝廷が新羅と最初から友好的であったということはできない。崇峻《すしゅん》天皇四(五九一)年には新羅を征討するため北九州に大軍を集結させ、その軍を解《と》いて大和に引きあげたのは、推古天皇三(五九五)年のことであった。推古天皇十(六〇二)年には、太子の弟である来目皇子《くめのみこ》を将軍とする征新羅軍が編成されたが、翌年来目皇子が北九州で病没して征討計画は不発となった。そして、あらたに来目皇子の兄、当麻皇子《たぎまのみこ》が征新羅軍の将軍となる。しかし推古天皇十一年七月、当麻皇子の妻舎人姫王《とねりのひめおおきみ》が亡くなって、当麻皇子も大和へ帰還した。こうして、新羅征討のこころみは挫折した。

おりしも百済が新羅を攻撃し、高句麗も新羅を討つという朝鮮三国の情勢の変化があった。推古天皇十年十月に百済僧観勒《かんろく》が、閏《うるう》十月に高句麗僧の僧隆《そうりゅう》・雲聰《うんそう》が渡来して、あらたな情報が伝わってきた。

推古朝の対朝鮮政策は、推古天皇十一年十月の小墾田宮遷居以後大きく変化し、朝鮮三国との友好が前進することになる。太子とつながりの深い百済の博士覚哿《かくか》・僧の慧《え》(恵)聰《そう》・観勒《かんろく》、高句麗の慧《え》(恵)慈《じ》、さらに新羅使の導者となった新羅系の秦河勝《はたのかわかつ》などは、太子の「和」の外交のブレーンたちであった。

廐戸皇子は、あらたに渡来した学者や僧ばかりでなく渡来系の人びととも密接なかかわりをもった。秦河勝の本居は、京都市の嵯峨《さが》から伏見《ふしみ》にかけての地域にあった。葛野秦寺《かどのはたでら》(のちの広隆寺《こうりゅうじ》)を創建し、皇極《こうぎょく》天皇二(六四三)年の十一月、蘇我入鹿《そがのいるか》が山背大兄王《やましろのおおえのおう》を襲撃した際、大兄王に三輪文屋君《みわのふんやのきみ》がまず山《やま》城《しろ》国の「深草屯倉《ふかくさのみやけ》に移向」することを進言したのも、伏見深草の地が秦氏ゆかりの地であり、父の太子と秦河勝とが濃厚な関係をもっていたことによる。太子の菩提《ぼだい》のため、「釈迦尊像《しゃかそんぞう》并《ならび》に侠侍《きょうじ》及荘厳《しょうごん》の具を遣」った鞍首《くらつくりのおびと》止利《とり》(鳥)もまた渡来系の仏師であった。

廐戸皇子の名の「廐戸」の由来について、『日本書紀』は用明《ようめい》天皇の第二子であった太子の母の穴穂《あなほ》部間人皇女《べのはしひとのひめみこ》が、「禁中を巡行して、諸司を監察、馬官《うまのつかさ》に至りたまひて、乃《すなわ》ち廐の戸に当《あた》りて、労《なや》みたまはずして忽《たちまち》に産《あ》れませり」(推古元年四月条)と伝える。この「廐戸」に当りて安産したとする出生譚《しゅっせいたん》を、聖母マリアが馬屋でキリストを出生する伝承と関連づける説がある。四三一年に異端《いたん》として追われたネストリウス派の人びとは、貞観《じょうがん》九(六三五)年には唐の都の長安《ちょうあん》に入り、七世紀の唐では大秦景教《たいしんけいきょう》が存在していた。七世紀後半に唐から帰国した留学僧らによってこの出生譚がわが国に伝わって、『日本書紀』の廐戸誕生説話になったとみなすのである。

しかしこうした見解よりも、当時の「馬官」の多くのメンバーが渡来系の人びとによって占められており、太子のまたの名が「豊耳聡《とよみみと》」(『日本書紀』『古事記』では豊聡耳《とよとみみ》)であったのも、耳の聡《さと》い馬との関連を示唆する。馬の飼育は五世紀のころから盛んとなり、「廐戸」の名は馬の飼育とのかかわりを物語る。かつて、私は『聖徳太子』(平凡社、一九七八年)で、「こうした出生譚が形づくられたのには、渡来の人びとが関与していたかもしれない」と指摘したのも、それなりの理由があってのことであった。

『続日本紀《しょくにほんぎ》』の天平神護《てんぴょうじんご》元(七六五)年五月二十日の条には、次のような注目すべき記事がある。播《はり》磨守《まのかみ》日下部宿禰子麻呂《くさかべのすくねこまろ》らの言上《ごんじょう》がそれで、播磨国(兵庫県)の賀古《かこ》郡の人、馬養造《うまかいのみやつこ》人上《ひとかみ》がいうのには、人上の祖先が仁徳《にんとく》朝に印南野《いなみの》に居住するようになり、その六世の孫の牟射志《むさし》がよく馬を飼育するので、上宮《じょうぐう》太子（聖徳太子）に仕えて馬司になったと。
馬養造は馬飼部の伴造《とものみやつこ》で、河内馬養造《かわちのうまかいのみやつこ》・倭《わ》馬養造などが有名であった。馬の飼育の技を伝えたのは渡来集団で、馬飼には渡来系の人びとが多かった。

■斑鳩宮と「和」の文化

厩戸皇子は、敏達《びだつ》天皇三（五七四）年の生まれ。推古三十年に享年《きょうねん》四十九歳で亡くなったが、その生涯はおよそ前・中・後の三期に分けて考えることができる。その前期は、推古天皇元（五九三）年の皇太子となるまでの時期である。中期は推古天皇十三年、三十二歳のおりに斑鳩宮《いかるがのみや》に遷居《せんきょ》するまでの期間である。そして、後期はその後の薨年《こうねん》までの時期であった。

太子は三十二歳の時になぜ大和飛鳥《あすか》を去って斑鳩《いかるが》の地に遷《うつ》ったのか。「天寿国繍帳銘《てんじゅこくしゅうちょうめい》」にみえる遺語の「世間虚仮唯仏是真《せけんこけゆいぶつぜしん》」にもとづいて、「世間」を「虚仮」とし、仏法の世界に隠世したとする見解もあるが、私はそうは考えない。

斑鳩の地の西は、河内（大阪府）に通じる竜田《たつた》越えにつながり、大和川が流れる要域である。河内と大和を結ぶ水陸交通の重要な場所に位置する。太子は、推古天皇元（五九三）年には難波津《なにわづ》につながる上町《うえまち》台地に四天王寺（大阪市）を創建している。瀬戸内ルートによる、内外の門戸を意識しての四天王寺の造営であった。この四天王寺の真東の方向に斑鳩宮が所在する。

隠世ではなく、蘇我氏との「共治」の矛盾のなかでの、むしろ積極的に難波津へのコースを意識した

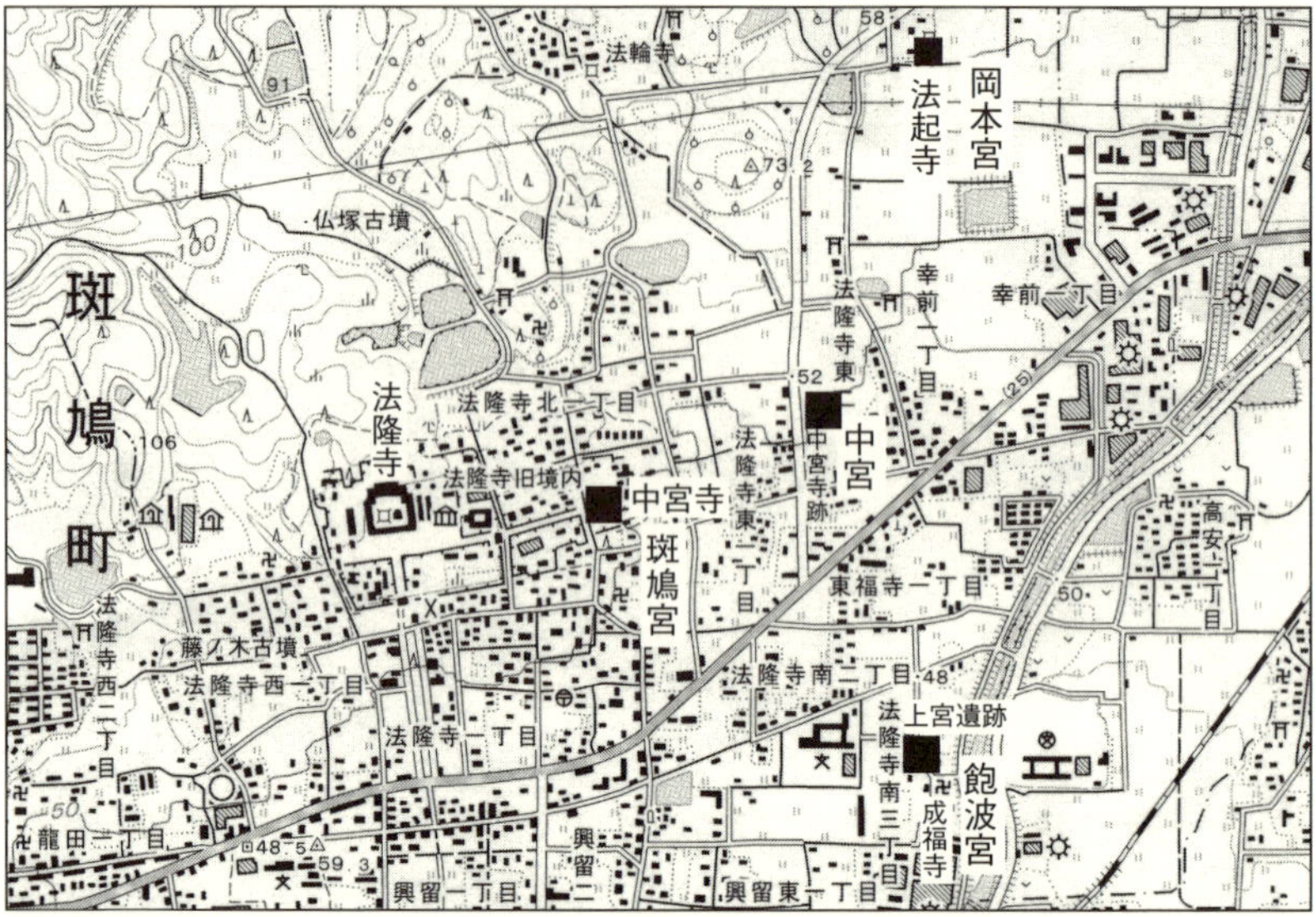

▲ 斑鳩の諸宮　聖徳太子とその長子の山背大兄王を中心とした王族を「上宮王家」という。斑鳩地域に造られた上宮王家の宮には、斑鳩宮・中宮《なかみや》・岡本宮・飽波葦墻宮《あくなみあしがきのみや》がある。

▲ 天寿国繡帳（部分）　中宮寺蔵、奈良国立博物館提供

斑鳩宮への遷居であった。法隆寺をはじめとする、寺院の建立に象徴される「仏都」の建設をめざしたのではなかったか。

太子と渡来文化とがいかに不可分であったかは、橘《たちばなの》大郎女《おおいらつめ》が天寿国の太子を偲《しの》んで、「諸々の采女《うねめ》」たちに繡帳二張りを造らしめた「天寿国繡帳」にもうかがえる。「画者」は東漢《やまとのあやの》末賢《まけん》・漢奴加己利《あやのぬかこり》・高麗《こまの》加西溢《かせい》であり、「令者」は秦《はたの》久麻《くま》であった。いずれも、渡来系の才伎《いまきのてひと》である。錣葺《しころぶき》の建物は敦煌《とんこう》の二五七号・二八五号の壁画や高句麗古墳の壁画にもあり、雲気文《うんきもん》は高句麗の真坡里《しんはり》一号墳のそれと類似する。男子像は高句麗の双楹塚《そうえいづか》の壁画や法隆寺金堂の阿弥陀如来像《あみだにょらいぞう》の台座に描かれた男子像と、女人像の服装は高句麗の修山里《スサンリ》や徳興里《トッコリ》の壁画の女人像のそれと、それぞれがきわめて類似している。

「天寿国繡帳」がつくられた時代を天平《てんぴょう》時代とみなす説はあたらない。『法隆寺伽藍縁起《がらんえんぎ》并《ならびに》流記資材帳《るきしざいちょう》』に「繡帳貳張《ふたはり》　其帶(貝カ)廿二條　鈴三百九十三　右納賜浄御原宮御宇　天皇」にみえる「繡帳貳張」は、信如尼《しんにょに》が鎌倉時代の文永《ぶんえい》十一(一二七四)年に、法隆寺綱封蔵《こうふうぞう》でみつけた「天寿国繡帳」貳張と同様であり、それに多くの鈴が着いていたとする記述(『聖誉鈔《しょうよしょう》』)とも符合する。

『日本書紀』に載すいわゆる「憲法十七條」の「憲法」は、『聖徳太子伝補闕記《ほけつき》』が「政事・修身・修国」と記しているように、道徳的要素が強い。また、敦煌本の『十戒経《じっかいきょう》』や「持身之品」などの影響、あるいは『北史』蘇綽伝《そとうでん》にみえる「六条詔書」や北斉《ほくせい》の「五条の文」と内容に類似のあることをはじめとする注目すべき指摘もある。『日本書紀』の『憲法』に、『書紀』編纂者たちによる潤色があることは否定できない。

有名な第一条の「和を以て貴《とおと》しとし、忤《さか》ふること無きを宗《むね》とせよ」の「以レ和為レ貴」の文は、『礼記』儒行篇の「礼之以レ和為レ貴」や『論語』学而篇の「礼之用、以レ和為レ貴」などに先例がある。ただし、「憲法十七条」では礼との関係を述べていないのが注意される。この「和」は儒教の「和」でなく、仏教の「和」とする説もある。そこには、「憲法」が儒教思想のみならず第二条の「篤《あつ》く三宝《さんぼう》を敬《うやま》へ」、第十条の「忿《いかり》を絶ち、瞋《いかり》を棄てて、人の違ふことを怒《いか》らざれ」などをみてもわかるように、仏教思想も反映されていた。第二条の終りに「何を以てか枉《まが》れるを直《なお》さむ」とあるのは、『管子《かんし》』（九変《きゅうへん》）の「欲撓レ曲直レ枉也」に似ているが、そこには原神道の「禍《まが》」に対する「直《なお》」の信仰も重なっていた可能性がある。

『日本書紀』の「憲法十七条」を太子の真作と断定することはできない。ただ、その用語や文体には、推古朝の遺文と共通する要素もあって、原憲法の存在までを否認するわけにはいかないと考えている。そこには、太子の師であった儒教の覚哿《かくか》や仏法の慧慈らの協力があったかもしれない。

太子における「和」のこころは、内政と外交に活かされた。「人間が互いに和する」のにあわせて、「人間が自然と共に和する」共生の精神が、人類の現在と未来にとってますます必要となる。太子の「和」のこころをあらためて再発見したい。

1章

聖徳太子 登場前夜

1

六世紀後半における天皇家・豪族の政権抗争

堺女子短期大学学長
塚口　義信

六世紀代の政界は、従来、〝蘇我氏《そが》〟対〝皇室（大王家＝天皇家）〟という図式で捉えられてきた。崇《す》峻《しゅん》天皇（？～五九二年）の暗殺まで実行した蘇我氏に対し、皇室側は天皇家の権威と権力の回復を企図して、推古《すいこ》女帝（在位五九二～六二八年）を擁立《ようりつ》するとともに、聖徳太子を「皇太子」に任じて政務を総《そう》覧《らん》させた、といった考え方である。こうした考え方は戦前からあり、現在でもなお、有力な学説のひとつとして定着している。また、とくにアジア太平洋戦争終結以前は、天皇＝現人神《あらひとがみ》（人間の姿を借りて、この世に現れた神）とする風潮があったから、蘇我氏の本宗（本家）は天皇を弑逆《しいぎゃく》した極悪非道《ごくあくひどう》の一族として認識されていることが少なくなかった。

しかし、戦後になって、違った考え方も生まれてきた。実は推古天皇は蘇我馬子《うまこ》と同じグループに属し、聖徳太子と対立関係にあったのではないか、といった考え方である。また、このほかにも、さまざまな見方が提起されている。しかし、蘇我氏・推古女帝・聖徳太子を主役とし、物部《もののべ》氏・中臣《なかとみ》氏を脇役《わきやく》として歴史が叙述されていることだけは戦前から一貫しており、ほとんどの仮説はこの枠をこえていない。けれども、こうした枠で捉えられている限り、六、七世紀の歴史を正しく理解することはできないと思われる。なぜなら、こうした見解はいずれも『古事記』『日本書紀』の中から都合のよい記事だけを取り出し、それを先入主に基づくそれぞれの仮説に当てはめているにすぎないからである。

〝蘇我系〟と〝非蘇我系〟

「天皇家・蘇我氏関係系図」(44ページ)をご覧いただきたい。実は、この時代に勢力をもっていたのは、蘇我氏や推古天皇、聖徳太子、物部氏、中臣氏だけではなかったのである。系図の右側に、蘇我氏と蘇我系の王族たちの名前が書かれているが、少しオーバーに表現すると、今までは、この系図の右半分に書かれている人たちだけで六、七世紀の歴史が語られていたように思われる。

しかし、『古事記』『日本書紀』を素直に読んでみると、系図の左側に書かれている人たちも重要な存在の人たちであったことがわかる。たとえば、推古天皇はもと敏達《びだつ》天皇の皇后(大后)であったことはよく知られているが、敏達天皇の最初の皇后は、広姫《ひろひめ》であった。『日本書紀』の敏達天皇四(五七五)年正月九日の条に、息長真手王《おきながまてのおおきみ》の娘の広姫を立てて皇后とした、と明記されている。しかし、広姫はその年の十一月に死亡する。それで、そのあとを受けて豊御食炊屋姫尊《とよみけかしきやひめのみこと》、すなわち後の推古女帝が皇后となったのである。

また、敏達天皇と広姫との間には、押坂彦人大兄皇子《おしさかのひこひとのおおえのみこ》という皇子が生まれている。この皇子は、名前の中に有力な皇位継承候補者に付けられる「大兄《おおえ》」の称をもっている(84~86ページ)。さらに、この皇子は、『日本書紀』の用明《ようめい》天皇二(五八七)年夏四月の条によると、用明朝の「太子」になっていた。

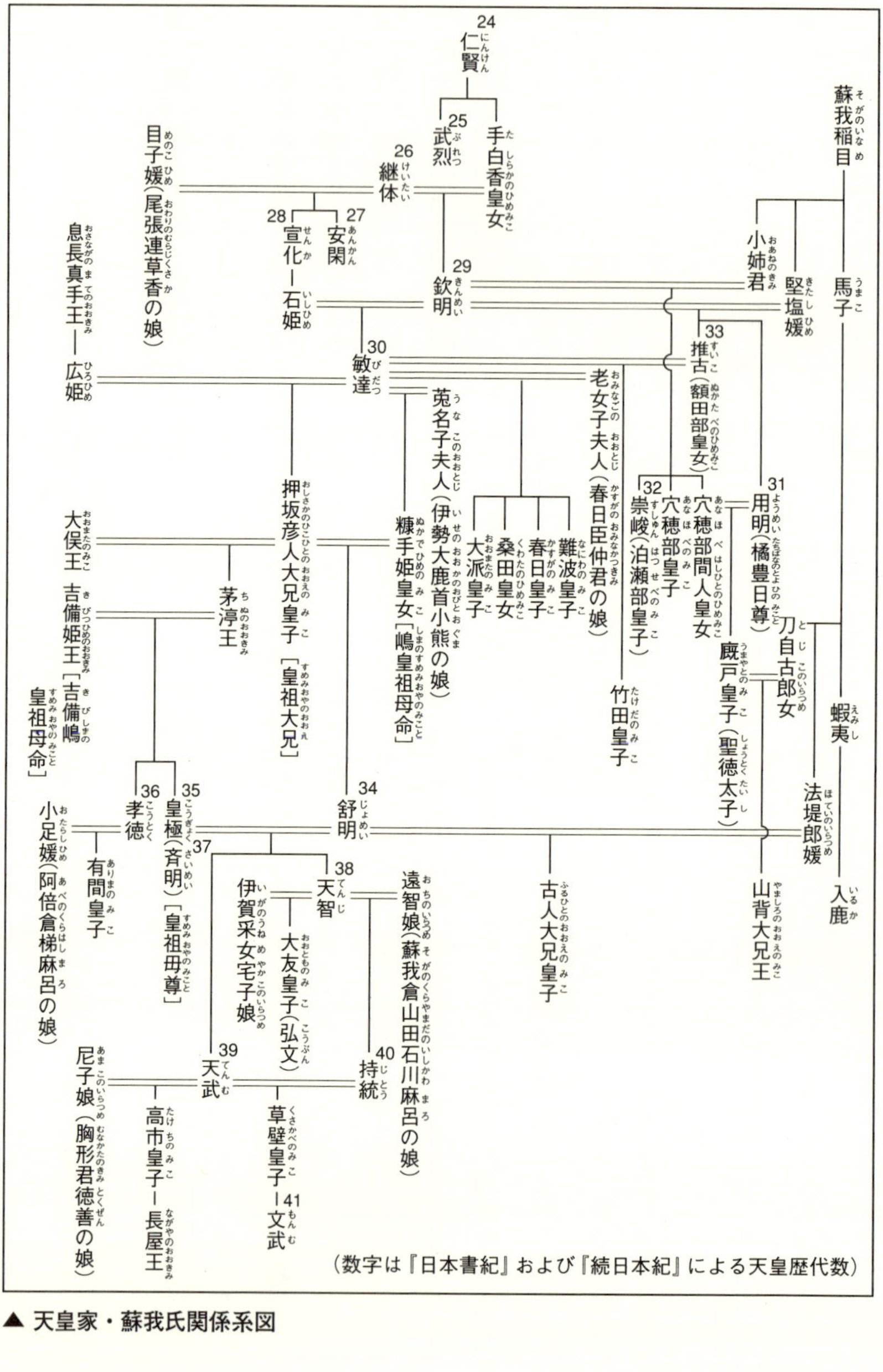

24 仁賢《にんけん》
25 武烈《ぶれつ》
手白香皇女《たしらかのひめみこ》
26 継体《けいたい》
目子媛《めのこひめ》（尾張連草香《おわりのむらじくさか》の娘）
27 安閑《あんかん》
28 宣化《せんか》
石姫《いしひめ》
29 欽明《きんめい》
蘇我稲目《そがのいなめ》
小姉君《おあねのきみ》
堅塩媛《きたしひめ》
馬子《うまこ》
息長真手王《おきながのまてのおおきみ》
広姫《ひろひめ》
30 敏達《びだつ》
33 推古《すいこ》（額田部皇女《ぬかたべのひめみこ》）
老女子夫人《おみなごのおおとじ》（春日臣仲君《かすがのおみなかつきみ》の娘）
菟名子夫人《うなこのおおとじ》（伊勢大鹿首小熊《いせのおおかのおびとおぐま》の娘）
押坂彦人大兄皇子《おしさかのひこひとのおおえのみこ》［皇祖大兄《すめみおやのおおえ》］
糠手姫皇女《ぬかでひめのみこ》［嶋皇祖母命《しまのすめみおやのみこと》］
大俣王《おおまたのみこ》
茅渟王《ちぬのおおきみ》
吉備姫王《きびつひめのおおきみ》［吉備嶋皇祖母命《きびしまのすめみおやのみこと》］
大派皇子《おおまたのみこ》
桑田皇女《くわたのひめみこ》
春日皇子《かすがのみこ》
難波皇子《なにわのみこ》
竹田皇子《たけだのみこ》
32 崇峻《すしゅん》（泊瀬部皇子《はつせべのみこ》）
穴穂部皇子《あなほべのみこ》
穴穂部間人皇女《あなほべはしひとのひめみこ》
31 用明《ようめい》（橘豊日尊《たちばなのとよひのみこと》）
刀自古郎女《とじこのいらつめ》
厩戸皇子《うまやとのみこ》（聖徳太子《しょうとくたいし》）
蝦夷《えみし》
法堤郎媛《ほていのいらつめ》
入鹿《いるか》
山背大兄王《やましろのおおえのみこ》
34 舒明《じょめい》
35 皇極《こうぎょく》（斉明《さいめい》）［皇祖母尊《すめみおやのみこと》］ 37
36 孝徳《こうとく》
小足媛《おたらしひめ》（阿倍倉梯麻呂《あべのくらはしまろ》の娘）
有間皇子《ありまのみこ》
古人大兄皇子《ふるひとのおおえのみこ》
38 天智《てんじ》
遠智娘《おちのいらつめ》（蘇我倉山田石川麻呂《そがのくらやまだのいしかわまろ》の娘）
伊賀采女宅子娘《いがのうねめやかこのいらつめ》
大友皇子《おおとものみこ》（弘文《こうぶん》）
39 天武《てんむ》
40 持統《じとう》
尼子娘《あまこのいらつめ》（胸形君徳善《むなかたのきみとくぜん》の娘）
高市皇子《たけちのみこ》
長屋王《ながやのおおきみ》
草壁皇子《くさかべのみこ》
41 文武《もんむ》
（数字は『日本書紀』および『続日本紀』による天皇歴代数）

▲ 天皇家・蘇我氏関係系図

押坂彦人大兄皇子の子どもの田村皇子《たむらのみこ》は、後に舒明《じょめい》天皇として即位する。舒明天皇は、姪《めい》の宝皇女《たからのひめみこ》（後の皇極《こうぎょく》女帝）と結婚し、そこに生まれたのが、天智《てんじ》・天武《てんむ》の兄弟である。したがって天智・天武両天皇の血統をさかのぼっていくと、舒明・皇極・茅渟王《ちぬのおおきみ》・押坂彦人大兄皇子・糠手姫皇女《ぬかでひめのみこ》・敏達・広姫といった人たちの名前が登場する。これを系図で示すと、「天皇家・蘇我氏関係系図」の左半分のような一大系図ができあがる。

さらに、押坂彦人大兄皇子は、後に「皇祖大兄《すめみおやのおおえ》」と呼ばれて、非常に尊ばれた人であった。同様に、舒明天皇の母の糠手姫皇女は「嶋皇祖母命《しまのすめみおやのみこと》」、茅渟王の妻の吉備姫王《きびつひめのおおきみ》は「吉備嶋皇祖母命《きびしまのすめみおやのみこと》」、皇極女帝は「皇祖母尊《すめみおやのみこと》」という尊称でもって呼ばれている。しかも、この時期において、皇祖の付く尊称で呼ばれているのは押坂彦人大兄皇子系の王族たちだけである。

それと、いまひとつ重要なことは、押坂彦人大兄皇子系の王族たちが、蘇我氏とほとんど血縁関係を有していなかったことである。したがって、血統からみると、六、七世紀の王族たちは、大きく二つの系統に分けることができる。〝蘇我系〟と〝非蘇我系〟である。

ところで、蘇我氏という豪族は、葛城《かずらき》氏や藤原氏と同じように、天皇（大王）家の外戚《がいせき》として繁栄を築こうとしていた豪族である。蘇我系の女性を天皇の妃《きさき》に入れ、そこに生まれた子どもを天皇として即位させるという方法をとっていた。したがって、蘇我氏の血をほとんど引いていない王族たち、つまり押坂彦人大兄皇子系の王族たちは、蘇我氏にとって、目の上の瘤《こぶ》とでもいうべき存在であったと考えられる。このようにみてくると、当時の政治史は蘇我系の王族たちだけで考えるのではなく、〝蘇我系対非蘇我系の王族たち〟という図式の中で捉えられなければならない。

　この非蘇我系の核となっていたと考えられる押坂彦人大兄皇子系の王族たちは、その名が示しているように、大和《やまと》の忍坂《おしさか》（奈良県桜井市忍阪《おっさか》）に拠点をもっていた。したがって私は、敏達天皇系王族の中でも、とくにこの系統の王族たちを〝忍坂王家〟と仮称している。

　しかし、忍坂王家は大和の忍坂だけではなく、現在の奈良県北葛城郡広陵《こうりょう》町から香芝《かしば》市にかけての地域にも拠点をもっていた。敏達天皇はその元年（五七二）四月、広陵町百済《くだら》に百済大井宮《くだらおおいのみや》という宮を営んだが、この地はその後、子どもの押坂彦人大兄皇子を経て、孫の舒明天皇へと伝領されていったと考えられる。彦人大兄皇子がこの地に水派宮《みまたのみや》を構え、舒明天皇が百済宮を営んだのも、そうした因縁によるものである。また、彦人大兄皇子の子息の茅渟王は「百済王」（『新撰姓氏録《しんせんしょうじろく》』）とも呼ばれていたが、これも百済に所在した水派宮で、父とともに暮らしていたことにちなむ命名と考えて誤りない。

　さらに、『延喜式《えんぎしき》』（九二七年成立）によると、押坂彦人大兄皇子の墓は「成相《ならい（なりあい）》墓」と称され、広瀬《ひろせ》郡（広陵町）に営まれたと伝えられている。現在、広陵町には国の史跡に指定されている牧野《ばくや》古墳（円墳・径約六〇メートル）という古墳があり、研究者の多くは、これが彦人大兄皇子の奥津城《おくつき》（墓）ではないかと考えている。同じく『延喜式』によると、茅渟王の奥津城は「片岡葦田《かたおかあしだ》墓」と称され、葛下郡《かづらきのしもぐん》に所在すると記されている。この墓が香芝市平野に営まれている平野塚穴山《ひらのつかあなやま》古墳（55ページ写真）にほかならないことについては、別に論じたところである（平野塚穴山古墳の謎（上）（下）」『香芝遊学』第七号・第八号。香芝市役所、一九九八年・一九九九年）。

蘇我氏の外戚政策と〝忍坂王家〟

以上のことを念頭に置いて、『日本書紀』を読み返してみよう。もう一度、「天皇家・蘇我氏関係系図」を見ていただきたい。

六世紀初頭、仁徳《にんとく》天皇系の王統が武烈《ぶれつ》天皇に至って断絶し、新たに畿外北方より応神《おうじん》天皇五世の孫と伝えられる継体《けいたい》天皇が擁立されて即位する。この天皇は、近江《おうみ》(滋賀県)・越前《えちぜん》(福井県の一部)・尾張《おわり》(愛知県の一部)・南山城《みなみやましろ》(京都府南部)・北河内《きたかわち》(大阪府北部)・摂津《せっつ》(大阪府の一部と兵庫県の一部)などを基盤とした豪族(尾張氏や息長《おきなが》氏、茨田《まんた》氏など)の支援を受けて即位した天皇である。

中央豪族の中には、彼の即位を快く思わなかった一派があったようで、そのため、継体天皇はなかなか大和に入れず、周辺各地を転々とする。しかし、やがて両者の妥協が成立し、それまで王権を保持していた仁徳天皇系王統最後の天皇である武烈天皇の姉の手白香皇女《たしらかのひめみこ》と入り婿のかたちで結婚することによって、継体天皇は正式に「治天下大王」位を継承し、大和に迎え入れられることになったと考えられる。

▲牧野《ばくや》古墳(広陵町)　直径約60m、高さ約13mの円墳で、巨石を使った横穴式石室が築かれている。

継体天皇のあとは、『古事記』『日本書紀』によると、その子どもたちが相次いで即位した。安閑《あんかん》・宣《せん》化《か》・欽明《きんめい》天皇である。安閑・宣化両天皇の母親は目子媛《めのこひめ》といい、尾張の豪族の娘である。一方、欽明天皇は手白香皇女の子息である。してみると、安閑・宣化両天皇の背後には継体天皇を支援していた豪族たちが、また、欽明天皇の背後にはかつて仁徳天皇系王統を支えていた豪族たちが、それぞれ控えていたと考えられる。

蘇我氏は、堅塩媛《きたしひめ》と小姉君《おあねのきみ》がともに欽明天皇の妃となっていることからも知られるように、欽明天皇を擁立していた豪族であり、このころから、外戚政策を展開する。といっても、このころの蘇我氏にはまだ王権を左右するほどの力はなく、欽明天皇が亡くなったあと、非蘇我系の敏達天皇が即位し、前述したように、息長真手王の娘の広姫が皇后となっている。広姫もまた敏達天皇と同じく非蘇我系の王族で、その出身地はかつて継体天皇の勢力下にあった近江国坂田郡の息長《おきなが》(滋賀県米原《まいばら》市付近)である。したがって、欽明・敏達朝にはまだ、蘇我氏は専権を確立していたわけではなかった。

このようにみてくると、欽明天皇の逝去後、敏達天皇を擁立した勢力とは、息長氏や尾張氏をはじめとする、かつて継体天皇を支援していた勢力そのものであったと考えられる。敏達天皇はこの勢力を、安閑天皇—宣化天皇—石姫《いしひめ》を通じて受け継いでいたのである。

敏達天皇のあとは、蘇我系の用明天皇が即位する。これは蘇我氏の外戚政策が成功したことを意味し、ここに至ってはじめて蘇我氏は、天皇家の外戚氏族として発言できる権利を得たのである。しかし、だからといって、この時代を「蘇我氏の専権時代」とみることは正しくない。なぜなら、なるほど天皇に

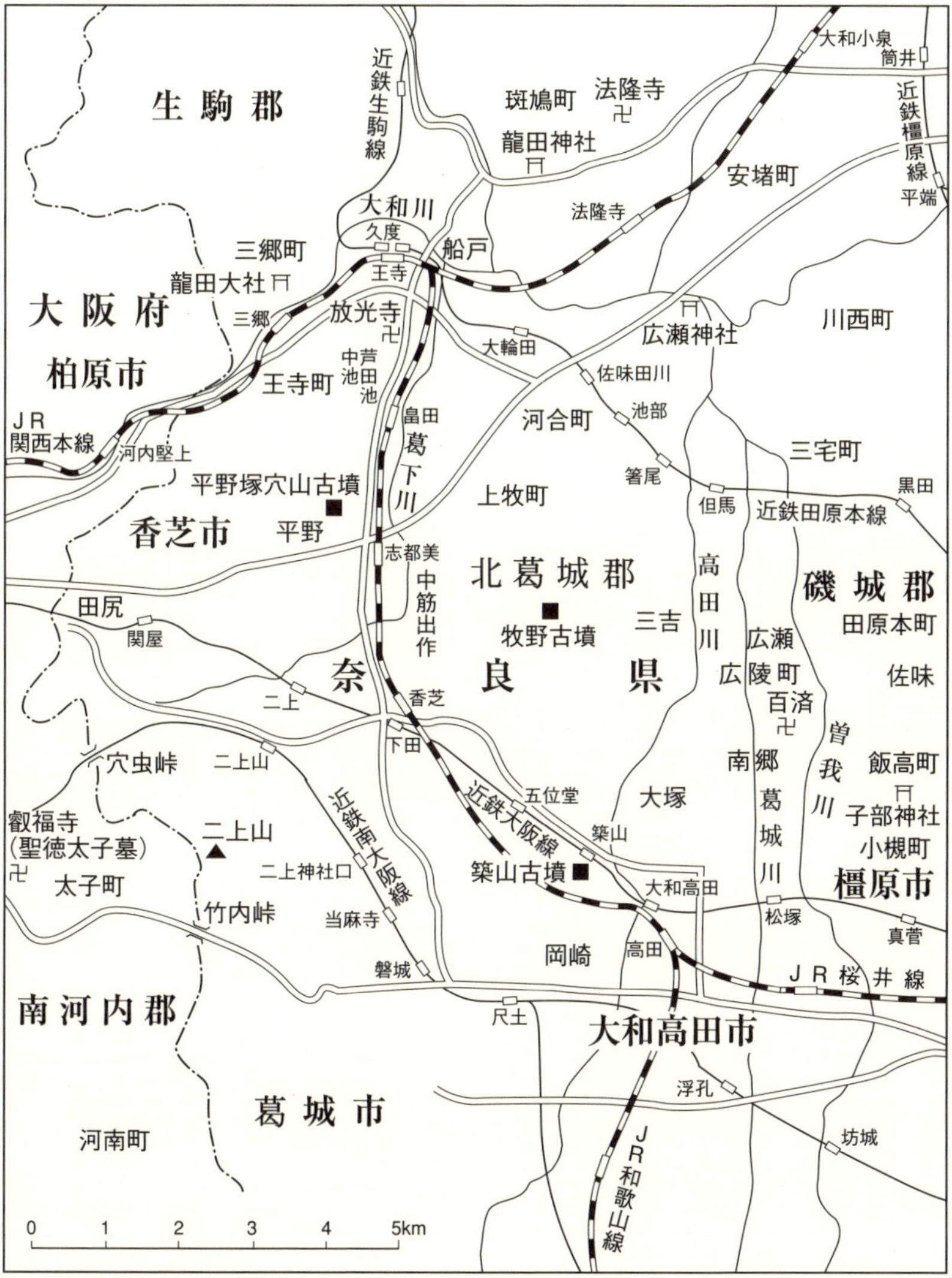
生駒郡
大阪府
柏原市
香芝市
北葛城郡
奈良県
磯城郡
橿原市
大和高田市
南河内郡
葛城市
近鉄生駒線
大和川
斑鳩町
法隆寺
龍田神社
安堵町
大和小泉
筒井
近鉄橿原線
平端
法隆寺
久度
王寺
船戸
三郷町
龍田大社
三郷
放光寺
広瀬神社
川西町
大輪田
佐味田川
中芦池田池
王寺町
畠田
葛下川
池部
河合町
JR関西本線
河内堅上
箸尾
三宅町
平野塚穴山古墳
平野
上牧町
但馬
黒田
近鉄田原本線
志都美
中筋出作
高田川
田尻
関屋
牧野古墳
三吉
田原本町
広瀬
広陵町
佐味
二上
香芝
百済
下田
曽我川
穴虫峠
二上山
南郷
飯高町
五位堂
大塚
葛城川
子部神社
叡福寺
(聖徳太子墓)
二上山
近鉄南大阪線
近鉄大阪線
築山
小槻町
太子町
二上神社口
築山古墳
大和高田
竹内峠
当麻寺
松塚
真菅
岡崎
高田
磐城
JR桜井線
尺土
浮孔
河南町
坊城
JR和歌山線
0 1 2 3 4 5km

▲"忍坂王家"関係地図

なったのは蘇我系の皇子だが、「太子」には非蘇我系の押坂彦人大兄皇子が選ばれているからである。天皇が用明で、太子が彦人大兄皇子、この組み合わせは、かなり政治的で、両グループの妥協の産物以外の何ものでもない。

ところが、用明天皇のあとは、太子であった彦人大兄皇子ではなくて、蘇我系の崇峻天皇が即位し、次いで推古女帝が即位する。彼らの即位の事情は、まことに複雑であり、ここでその詳細を論ずる余裕はない。ただ、物部大連《おおむらじ》家が滅ぼされたのは用明天皇が亡くなった直後のことであるから、用明朝前後の政治情勢だけは、どうしてもここで述べておかねばならない。そこでまず、用明天皇逝去時における皇位継承候補者の問題から考えてみたいと思う。

用明朝前後の政権抗争

用明天皇逝去時における最有力皇位継承候補者として、第一にその名を挙げねばならないのは、押坂彦人大兄皇子である。先述したように、この皇子は名前の中に「大兄」の称をもっているし、何よりも、用明朝の「太子」であったからである。しかし、蘇我馬子が、蘇我氏の血を引いていないこの皇子を推《お》すはずがない。というより、即位されては困るのである。では、蘇我系の皇子の中で、最も有利な立場にあったのは、一体だれであったのだろうか。

それは、用明天皇の義理の弟にあたる穴穂部皇子《あなほべのみこ》である。なぜなら、当時は天皇の兄弟が有力な皇位継承権をもっていたからである。だが、馬子にとって、この皇子を擁立することについては、具合の悪いことが存在した。それは、この皇子の背後に、排仏派のリーダーの物部守屋大連《もののべのもりやおおむらじ》が控えていたことである。『日本書紀』の用明天皇元(五八六)年夏五月の条に、次のような記事がある(要約)。

穴穂部皇子が炊屋姫皇后《かしきやのひめのきさき》(敏達天皇の皇后、のちの推古天皇)を奸《おか》そうと、むりやり殯宮《もがりのみや》に入ろうとしたが、(先帝敏達の)寵臣《ちょうしん》の三輪君逆《みわのきみさかふ》が守りを固めて入れようとしなかった。それに対して、穴穂部皇子は蘇我馬子大臣と物部守屋大連に逆を斬ってしまいたいと語り、二人は「ごもっともです」と応えた。穴穂部皇子は皇位につくことをねらい、物部守屋とともに兵を率いて皇居を囲んだが、逆はひそかに逃れ、後宮《きさきのみや》(炊屋姫の別荘)に隠れた。しかし、逆の同族の二人が居場所を密告したので、穴穂部皇子は物部守屋に逆を討つよう命じた。この計略をもれ聞いた蘇我馬子は、「王たる人は、刑人《つみびと》を近づけてはいけない、ご自身がお出でになってはいけません」と諫《いさ》めたが、聞き入れられなかった。やがて物部守屋は逆を討ち〈ある本には、穴穂部皇子が自ら射殺したとある〉、馬子は「天下の乱れるのも遠くはない」と嘆いた。〈この逆は敏達天皇が内外の事をことごとく委《ゆだ》ねていたほどの寵臣であったので、炊屋姫皇后と馬子宿禰《うまこのすくね》はともに穴穂部皇子を恨むようになった〉。

この記事の中で注目すべきは、物部守屋大連が穴穂部皇子と一緒に行動していることと、この事件によって、炊屋姫皇后と蘇我馬子がともに穴穂部皇子を恨むようになった、と記されていることである。

以上述べたところによって、当時、蘇我系グループ(炊屋姫・馬子派)と非蘇我系グループ(彦人大兄皇子派)のほかに、蘇我系の皇子である穴穂部皇子(小姉君系)を推す物部守屋系のグループが存在していたことが知られる。物部・中臣の両氏は、穴穂部皇子を天皇に仕立てて権力を掌握《しょうあく》しようと考えていたわけである。そして、この物部系のグループは排仏の立場をとり、崇仏の立場をとる蘇我系のグループと宗教的に対立していた。
また、『日本書紀』の用明天皇二(五八七)年夏四月の条には、次のように記される(要約)。

用明天皇が病にかかり、「自分は仏法に帰依したいので、協議するように」と群臣にいわれた。物部守屋と中臣勝海《なかとみのかつみ》は国神《くにつかみ》に背《そむ》いて他神《あたしかみ》を敬うことに反対した。これに対し、蘇我馬子は詔《みことのり》に随《したが》って天皇をお助けすべきだといった。そのとき、穴穂部皇子が豊国法師《とよくにのほうし》を従えて内裏《だいり》に入った。物部守屋はこれを横目でにらみつけ、大いに怒った。すると、押坂部史毛屎《おしさかべのふひとけくそ》が急いでやってきて、群臣があなたをおとしいれようとしていると、守屋に耳打ちをした。守屋は急いで阿都《あと》(現在の大阪府八尾《やお》市)に退いて人を集めた。中臣勝海も自分の家に軍衆を集め、大連(守屋)を助けようとした。そしてついに「太子彦人皇子の像と竹田皇子《たけだのみこ》の像」を作って呪《のろ》い殺そうとしたが、「事《こと》の済《な》り難《がら》からむことを知りて」(事の成功しがたいことをさとり)、彦人大兄皇子側に帰順してしまった。

物部氏も中臣氏も神祇《じんぎ》をつかさどる家柄の氏族であるから、新しい外来の宗教を天皇が受け入れることに反対するのは当然のことである。これに対して、馬子は仏教を受け入れることに賛成で、詔《みことのり》に従うべきであると主張する。ところが、このとき、穴穂部皇子が僧侶を従えて、内裏に入っていったという。穴穂部皇子の行為は崇仏派、つまり馬子派に接近することを試みた、と理解してよいだろう。だからこそ、排仏派のリーダーであった守屋が穴穂部皇子を横目でにらみつけたのである。守屋に耳打ちをしたという押坂部史毛屎は、押坂彦人大兄皇子の臣下である。この記事によって、当時、守屋は彦人大兄皇子派とかなり親密な関係にあったことがわかる。

なお、毛屎《けくそ》と守屋とのこのような親密な関係は、現在の大阪府八尾《やお》市の地が媒介となって生じたのではないかと私は考えている。毛屎は彦人大兄皇子の経済的基盤となっていた押坂部《おしさかべ》（刑部《おさかべ》）の管掌《かんしょう》者であるが、その刑部が八尾市内にも置かれていた。河内国若江郡《わかえぐん》刑部郷《おさかべごう》（『和名類聚鈔《わみょうるいじゅうしょう》』）がそれで、現在の八尾市刑部《おさかべ》に当たる。一方、守屋は「渋川の家《しぶのかわいえ》」や「阿都《あと》の別業《なりどころ》（別邸）」を営んでいたが、これらも八尾市内である。前者は八尾市渋川《しぶかわ》、後者は八尾市跡部《あとべ》に営まれていたと考えられる。そうすると、これらはいずれも指呼《しこ》の距離にあるから、毛屎はふだんから守屋の一族と親しく付き合う機会があったのではないだろうか。

さて、一方、守屋派の中臣勝海《なかとみのかつみ》は大連《おおむらじ》を助けようとして、彦人皇子と竹田皇子の像を作って呪詛《じゅそ》しようとするが、成功しがたいことをさとり、彦人大兄皇子側に帰順してしまう。彦人大兄皇子が呪詛されたのは、いうまでもなく、彼が非蘇我系の忍坂王家のグループによって擁立されていた、当時における最も有力な皇位継承候補者であったからである。では、なぜ竹田皇子まで呪い殺されようとしたのであろうか。当時、彼はまだ十四、五歳前後の少年であったと思われるから、政界の重職にあったとはとても考えられない。にもかかわらず、呪詛されているということは、彼もまた有力な皇位継承候補者であったからであろう。おそらく彼のバックには、彼をこよなく愛した母親の炊屋姫《かしきやひめ》や馬子が控えていたと考えられる。

それでは、なにゆえ、中臣勝海は彦人大兄皇子側に帰順してしまったのであろうか。それはおそらく、穴穂部皇子が守屋を見限って崇仏派（馬子派）に接近したことと関係があり、リーダーの守屋が穴穂部皇子を捨て、彦人大兄皇子擁立派に回ったからであろう。彦人大兄皇子の臣下の毛屎が守屋に耳打ちしたという記事が、その証左となる。

また、『日本書紀』の崇峻《すしゅん》天皇即位前の条に、いわゆる蘇我・物部戦争（五八七年）に敗れた守屋の軍兵が皁衣《くろきぬ》（黒衣）を着し、広瀬《ひろせ》の勾原《まがりはら》で狩猟するふりをして逃げ散った、という記事がある。この広瀬の勾原とは大和国広瀬郡下勾郷《しもまがりごう》付近、すなわち現在の奈良県北葛城郡広陵《こうりょう》町付近に当たる。ところが、この付近は、押坂彦人大兄皇子の勢力下におかれていたところである。ここに守屋の軍兵が逃げてきたというのは、何を意味しているのであろうか。彦人大兄皇子派の支援を求めて逃げてきたのであろうか。真相はよくわからないが、ともかく、この記事は守屋が彦人大兄皇子派と近い関係にあったことを示唆しているように思われる。

しかし、蘇我系のグループにしてみると、物部氏や中臣氏にまで彦人大兄皇子擁立派に回られては、たいへん困るのである。というより、外戚として繁栄を築こうとしていた蘇我氏にとっては、一大危機がおとずれたといわねばならない。

蘇我系のグループに属する聖徳太子の舎人《とねり》（天皇・皇族に近侍《きんじ》し、護衛等を任務とする人）の迹見赤檮《とみのいちい》（彦人大兄皇子の舎人とみる説もあるが、そうではあるまい）が、彦人大兄皇子のもとから退出してきた中臣勝海を殺してしまったというのも、しごく当然のことであったのである。なお、『聖徳太子傳暦《でんりゃく》』（九一七年成立）によると、この舎人を差し向けたのは蘇我馬子であったという。馬子は、この派のリーダーであったわけであるから、可能性としては大いにあり得ることだと思われる。

それはともかく、中臣勝海連《むらじ》がいなくなっても、まだリーダーの物部守屋大連が残っている。そこで馬子は、泊瀬部皇子《はつせべのみこ》(のちの崇峻天皇)・竹田皇子・廐戸皇子《うまやとのみこ》(聖徳太子)などの諸皇子や群臣に呼びかけ、五八七年七月、物部守屋一族打倒の軍事行動に出る。これによって、忍坂《おしさか》王家のグループも政治の第一線から退かざるを得なくなり、蘇我閥《ばつ》の崇峻・推古朝には、ほとんどその姿すら現すことができなくなってしまうのである。しかしながら、推古天皇が逝去すると、彦人大兄皇子の子どもの田村皇子が舒明《じょめい》天皇として即位し、ふたたび忍坂王家の時代が到来することは、はじめにも述べたとおりである。

なお、彦人大兄皇子はいわゆる蘇我・物部戦争のときに、馬子側の軍兵によって殺害されてしまったのではないかとする説があり、学界でも有力視されているが、私はそうではないと考えている。私はいくつかの根拠から、彦人大兄皇子は推古女帝即位後もなお健在であった、と理解している。この問題については、拙稿「推古天皇—女帝誕生の謎—」(『ヤマト王権の謎をとく』所収、学生社、一九九三年)を参照していただければ幸いである。

▲平野塚穴山古墳(香芝市教育委員会提供)　彦人大兄皇子の子で、皇極・孝徳天皇の父である茅渟《ちぬ》王墓と考えられる。

むすび

今まで六世紀代後半の政治史は、蘇我氏と物部氏を中心に考えられてきた。しかし、そのような考え方は、そろそろ修正されるべき段階にきているのではないかと思われる。はやく薗田香融《そのだこうゆう》氏が指摘されたように、当時の王族には大きく分けて、二つの系統が存在した。〝蘇我系〟と〝非蘇我系〟である。そして私の考えでは、後者は比較的まとまって一つの政治勢力となっていたようだが、前者には対立する二つの派があった。ひとつは、蘇我馬子・炊屋姫《かしきやひめ》（堅塩媛《きたしひめ》系）を中心とした派である。他のひとつは、物部・中臣両氏を中心とした派で、この派は、はじめ蘇我系（小姉君《おあねのきみ》系）の穴穂部皇子を支援していたが、のちに穴穂部皇子の裏切りによって押坂彦人大兄皇子擁立派に回ったと考えられる。

これら三つのグループはたがいに勢力を伸張するため、それぞれ皇位継承候補者を立てて対立し、三つどもえの抗争を展開した。そこに仏教受容の可否をめぐる問題が重なって、その対立・抗争は複雑な様相を呈することとなった。したがって、一見、仏教をめぐる戦争であるかのようにみえる、いわゆる蘇我・物部戦争も、実はその本質は皇位継承をめぐる戦争であった、というのが、歴史の実相により近いと思われる。

主な参考文献を次にあげておく。

井上光貞『日本古代国家の研究』岩波書店　一九六五年
上田正昭『女帝』講談社（現代新書）　一九七一年

井上光貞『飛鳥の朝廷』(日本の歴史　第三巻)小学館　一九七四年
薗田香融『日本古代財政史の研究』塙書房　一九八一年
田中嗣人『聖徳太子信仰の成立』吉川弘文館　一九八三年
塚口義信「女帝の出現」(『関西の風土と歴史』所収)山川出版社　一九八四年
坂本太郎『古代の日本』(坂本太郎著作集第一巻)吉川弘文館　一九八五年
小林敏男『古代女帝の時代』校倉書房　一九八七年
塚口義信「茅渟王伝考」(『堺女子短期大学紀要』第二五号)堺女子短期大学愛泉学会　一九九〇年
黛弘道・武光誠編『聖徳太子事典』新人物往来社　一九九一年
黛弘道編『古代を考える　蘇我氏と古代国家』吉川弘文館　一九九一年
塚口義信『蘇我・物部崇仏排仏論争』(『四天王寺』六四一号)　一九九五年
黛弘道監修『古代史の謎』実業之日本社　一九九七年
熊谷公男『大王から天皇へ』(『日本の歴史』第三巻)講談社　二〇〇一年
中村修也『女帝推古と聖徳太子』光文社　二〇〇四年
水谷千秋『謎の豪族　蘇我氏』文藝春秋　二〇〇六年

2
斑鳩《いかるが》・藤《ふじ》ノ《の》木《き》古《こ》墳《ふん》の発掘と被葬者

兵庫県立考古博物館館長
石野　博信

一九八八年六月二日は激しい雨の一日だった。隙間《すきま》から石棺《せっかん》の中をかいま見たのはそんな時だった。三日もすごい雨。十七日に三たび見たときも、また雨が降っていた。巷《ちまた》では祟《たた》り説が流れた。その二年ほど前、奈良県桜井《さくらい》市大福《だいふく》遺跡から銅鐸《どうたく》が出たとき、発表の日も現地説明会の日も雨だった。銅鐸では祟り説は出なかった。私が現地説明会の日に、「銅鐸は雷《かみなり》さんの宝もの」と言っても、一同大笑いで終わりだ。

実はこの時、斑鳩町の藤ノ木古墳の第一次調査が行われていた。大雨の日、藤ノ木で何が起こったか定かではない。定かでないということは、その時はまだ大事《おおごと》にはなっていなかった、ということだろう。

「藤ノ木古墳」発掘秘話

一九八五年ころ、斑鳩町から、私が勤務する奈良県立橿原《かしはら》考古学研究所へ藤ノ木古墳の調査の話が持ちこまれた。「藤ノ木古墳ってどんな古墳や」というのが、その時の私の仲間への質問だった。ひと言弁解すれば、私が無知なのではなく、それほど藤ノ木古墳は無名だったのだ。

「法隆寺の傍《そば》にある中期の円墳で、多分、径は四〇メートル位あります」という返事だった。『奈良県遺跡地図』や『斑鳩町史』で見ると、その通りで、「調査をして、その結果によっては史跡指定をうけ整備したい」という健気《けなげ》な話である。「健気」というのは、持ちこまれる調査の話はたいてい、道路を作るから、工場を建てるから、川をつけ変えるから……の類《たぐい》で、古墳を保存整備したいからなどというのは、まさに感動だ。当時、斑鳩町が用意した予算はウン十万円で経費的にはかなり厳しいが、健気さに感動したまま調査に着手することになった。

はじめに、墳丘に幅一メートル余の試掘溝を掘った。古墳の形を確かめ、埋葬《まいそう》施設を探すためである。古墳の頂上部で大きな石に当たった。中期古墳であれば、木棺を粘土《ねんど》で包んだ粘土槨《かく》か石棺が多いのに、そのどちらにも使わない大きな石だった。大石は重なっており、二つの大石の隙間にぽっかりと五〇センチほどの穴があいた。穴から中をのぞくと真暗闇。眼が慣れてくると、大きな石を積んだ部屋——横穴式石室であることがわかった。横穴式石室は、六世紀に盛んにつくられた墓室であり、五世紀の中期古墳でないことがはっきりした。

穴からライトを入れて中を見ると、大きな石室の中に石棺があり、その前に須恵器《すえき》の器台が立ったままの状態で見えた。横穴式石室には出入口があるはずなので、ここでいったん、偶然見つかった天井の穴を埋めて正攻法で調査を進めることにした。石室の入口は見つかり、徐々に土を除いて石室の中に入ることができた。

さて、石室の中は暗い（図2—1）。ライトに照らされて石棺が見える。石棺は全体に朱色。棺の上に

▲図2―1　石室全景（奈良県立橿原考古学研究所附属博物館提供）

は人の腰ぐらいの石がのっており、前には土砂が積もっていた。見上げると、天井の石と石の間には土があり、「あそこの石が落ちたのか、土もあそこから落ちこんだのかな」と思った。

このままの状態の写真を撮《と》ってから、床の土を縦に半分だけ掘りはじめた。どこでもそうだが発掘調査は、すぐ全部掘ってしまわずに半分、あるいは四半分ほど、手はじめにその一部を掘るのが普通。万が一、失敗したときにあとの半分の土で事実を復元できるからである。

掘りはじめてすぐ、江戸時代のカワラケが出てきた。少なくとも江戸時代には人が出入りしていたことがわかった。これもよくあることで、古墳を掘ると鎌倉や江戸や明治の土器などが出てくることが多い。その頃に、宝物か石材をとるために人が入っていることが多い。そのため、明日香《あすか》村石舞台《いしぶたい》古墳をはじめ、全国の大型横穴式石室はおおむね荒らされており、副葬品《ふくそうひん》が失くなっている。それでも、ていねいに調査すれば土器や金属製品のかけらを見つけることができ、そのかけらから古墳の年代や本来どのような副葬品があったかを知ることができる。

調査は慎重に進めた。三〇センチぐらい掘ると石室の床が現れ、床にも江戸時代のカワラケがあった。

石室内の土砂が江戸時代以降に積もったことがわかったので、残り半分は手早く調査を進めた。ところが石室の一部に古墳時代の土師器《はじき》と須恵器が完全な姿のまま約七〇個もかためて置かれていた。不思議なのはその完全な土器群の中にも、下にも江戸時代のカワラケがあることだった。

石室の中に食物や飲物をいれた土器が置かれることは珍しいことではない。しかし、それは古墳時代の人々がしたことであって、その下から江戸のカワラケが出るなど……。古墳人が供《そな》えた土器類を江戸人が一か所に集めた、ということになる。何のために？　よく見ると、天井の穴から見たときに立っていた器台の縁に灯明《とうみょう》を燃やしたらしい煤《すす》のついたあとがあった。何のために？

法隆寺文書によると藤ノ木古墳は、江戸時代には陵山《みささぎやま》と呼ばれており、崇峻《すしゅん》天皇の御陵《ごりょう》だと伝承されていたことが法隆寺長老、髙田良信《たかだりょうしん》師によって指摘された。江戸時代に人々が石室の中に入ったのは、世間によくあるような盗掘《とうくつ》のためではなく、御陵を祀《まつ》るためだったのではないか。だからこそ、土器類を集め、その一つを灯明台に利用したのだろう。石棺の奥の「宝物」には気づいたらしい。馬具の一部に欠けている部分があるのはその時の「持ち出し」のようだ。ただし、「持ち出し」が物盗《ものと》りでないのは、大半の金ピカのものをそのまま残していることでわかる。もしかしたら、持ち出した品物を以前に古墳の前にあったという庵《いおり》で祀っていたのではないだろうか。

石棺と奥の壁との間には幅五〇センチ余りの隙間があった。その隙間は、まさに宝の山で、金メッキされた馬具などが所狭しと置かれていた。一つ一つ取り上げていくと、鞍《くら》金具には未だかって日本の古墳では見つかったことがない様々な文様が彫刻されていた。象・兎・鬼神・怪獣・怪魚……（図2―2）。

この頃から世間は騒然となり始めた。新聞やテレビに象や兎がおどり歩き、私たちは石室を閉じた。これほどの「もの」をもつ古墳であることがわかった以上、うかつには手を出せないからである。今後は多くの出土品を検討し、準備を積み重ねた上で調査を進めるべきだと判断した。

▲図2—2　鞍金具の象（奈良県立橿原考古学研究所附属博物館提供）

石棺を内視鏡でのぞく

一九八五年に行った第一次調査の終わり頃、私たちは、「石棺の蓋《ふた》を開けずに中を見たい」と考えた。それは、石棺を開けたときに必要な調査態勢をあらかじめ準備できるからであり、開けない場合にはその保存対策をとりうるからである。

はじめX線による透視《とうし》を検討した。藤ノ木古墳とほぼ同質の石材を用意し、中に銅・鉄・布・ガラスなどを入れて強弱各種のX線を照射して実験した。厚さ三〇センチの石棺壁を通すX線のため、石よりも柔らかいものは写らない。さらに何回かの検討の結果、X線などによる透視は有効ではないことがわかった。

直後に登場したのがファイバースコープによる内視だ。ファイバースコープは、それより前、明日香村マルコ山古墳や同キトラ古墳で実験済みだった。発掘せずに、管を通してカメラによって中を見る方法が有効であることは実証されていた。マルコ山古墳とキトラ古墳には、たまたま大きな盗掘穴があったので、それを利用して口径《こうけい》一〇〇ミリ近いファイバースコープを挿入し明るい映像を得ることができた。しかし、藤ノ木古墳の石棺に径一〇〇ミリの穴を開けることはできない。ファイバースコープは径二ミリぐらいからあるが、口径が小さいほど先端にとりつけるライトの光量が少ない。石棺の中は当然まっくらであり、蛍《ほたる》の光のようなライトでは棺内の全体を見ることはできないのだ。

いくつかの径のファイバースコープで、十円玉や布や文字などが、どれほど見えるかを何回かテストした。暗室でやったり、研究所保管の石棺でやったり。その結果、径六ミリと八ミリのファイバースコープを使用することになった。実施する前日の夜、できるだけ棺を傷つけないために石棺の身と蓋の隙間を探し、割れ目を見つけることができたのは幸いだった。

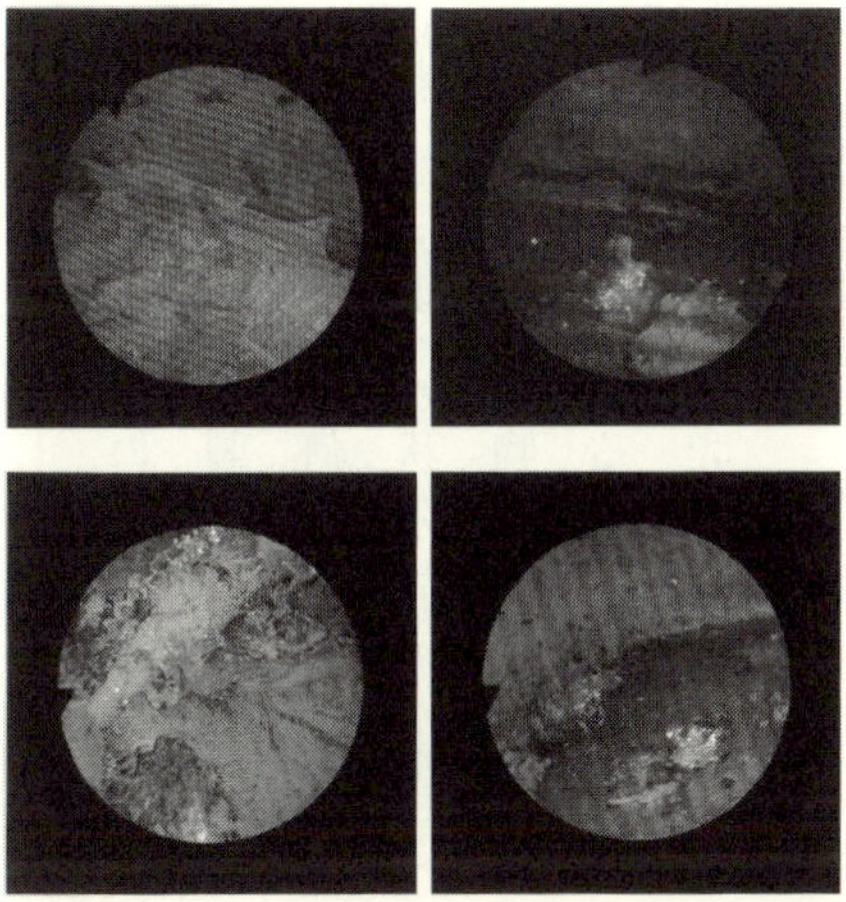

▲図2―3　石棺内ファイバースコープ（『藤ノ木古墳概報』奈良県立橿原考古学研究所編、吉川弘文館発行。1989年より転載）

はじめは、光量が少なくとも広い範囲が見えるモノクロで棺内を観察した。その上で、後半に撮影範囲は径五～六センチと狭い欠点はあるが、カラーに切り換えた。モノクロの時、光がキラキラと反射して、「水だ」という声があがった。カラーの時、はっきりと青銅製品が見え、翌三日には、人骨も確認できた。そして十七日に補足撮影を行って石棺内視を終了したのである(図2―3)。

石棺内には、水の中に金属製品や繊維製品や人骨があることがわかった。事前調査の目的は十分に達した。個々の金属製品や繊維製品が何であるのか、棺内のどこにあるかは必ずしも明らかではない。私たちは金属製品が何であるのか、繊維製品が何であるのかを、今知ろうとは思っていなかった。それよりも、どのような状況にあるかを知ったことで十分に満足した。従って、もう一か所予定していた穿孔《せんこう》と内視、さらには物の位置をきめる画像解析《かいせき》のための撮影を中止した。調査目的を達した以上、いたずらに石棺を傷つけるようなことはすべきではないと判断した。画像解析の専門家から反対意見が奈良県知事に直接出されたが、撮影中止のこの判断は今でも正しかったと自負している。

■「藤ノ木古墳」の形と石室の規模

一九八五年の第一次調査のとき、藤ノ木古墳は前方後円墳ではないか、という意見があった。残念ながらこの時も、その翌年も、土地所有者の方の承諾が得られず該当部分の調査ができなかった。その後、斑鳩町教育委員会の努力によって、承諾を頂き、調査した結果、径四八メートルの円墳と推定できた意味は大きい(図2―4)。

円墳は、古墳時代全期間、どこにでもある墳形であって珍しくない。全国最大の円墳は、径一〇〇メートルであり、径四八メートルは中規模だ。しかし、藤ノ木古墳の時期、つまり六世紀後半に限ると五〇メートル近い円墳は大規模の部類であり、奈良県内では三番目に入る。

ただし、同時期には前方後円墳がつくられており、前方後円墳は古墳時代を象徴する王墓ならびに有力豪族の伝統的な墳丘である。奈良県内には近くの烏土塚《うどづか》古墳(平群《へぐり》町)をはじめ前方後円墳で横穴式石室をもつ古墳が一五基あり、その中で、藤ノ木古墳が円墳であることの意味を考えねばならない。墳形からみると、藤ノ木古墳の被葬者は伝統的な有力豪族ではなく、新興豪族がふさわしい。

藤ノ木古墳の横穴式石室は、全長一四メートルである。石室の規模を比較するときには、単に長さだけではなく石室の高さ、幅、石の大きさなどを加味する必要があるが、今は、目安として長さだけで比較してみよう。横穴式石室の長さで見ると、奈良県内だけでも藤ノ木古墳より大きい石室が一三基もある。

全国的にも熊本県大野窟《おおのいわや》古墳、福岡県宮地嶽《みやじだけ》古墳、同橘塚《たちばなづか》古墳、同綾《あや》塚《づか》古墳をはじめ広島県や岡山県にも、藤ノ木古墳よりも大規模な横穴式石室がつくられている。つまり、藤ノ木古墳は石室規模からみても一流とは言い難いのである。

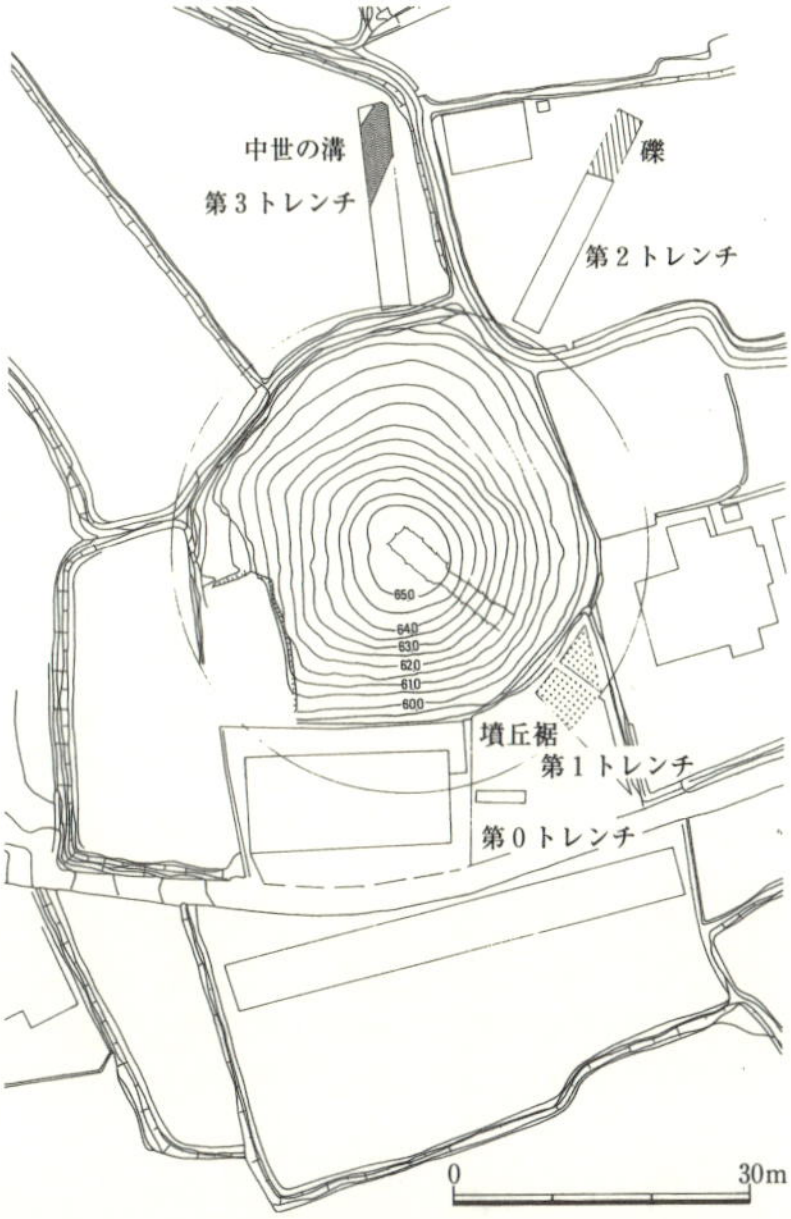

▲ 図2―4　墳丘の形(『藤ノ木古墳概報』奈良県立橿原考古学研究所編、吉川弘文館発行。1989年より転載)

■鞍金具の図像からシルクロードを想う

さきに述べたように、藤ノ木古墳の馬具には、象や兎や鬼神など類例のない文様が刻まれている。象の背中に蓮《はす》の花がのり、その上に仏が描かれている図像はよく見かける。つまり、象は聖獣であり、単に物珍しい動物として描かれているわけではない。その他の図像もすべて意味のある絵であり、一つの思想のもとに描かれたものに違いない。各分野の専門家に鞍金具の図像を見て頂いたとき、仏教の専門家は仏教で、道教の専門家は道教で、すべての図像の意味が解ける、と言われた。私はその時この鞍金具は国産だと感じた。それは、あらゆる宗教を悠然と受け入れるのは日本人の特性であるとの考えによる。当時は圧倒的に中国、朝鮮製説であったが、近年では技術的検討から倭《わ》製説が強調されている。

藤ノ木古墳の調査当時、奈良ではシルクロード博覧会が開かれていた。調査が一段落した十二月中旬に見学したとき、奈良県立美術館の「オアシスと草原の道」展の中に藤ノ木古墳の鞍金具の文様とよく似た図像があった。

一つは、イラクのハトラからやってきた「ネルガル神」(二〜三世紀)である。ネルガル神は、軍神であり、冥界《めいかい》を司る神であるという。右手に斧をもち、左手を刀にかける。藤ノ木古墳の鬼神もまた当時、橿原考古学研究所にいた菅谷文則《すがやふみのり》さんによると方相氏《ほうそうし》(葬儀の先頭に立ち、邪《じゃ》を払う神)であり、左手に斧をもち、右手に刀を持つ。地域がイラクと日本、時代は二〜三世紀と六世紀と異なるけれども、その背景となる思想と図像に共通する点があり、極めて興味深い。なお、ネルガル神は三つの頭の犬をつれており、これはギリシャ神話と関連するらしい。そうなると、近年、強く主張されているギリシャ神話と日本神話との共通性にも思いが及ぶ。

他の一点は、皇帝マルクス・アウレリウス肖像の胴甲に描かれている「舌《した》出し鬼面」だ。藤ノ木古墳の鞍金具にも「舌出し鬼面」があり、共通する。時代も地域も異なるところの共通する図像のことをぼんやり考えながらテレビを見ていたら、インドのヨガの体操の一つで、女性が舌を出して、「ハアハア」やっていた。

ギリシャとインドと藤ノ木古墳の、甲《よろい》と体操と古墳の真夏の夜の三題話を考えた。

いよいよ石棺を開く

第一次調査は石室内にとどまっていたが、第二次調査は一九八八年と決まり、石棺の調査が行われた。すでに石棺内視で、およそのことはわかっていたが、開棺作業には一二時間以上かかった。やっと棺の蓋が開いて、その蓋をクレーンで移動し、床におろしたときは、やれやれ無事にいった、もう棺の中は空っぽでもいいと思った。そんなふうに思ったのは、作業を担当した飛鳥建設の左野勝治《さのかつじ》さんから「一番大事なのは身と蓋が分かれるかどうかだ」と聞いていたので蓋の動きだけを一生懸命見ていたからで、あとから考えてみると、棺の中が空っぽでもいいというのはおかしい。ファイバースコープ調査ですでに、いろんな副葬品があるのはわかっていたのだから。しかしあのときは、ホッとしてそう思った。

石棺は、奈良県と大阪府県境の二上山《にじょうざん》の凝灰岩《ぎょうかいがん》でできている。いま二上山の石は天然記念物に指定されているため採掘できないので、ほぼ同質の石川県の滝ヶ原石をとりよせて実験した。重さ四トン。

それを屋根型に削り、本物と同重量の二トンにする。石工の長年の経験を積んだ勘と、構造力学の専門家の意見とを合わせて実験したが、むずかしかった。石棺の蓋の内側にはくりこみがある、ところが、蓋が開いていない段階では、何センチくらい抉《えぐ》ってあるかがわからない。蓋の周囲を鉄骨で締めつけて、下からジャッキで鉄骨を上げていくのだが、内側のくりこみが一〇センチか二〇センチかで、締めつける力の方向が全然違うそうだ。締めつけの強さによって石が割れる可能性があるという。そこで日本中の同タイプの石棺のくりこみの深さを調べ、前回のファイバースコープによる調査写真を見直して、細かな計算をして作業を進めた。

実験では四〇分で蓋が上がり、技術的にある程度の見通しがたった。いよいよ十月七日、午後一時頃から本番開始である。実験と同じやり方で、一センチぐらい蓋が持ち上がった、しかしこのとき、蓋の真ん中のところ、蓋と一緒に持ちあがるはずの部分が、身のほうにくっついたままで下に残っているではないか。すかさず左野さんの「ちょっと待て！」の声。このままグシャッと壊れるんやないかと肝《きも》を冷やした一瞬だった。蓋の南側中央部、身のほうにくっついた十センチ余の部分は、石が豆腐みたいにふにゃふにゃだったのだ。身と蓋の隙間から何百年間も水が入っていたから、石がやわらかくなっていたようだ。そしてその部分は最後まで蓋に付かなかった。

一四〇〇年以上もたった、水気を含んだふにゃふにゃの凝灰岩である。こうしたハプニングがあったから、蓋が割れないように用心して、蓋を囲む鉄骨を実験と同じ強度では締められない。しかし締め方が弱いと、鉄骨だけがジャッキで押しあげられて蓋は居座ったままだったりする。そこでもう一度締め直す……。僕らは素人だから、もっと締めろとか、締めすぎではないかとか口出しするわけにはいかず、プロの石工にまかせて見守るだけだった。ここは石工の親方と心中する以外ないという心境だった。

幸い、蓋が五ミリ上がったところで、厚さ三ミリのアクリルの板をさしこんだ。すぐベニア板で全体をカバーし、次に一二、三センチ上がってから、五センチぐらいの板を入れ、クレーンに結びつけて吊れるようにした。その間、万一のことを考えて、いろんな作業をしたが、どうやら蓋が床におりたのが、八日の午前一時五分。ふつうなら「よーし、やった」と拍手するところだが、何もなかった。考えてみると、決定的瞬間は身と蓋がはなれるときだ、といわれていたから、そこばっかり見てて、いつのまにか時間がたっていった。何センチも上がって、そこからなんぼ上がるかなんぼ上がるかと思ってるうちに、上がった延長で横へいったという感じだ。

あの夜、蓋が開いたら、左野さんと朝まで飲みあかそうと約束していた。だけど結局飲まなかった。二人とも酒好きなのに。二、三時間あれこれしゃべって、「もう寝よか」となった。気持ちとしては緊張しとらんぞと思ってたけど、やはり緊張してたようだ。

なぜ「藤ノ木古墳」なのか

藤ノ木古墳は直径四八メートルの円墳である。円墳は、前にも述べたように古墳時代の全期間を通じてどこにでもある形で、奈良県内で径六五メートルの天理《てんり》市塚穴山《つかあなやま》古墳などがあるからトップではない。もうひとつ、埋葬施設である横穴式石室はどうか。これも六世紀になると日本中にある墓の構造であり、

▲ 図2―5　開棺直後の棺内(奈良県立橿原考古学研究所附属博物館提供)

全長一四メートルは奈良県内の横穴式石室としては一四番目で、びっくりするような規模ではない。家型石棺もどこにでもあるし、赤く塗ってあるのも別段珍しくない。

こうしてみると、藤ノ木古墳はとても大王級の古墳とはいえない。三年ほど前、斑鳩町から調査の話が持ちこまれたとき、「藤ノ木古墳ってどんな古墳や」と言いあったぐらいだ。それが副葬品も出ず、石棺も開けない段階で大きく新聞に載った。理由の一つは、やはり斑鳩町という土地にあると思う。法隆寺南大門から三五〇メートルしか離れていない。斑鳩・法隆寺といえば聖徳太子である。太子の義理の父・膳臣《かしわでのおみ》傾子《かたぶこ》、あるいは祖父・膳臣《かしわでのおみ》巴提便《はすひ》の墓ではないか。そんな推理もされて、聖徳太子の知名度で騒がれた面がある。そのうちに調査が進み、石室の奥から、東アジアでも例のないような素晴らしい馬具が出てきて、考古学的にも大変な古墳だと注目されるようになった。

金銅製の馬具(鞍金具)をはじめ、これほど中国や韓国の考古学者に注目された古墳はない。象・兎・獅子・怪魚(インドの聖魚マカラ)、舌を出した鬼……等々、ユーラシア大陸全体の思想を凝縮したような文様が刻まれている。正倉院に比べて一〇〇年以上古い時代に、中国、朝鮮のみならず、ペルシャ、ギリシャ、ローマまで含む図像がある。非常にスケールの大きい、類例のない出土品だといえる。

開棺作業に立会ったのは全部で一一人。飛鳥建設の人が五人、橿原考古学研究所の職員が私を含めて六人。同じ石室でも、奥のほうの四角い部屋(棺をおさめる玄室《げんしつ》)と、手前の細い通路(羨道《せんどう》)とがあり、我々は羨道で見守っていた。午前二時頃になって、石棺を開けた瞬間の写真を撮るために待機してもらっていたカメラマンを入れた。測量用撮影を含め五パーティーの撮影は八日の午後十時ごろまでかかったので、結局、まる一日がかりである。そのとき最初に撮った写真が八日の新聞にいっせいに出たカラー写真だ(図2—5)。我々の目に最初に映ったのは、北西角にある沓《くつ》だった。立っていたから、「あ、沓がある」とすぐわかり、私がその次に見たのは、ファイバーで見えていた「筒形《つつがた》銅製品」である。

一級品の副葬品と二体の合葬遺骨

一九八八年十二月二十八日、藤ノ木古墳の開棺調査が終了した。十月一日からおよそ三か月、一つの棺内調査としては、あまりにも時間がかかりすぎたようにも思うが、あっという間に時が過ぎ、気がついたら十二月末というのが実感である。
　調査前、橿原考古学研究所で調査期間を最も短く予想した者は「一週間」で、最も長い者でも「二か月」だった。それらを大幅に超えたのは、豊富な副葬品と二人の遺骨が検出されたためである。とくに二体合葬であったことは、個々の副葬品の帰属を確かめるための綿密な客観資料の作成が必要となり、緊張する日時が経過した。
　私自身の関心をもとに、主要な副葬品について要約しておこう。

〔多くの鏡〕　鏡は古代日本人の「好物」である。四、五世紀には、一つの古墳で数十面も持つほどである。しかし、六世紀になると鏡は小さくなり、数も少なくなる。それなのに、四面もの大きな鏡が副葬されていた。被葬者《ひそうしゃ》は、日本列島の四、五世紀の伝統と慣習をひきついでいる人物と言える。

〔大刀と剣〕　大刀は棺内南辺に四振と北辺に一振、剣は北辺に一振副葬されていた。大刀と剣はともに外装がよく残っている。栃木県七廻鏡塚《ななまわりかがみづか》古墳など鹿角装大刀の外装と共通した形態で、日本古来のものと言われている。把《とって》の三輪玉《みわだま》と鞘《さや》の玉から「玉纏大刀《たままきのたち》」と言われており、正倉院や伊勢神宮の伝来品のほかには類例がなかった。ただし、藤ノ木古墳の調査後、各地の古墳出土の金銅製品の断片の中に類例を求めうるようになり、類例は増加している。
　その後、剣の把頭をレントゲン撮影したら玉が二個入っていることがわかった（図2—6）。私は剣の上を皮のような膜が覆い、棺底に密着しているように見えた。棺内に遺体を収める前か、あるいは収めた後でも棺底に敷いた皮革？　をめくり、意識して他の刀と別置したと考えた。もしかしたら、「魂振《たまふ》

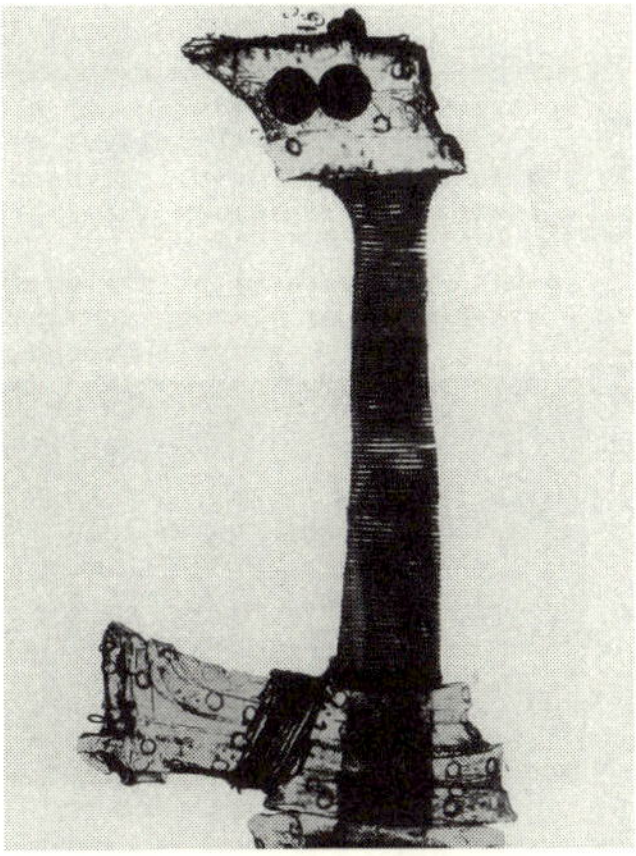

▲図２―６　魂振りの剣か？

▲図２―７　壊された沓と冠（奈良県立橿原考古学研究所附属博物館提供）

り神事」に使用した剣ではないか、と思う。

〔**金属の玉とガラスの玉**〕　六世紀になると金属の玉が増え、ガラス玉も明るい色が増える。それにしても藤ノ木古墳の金属製玉は大きく、日本・韓国を通じて類例がない。その上、頸飾りは金属製玉に限り、ガラス玉はその他の装飾品に使い分けているのは特異である。

また、ガラス玉がオレンジ、黄、グリーンの明るい三色を主流とするのは、ダークブルーを主体とする六世紀の日本列島では異質である。明るい配色は、和歌山県大谷古墳や韓国、武寧王陵《ぶねいおうりょう》など日本と韓国のいくつかの古墳で類例を求められるが、その源流は韓国であろう。

〔**折りたたまれた冠と大帯**〕　北の人と南の人の足もとに、冠《かんむり》と大帯が折りたたまれておかれていた。冠は、飾履《かざりぐつ》と棺壁の間に、はさみこまれたかのようであり、大帯は銀装刀子《とうす》の容器のような扱いである。

そのような眼でみれば、二足の飾履の片方ずつが壊れていることも、意味があるように思える。冠も大帯も飾履も、権威のシンボルとみられている。そうだとすれば、これらを折りたたみ、壊すことは権威の否定という側面が強調されることになる（図2—7）。

六世紀の金銅製品については、このような視点で検討されたことがないため、古墳出土品について壊れたのか、壊したのかをあらためて弁別する必要がある。

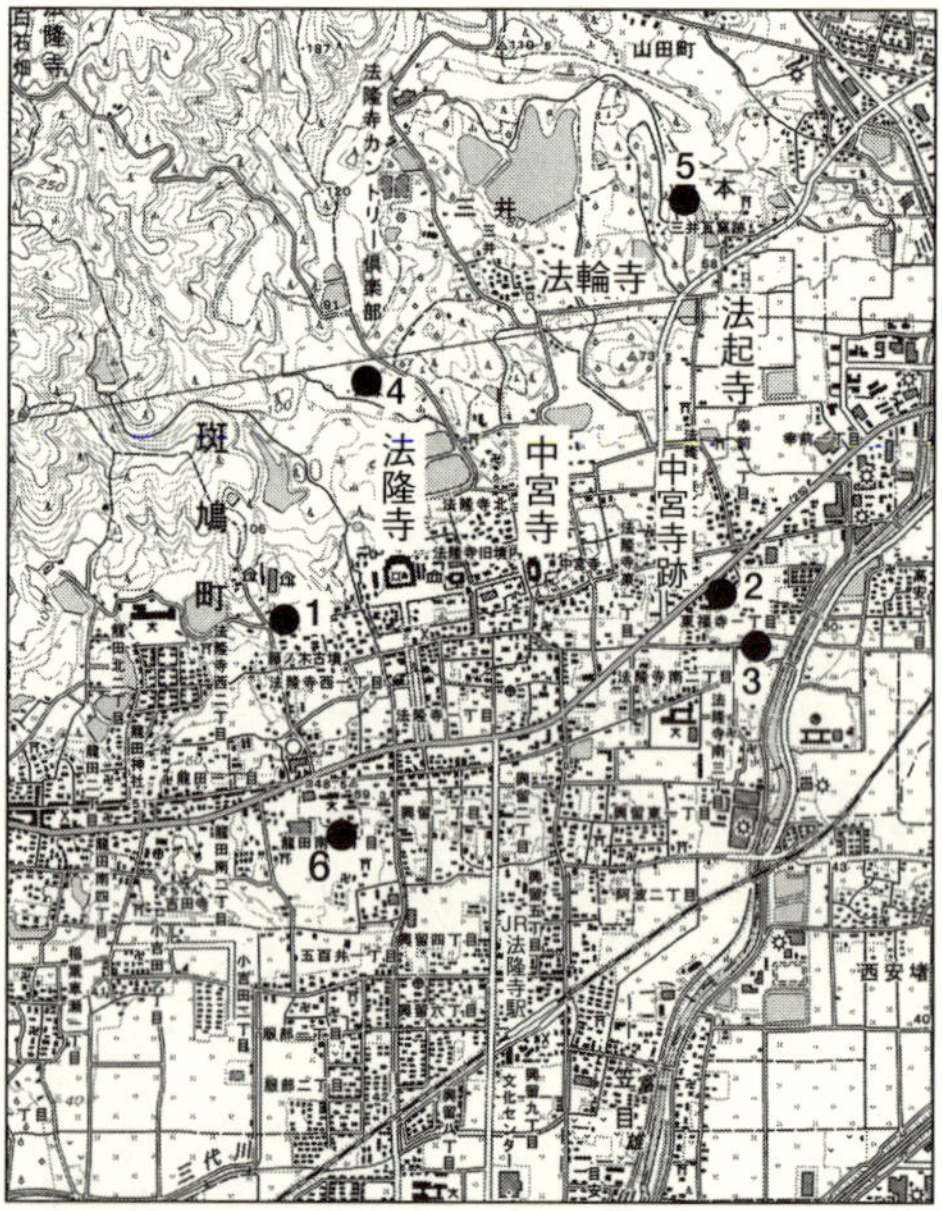

▲斑鳩地方の主な古墳　1は藤ノ木古墳、2は駒塚古墳（⇨p. 313）、3は調子丸古墳（⇨p. 313）、4は仏塚《ほとけづか》古墳（6世紀後半・方墳）、5は瓦塚《かわらづか》古墳（5世紀前半・前方後円墳）、6は斑鳩大塚古墳（4世紀末・円墳）

■被葬者は誰か　その身分・階層は？

棺内には二十歳前後の二人の男性の遺骨があり、様々な状況から同時埋葬と考えられる。ただし、南の人の遺骨は踝《くるぶし》だけであり、踝だけで年齢、性別の判定をするのは難しく若干の課題が残る。

藤ノ木古墳は、六世紀後半の径四八メートルの円墳であり、西二・五キロには、ほぼ同時期につくられた前方後円墳である烏土塚《うどづか》古墳（平群《へぐり》町）がある。両古墳出土の須恵器《すえき》については、研究者によって新古相反する見解があるが、いずれにせよ、型式学的にほぼ同一であり、接した年代を与える点では一致している。

とすれば、相接する時期に、同じ地域で伝統的権威を象徴する前方後円墳を築造しているのに、藤ノ木古墳は円墳であることの意味は大きい。

つまり、藤ノ木古墳の年代が烏土塚古墳より新しければ、上位の階層者に相当する可能性があるし、古いのであれば、前方後円墳の被葬者より、少なくとも伝統的秩序の中では下位の階層者ということになる。

ただし、横穴式石室の規模は全長十四メートルで奈良県内で十四位であり、トップではない。副葬品についてみると、東アジアを通じて類例のない鞍金具を除くと、必ずしも工芸的にすぐれたものとは言い難い。

例えば、宗像君徳善《むなかたのきみとくぜん》の墓に擬されている福岡県宮地獄古墳(七世紀前半)の冠や大刀をはじめとする金銅製品と比較すると、はるかに簡単なつくり方である。全体に時代の古い方がていねいなつくり方をしているので、宮地獄古墳との差を時代の差にすることはできない。

天武《てんむ》天皇に妃《きさき》を入れたとされている宗像君徳善を近畿大王家と同等にみるか。藤ノ木古墳の被葬者は誰か。聖徳太子との関係やその身分については謎のままであるが、少なくともその階層は宗像君よりは下げて考えるべきであろう。

藤ノ木古墳は、いままでほとんど明らかでなかった六世紀の大型古墳、横穴式石室の被葬者階層の文化の一つの基準となる重要な古墳である。被葬者だけではなく、多面的な検討を続けていく必要があるだろう。

本稿は調査直後に執筆し、『古代大和へ、考古学の旅人』（雄山閣、一九九四年）に収録したレポートを基本として改稿したものである。

2章

聖徳太子の国政と仏教興隆

1 聖徳太子の「天皇事《みかどわざ》」とは何か

堺女子短期大学学長
塚口　義信

聖徳太子は六世紀後半から七世紀前半にかけて活躍した人だが、西暦《せいれき》七二〇年に完成した『日本書紀』（以下『書紀』または『紀』と略す）によれば、太子は六二二年二月五日に亡くなったと伝えられている。だが、この薨去《こうきょ》の年月日は疑わしいとされている。なぜかといえば、聖徳太子の伝記としてよく知られている『上宮聖徳法王帝説《じょうぐうしょうとくほうおうていせつ》』所引の天寿国繡帳銘《てんじゅこくしゅうちょうめい》や、『聖徳太子傳《でん》私記』に引く斑鳩《いかるが》の法起寺塔婆《ほうきじとうば》露盤《ろばん》銘などによると、太子の薨日《こうじつ》は西暦六二二年二月二十二日とあり、研究者の多くはこの所伝を正伝と考えているからである。私もこの説を支持している。

ここでは、『書紀』に太子が「天皇事したまふ」と記されている記事の意味について考えてみる。

■聖徳太子の活躍した時代

聖徳太子が活躍していた時代は、世界史的にみると、どのような時代であったのか。現在紛争が続いていて、なかなか旅行もできないような状況になっているイスラム圏の方では、イスラム教の創始者で、イスラム帝国の創立者であるマホメットが活躍していた時代に当たっている。彼は西暦五七〇年頃に生まれ、六三二年に亡くなったといわれているので、年代的に太子とほぼ同時代となる。太子が亡くなった六二二年という年は、マホメットがクライシュ族の迫害《はくがい》を受け、メッカからヤスリブ（後のメディナ）へ逃れた年に当たり、イスラムではこれをヘジラ（聖遷《せいせん》）といっている。

このように日本の歴史を世界の歴史と比べながらみていくと、日本の歴史によりいっそう興味がわくとともに、当時の日本の社会の特徴がよく理解できるようになると思う。

『日本書紀』に描かれる聖徳太子

『書紀』はわが国の正史の第一号であり、古代史、とくに奈良時代以前の歴史を考えるうえで重要な書物であるとされている。ところが、そこには虚実のはっきりしないような記事が数多く存在する。さらに、『書紀』の編纂は古代天皇制の正当性を説くことに大きな目的があったから、古代天皇制イデオロギーに基づく潤色《じゅんしょく》や改作も少なからず見受けられるのである。

聖徳太子についていえば、七世紀末葉ないし八世紀初頭から聖徳太子信仰が高揚《こうよう》する。そしてそれは古代、中世、

▲上宮《かみや》遺跡（斑鳩町）　太子が晩年を過ごした飽波葦墻宮《あくなみあしがきのみや》の跡と伝えられている。

近世、近代を経て現代まで連綿《れんめん》として続いている。今日ではあまり知られなくなったが、昭和五(一九三〇)年の百円札に始まり、同二十五(一九五〇)年の千円札、同三十二(一九五七)年の五千円札、さらに同三十五(一九六〇)年の一万円札といったように、太子は高額紙幣の顔になっていた。『書紀』の編纂は、こうした太子信仰が高揚してくる七世紀末頃から始まっているから、そこには太子信仰に基づいた記事が少なからず見受けられるのである。次に、そのいくつかの記事をあげてみよう。

① 蘇我《そが》・物部《もののべ》戦争時における勝利祈願――崇峻《すしゅん》天皇即位前紀(五八七年)七月の条によると、厩戸皇子《うまやとのみこ》(聖徳太子)はまだ少年であったが、物部守屋《もののべのもりや》討滅戦に参加した。太子は討滅軍が三度退却したあと、髪を束髪於額《ひさごはな》に結《ゆ》い(髪を分けて角子《あげまき》にし)、白漆木《ぬりで》を切って四天王の像を作り、それを額《ひたい》に着け、「今若《も》し我をして敵に勝たしめたまはば、必ず護世四王《ごせしおう》の奉為《みため》に、寺塔を起立《た》てむ」と誓願して進軍し、守屋に勝利することができた。これにより戦後、摂津《せっつ》に四天王寺(大阪市)を建立したという。この記事は摂津国の四天王寺の縁起から採録《さいろく》されたものとみられるが、これが史実であったかどうかについての判断はきわめてむずかしい。太子信仰が盛んになった後代に、太子を称讃する目的でこうした記事が作られたとも考えることができるからである。

② 厩戸皇子の生誕説話――推古《すいこ》天皇元(五九三)年四月の条に、「厩戸豊聡耳皇子《うまやとのとよとみみのみこ》(聖徳太子)を立てて皇太子としたまふ。仍《よ》りて、録摂政《まつりごとふさねつかさど》らしめ、万機《ばんき》を以《も》ちて悉《ことごと》に委《ゆだ》ぬ」とあり、そのあとに、かの有名な聖徳太子の生誕説話が出てくる。それによると、太子の母の皇后(穴穂部間人皇女《あなほべはしひとのひめみこ》)は、懐妊して出産なさろうという日に、宮中を巡行し、厩《うまや》の戸口で、労《なやみ》たまはずして忽《たちま》ちに出産なさっ

た。太子は生まれてすぐに言葉を話され、聖智《さとり》あり、成人されると、一度に十人の訴えを聞いても間違いなく聞きわけられ、さらに先々のことまで見通されたという。

この説話の成り立ちについて、明治時代に久米邦武《くめくにたけ》氏は、次のような説を出された。太子の生誕説話は、キリストのそれによく似ている。中国には早くから景教《けいきょう》といわれていたネストリウス派のキリスト教が入っており、キリストが廐で生まれたという説話(『新約聖書』ルカ伝)が、遣唐使を通じて唐からわが国に伝わり、そこからヒントを得て、このような話を捏造《ねつぞう》したのではないかと。しかし、私はそうではなく、「廐の戸に当たりて」というのは、太子の実名が「廐戸」であったことと関係があり、また「一度に十人の訴えを聞いても間違いなく聞き分けることができた」というのも、同様に太子の名の「豊聡耳」からこのような話が作られたのではないかと考えている。いずれにせよ、これらの話は太子信仰が盛んであった頃に語られていた伝承が『書紀』に取り入れられたものであろう。

③片岡山《かたおかやま》飢人《きじん》説話――推古二十一(六一三)年十二月の条に、次のような話がある。太子が片岡山に遊行されたときに、道端に臥《ふ》す飢者に出会い、衣食を与えて、憐《あわれ》みの情のこもった長歌を作り、翌日飢者が死亡したので埋葬させた。太子は飢者が真人《ひじり》(聖)であることに気づき、数日後に使人を遣わして墓所を見分させると死体はなくなり、太子の与えた衣服のみ残っていた。屍《しかばね》のないのは昇仙《しょうせん》した証《あかし》であり、太子の予言どおり彼は実は真人で、時の人は「聖が聖を知ること、其れ実《まこと》なるかも」といったという。こうした尸解仙《しかいせん》説話の源流は中国にあり、道教《どうきょう》の思想と関係があるといわれている。この話は、太子の慈悲譚《じひたん》に尸解仙思想をからめて太子が真人であることを示そうとしたもので、歴史的

事実であったとは考えにくい。しかし、そのすべてがフィクションであったということもまた考えにくいことであり、太子が片岡山と何らかの関係をもっていたという点については、史実としてこれを認めてもよいのではないかと思う。

それでは、片岡山とはいったいどこかというと、かつては奈良県北葛城《きたかつらぎ》郡王寺《おうじ》町北部の大和川《やまとがわ》よりの丘を指すのではないかといわれていた。しかし私の考えでは、それよりもっと広い、現在の王寺町から香芝《かしば》市にかけて拡がっている山全体を指した地名と思われる。このあたりに片岡の付く地名が集中して存在していること、また、香芝市に残る幕末か、遅くとも明治の初めには描かれていたと思われる絵図に、王寺町から香芝市に至る山全体を「片岡山」と記していることなどが、その根拠である。太子が片岡山に出かけた目的は明らかではないが、平安時代中期に成立した『上宮聖徳法王帝説』には、太子の子女の中に片岡女王の名がみえることからも、太子は片岡山近辺と何らかの関係をもっていたことが考えられる。しかし、そうはいっても、片岡山飢人説話全体は史実として信じられるものではない。やはり太子信仰から生まれてきたものであろう。

④太子の死を悼《いた》む高句麗《こうくり》僧恵慈《えじ》の話――推古天皇二十九(六二一)年二月の条には、この年の二月五日の夜半に太子が斑鳩《いかるが》宮で亡くなられたのを聞いた太子の師である恵慈が、たいそう悲しみ、恵慈自らも来年の太子の命日に死んで浄土でお目にかかろうと誓願し、そしてそのとおりに逝去《せいきょ》した、という逸話を載せている。これにより時の人はすべて、太子も恵慈もともに聖であったと讃《たた》えたという話が記されている。この話もまた、どこまでが事実であるのか、見定めることが難しい。しかし、全体と

しては一つの説話として扱うべきものと思われる。

以上紹介したような聖徳太子に関する『書紀』の所伝は、いずれも太子信仰が高揚した後の時代に作られたものだといわれている。したがって、そこに語られている信仰上の太子と、この時期に実在した廏戸皇子(聖徳太子)とは区別して考える必要があろう。

大山誠一氏の聖徳太子論

前述のように『書紀』の聖徳太子関係の記事は、どこまでが史実であるかについての判定がしがたい。このため、古くから虚構の記事が少なくないといわれてきたが、近時、大山誠一氏は大胆な聖徳太子虚像説を提起された。氏によれば、『古事記』(以下『記』と略す)・『書紀』の太子関係記事の中で信じられるのは、用明《ようめい》天皇の皇子として廏戸皇子という名の蘇我《そが》系の王族がいたこと、その皇子が推古九(六〇一)年に斑鳩《いかるが》の地に宮を造営し、以後そこを居所としたこと、そしてその後、近くに斑鳩寺(若草伽藍《わかくさがらん》跡)を建立したことぐらいであって、それ以外の記事はほとんど信じられないという。今日、こうした氏の説に対しては多くの反論が出されているが、私も大山説を直《ただ》ちに受け入れることはできない。たとえば、『書紀』に出てくる聖徳太子の政治的関与を示す記事も大山氏によればすべて虚構だという。果たして、そのように言い切れるかどうか、なお慎重な検討が必要である。そこで私は、まず、聖徳太子の政治的立場について記す『書紀』の記事の信憑性《しんぴょうせい》について、若干の考察を試みたいと思う。

■聖徳太子の政治的立場

用明《ようめい》元(五八六)年の条によると、聖徳太子は推古天皇の時代に東宮《とうぐう》(皇太子)となり、「万機《ばんき》を総摂《そうせつ》して、天皇事《みかどわざ》したまふ」(国政をすべて執《と》り行って、天皇の代行をなさった)とある。また、推古元年の条にも皇太子として「録《まつりごと》摂《ふさね》政《つかさど》らしめ、万機《ばんき》を以《も》ちて悉《ことごとく》に委《ゆだ》ぬ」(いっさいの政務を執《と》らせて、国政をすべて委任された)とある。一般にはこの「録摂政」から摂政なる熟語を導き出し、この記事をもって推古元(五九三)年に太子は皇太子となって「摂政という地位についた」と解説している場合が多い。しかし、この解釈は明らかに間違いである。この時代にはまだ摂政という地位はなく、この記事も「フサネツカサドラシム」と読み、動詞として使われているからである。

それにしても、聖徳太子が推古朝に国政を委任されたという『書紀』の記事は、以下にあげる理由により、簡単に虚構だとはいえないと私は考えている。

■山背《やましろの》大兄王《おおえのみこ》と「大兄《おおえ》」の称について

聖徳太子には、山背大兄王という子どもがいた。私がまず問題にしたいのは、その名前の中にみえる「大兄」の称である。『古事記』『日本書紀』の記事で、比較的信憑性が高いと考えられる応神《おうじん》・仁徳《にんとく》以降の記事についてみると、「大兄」の称を持つ人物は、次の八名である。

① 大兄《おおえの》去《い》来《ざ》穂《ほ》別尊《わけのみこと》　仁徳皇后の長子　即位(履中《りちゅう》)
② 勾《まがりの》大兄《おおえの》皇子《みこ》　継体《けいたい》元妃の長子　即位(安閑《あんかん》)

③ 箭田珠勝《やたのたまかつ》大兄皇子《おおえのみこ》　欽明《きんめい》皇后の長子　父の在世中に死す

④ 大兄皇子《おおえのみこ》(橘豊日命《たちばなのとよひのみこと》)　欽明妃の長子　即位(用明)

⑤ 押坂彦人大兄皇子《おしさかのひこひとのおおえのみこ》　敏達《びだつ》天皇皇后の長子

⑥ 山背大兄王　聖徳太子の一子

⑦ 古人大兄皇子《ふるひとのおおえのみこ》　舒明《じょめい》夫人の一子

⑧ 中大兄皇子《なかのおおえのみこ》　舒明皇后の長子　即位(天智)

この中で、①の大兄去来穂別尊だけは、かなり特異である。つまり、それは、

(1) ②の勾大兄皇子以降、大兄はほぼ連続的に登場するが、①の大兄のみ五世紀代で、時代が隔絶《かくぜつ》している。

(2) ①の大兄は、『古事記』では「大江之伊邪本和気命《おおえのいざほわけのみこと》」と記されており、同母弟の墨江之中津王《すみのえのなかつのみこ》や蝮《たじひ》之水歯《のみずは》別命《わけのみこと》(即位して反正《はんぜい》)などの名を参考にすると、この大江は摂津の墨江や河内の蝮(丹比《たじひ》)と同じく地名に由来しているとみるのが妥当で、他の「大兄」とは由来が異なっていると考えられる。

(3) ②から⑧までの人名がすべて「大兄+皇子(王)」の構造をもっているのに、①だけはそうではない。

したがって、①は直木孝次郎氏のいわれているように、除外して考えるべきであろう。

そこで、②~⑧の七名について考えてみると、次の三つの共通点があることに気づく。

まず第一は、史料でわかる範囲でいうと、続柄がすべて長男であるということである。これは大兄の言葉の由来を考えてみると当然のことであって、大兄の原義はオヒネ、すなわち一番年長であるという

ことである。したがって、⑥の山背大兄王も大兄の称をもっていることからみて、聖徳太子の長男であったと考えてよい。

第二は、それらの人物がいずれも有力な皇位継承候補者であったということである。大兄の称をもつ七名のうち天皇に即《つ》けなかった四名は、若くして死去したか③、皇位を争って敗れたか⑤⑥⑦、そのいずれかであった。山背大兄王も推古天皇の逝去後、田村皇子《たむらのみこ》（舒明）と皇位を争って敗れている。

第三は、ある一人の人物を除くと、父親がすべて天皇であったということである。その唯一の例外である「ある一人の人物」とは山背大兄王であるが、彼が大兄の称をもっているのは、父親である聖徳太子が天皇に準じるような立場の実力者であったことによるとみるのが自然である。

このようにして、山背大兄王の名前から、太子が天皇の代行として執政したとする記事を簡単に切り捨てる説は当たらないということがわかるであろう。

■『日本書紀』と『隋書《ずいしょ》』の倭王《わ》

『書紀』の記事は疑われている状況であるが、幸いにも推古朝のことを書いた歴史書が外国に存在する。それは、『古事記』『日本書紀』よりも八十年ほど前の七世紀前半に書かれた中国の歴史書、魏徴《ぎちょう》（五八〇〜六四三）撰『隋書』である。この書は、七世紀前半の日本のことをほぼ同時代に書いているので、その史料的価値はすこぶる高いと考えられている。この書の中で日本のことについて書いている部分を、『隋書』倭国《たい(に)こく》伝《でん》という。一般には『隋書』倭国伝といわれているが、実は、この言い方は正確ではない。ではなぜ、『隋書』は「倭」と書くべきところを「俀」と書いているのか。文字の類似に基づく誤字説も捨て切れないが、私は現在のところ、中国唐代の学者裴駰《はいいん》が著した『史記集解《しきしっかい》』や司馬貞《しばてい》の『史記索隠《しきさくいん》』により、「俀」と「倭」はともに「二」と発音し、両字が同じ音であることから「俀」字が使用されたのではないかとする坂元義種《さかもとよしたね》氏の説に賛成している。いずれにしても内容は倭国のことについて書いているので、ここでは仮に『隋書』倭国伝と呼んでおく。

さて、開皇《かいこう》二十(六〇〇・推古八)年の条に「倭王あり。姓は阿毎《あめ(ま)》、字は多利思比孤《たりしひこ》、阿輩鶏弥《おほきみ(あめきみ)》と号す」とある。これによると、推古朝当時の日本の王は多利思比孤と称したという。ヒコは男性を示す名辞であり、さらに、「王の妻は鶏弥《きみ》と号す」とあるから、倭王は男性と認識されている。ところが、『古事記』『日本書紀』によれば当時の日本の最高リーダー(天皇)は女性(推古女帝)であって、これと符合しない。さらに重要なことは、「その王、清《せい》(裴世清《はいせいせい》)と相見《あいまみ》え、大いに悦《よろこ》んで曰く」とあり、大業《たいぎょう》四(六〇八・推古十六)年に遣隋使の答礼として日本に来た隋使はタリシヒコ(タラシヒコ＝帯彦《たらしひこ》・足彦《たらしひこ》)なる倭王と会見し、男性であることを確認しているのである。この記事は、隋使が帰国後に提出した復命報告書に基づいて書かれていると考えられるから、客観性がある。これはいったい、どういうことか。

そこで、次のような説が唱えられることになる。すなわち、『記』『紀』には後代に改変されている箇所が少なからず見受けられるので、この場合は『隋書』の方が正しく、『記』『紀』は何らかの理由で事実を隠蔽《いんぺい》したのではないか。推古が天皇であったとする『記』『紀』の記事は後代に捏造《ねつぞう》されたものであって、実際は、天皇は男性であり、それは蘇我馬子《そがのうまこ》であったのではないか、いやそうではなくて聖徳太子であったのではないか、といった説である。

しかし、前者の蘇我馬子天皇説は史料的根拠に乏しく、単なる憶測の域を出ていないといってよい。そもそも蘇我氏は五世紀代における葛城氏や八世紀代における藤原氏と同じように、天皇（大王）家の外戚として繁栄を築こうとしていた氏族であって、みずから天皇位に即《つ》く意思など、ほとんどなかったと考えられる。

では、聖徳太子天皇説についてはどうか。魅力的な説だが、これも成立困難かと思われる。なぜなら、もしも聖徳太子が実際に天皇位に即いていたのであれば、太子信仰に基づく太子称讃の記事をあまた掲載している『書紀』が、太子即位の事実をわざわざ隠蔽しなければならないような必然的な理由が見当たらないからである。

そこで、考えられることは、天皇は推古であったのだが、外交権は太子に委《ゆだ》ねられており（この点についてはすぐのちに詳述する）、その意味で太子は外国に対して「倭王」と称し得る権限を有していたのではないか、『書紀』の編述者をして「天皇事したまふ」と書かしめたのも、この点に注目してのことではなかったか、ということである。このように考えると、『書紀』と『隋書』との間にみられるこれまでの矛盾も解消する。のみならず、馬子との共同執政の記事（後述）をあまた掲載している『書紀』の編述者が、これらの記事と符合しない「万機を総摂して天皇事したまふ」という記事をあえて掲げている理由も、きわめて合理的に理解できるように思うのである。これは聖徳太子天皇説に近い考え方だが、考えられる限りにおいて、最も自然な考え方ではないかと思う。

聖徳太子が外交で活躍した理由

しかし、以上のようにみてくると、ではなぜ天皇であった推古が、対外関係のリード役を務めず、これを太子に委《ゆだ》ねたのかという問題が出てくる。私はその理由として、次の三つの事柄をあげておきたい。

一つめの理由は、すでに先学によって指摘されていることだが、古代中国は厳しい男尊女卑《だんそんじょひ》の国であって、女性のリーダーを認めなかったということが考えられる。中国史上、女性が皇帝になったのは則《そく》天武后《てんぶこう》だけである。もちろん、こうした理由に対しては、三世紀代に活躍した倭の女王卑弥呼《ひみこ》に対して魏《ぎ》の皇帝は「親魏倭王《しんぎわおう》」の称号を与え、破格の待遇をしているではないか、との批判が出るかもしれない。しかし、これは特例である。いわゆる三国時代は魏・呉《ご》・蜀《しょく》に分かれて争っていた時代であるが、魏は強敵である呉の東に大国の倭国が位置していると誤認し、これを牽制《けんせい》するために「親魏倭王」の称号を与えたと考えるべきであって、卑弥呼の例を一般化すべきではあるまい。古代の中国では原則として女帝を認めていないので、日本としては女帝の名で遣隋使を派遣するわけにはいかなかったと推考されるのである。

二つめの理由は、推古朝の日中外交がかつての倭の五王時代に行った「中国皇帝に臣属し、冊封《さくほう》を求める」といったような形式とは基本的に異なり、中国王朝との対等外交を目指した点に求めることができる。そのことは、倭の五王時代には大王の倭名を一字の中国風の名前にかえて外交文書を取り交わしていたのに対し、推古朝ではアメタラシヒコという倭名を用いて遣使していることからもわかる。

大業《たいぎょう》三(六〇七・推古十五)年、倭王多利思比孤《たりしひこ》の使者が持参した「日出ずる処《ところ》の天子、書を日没す

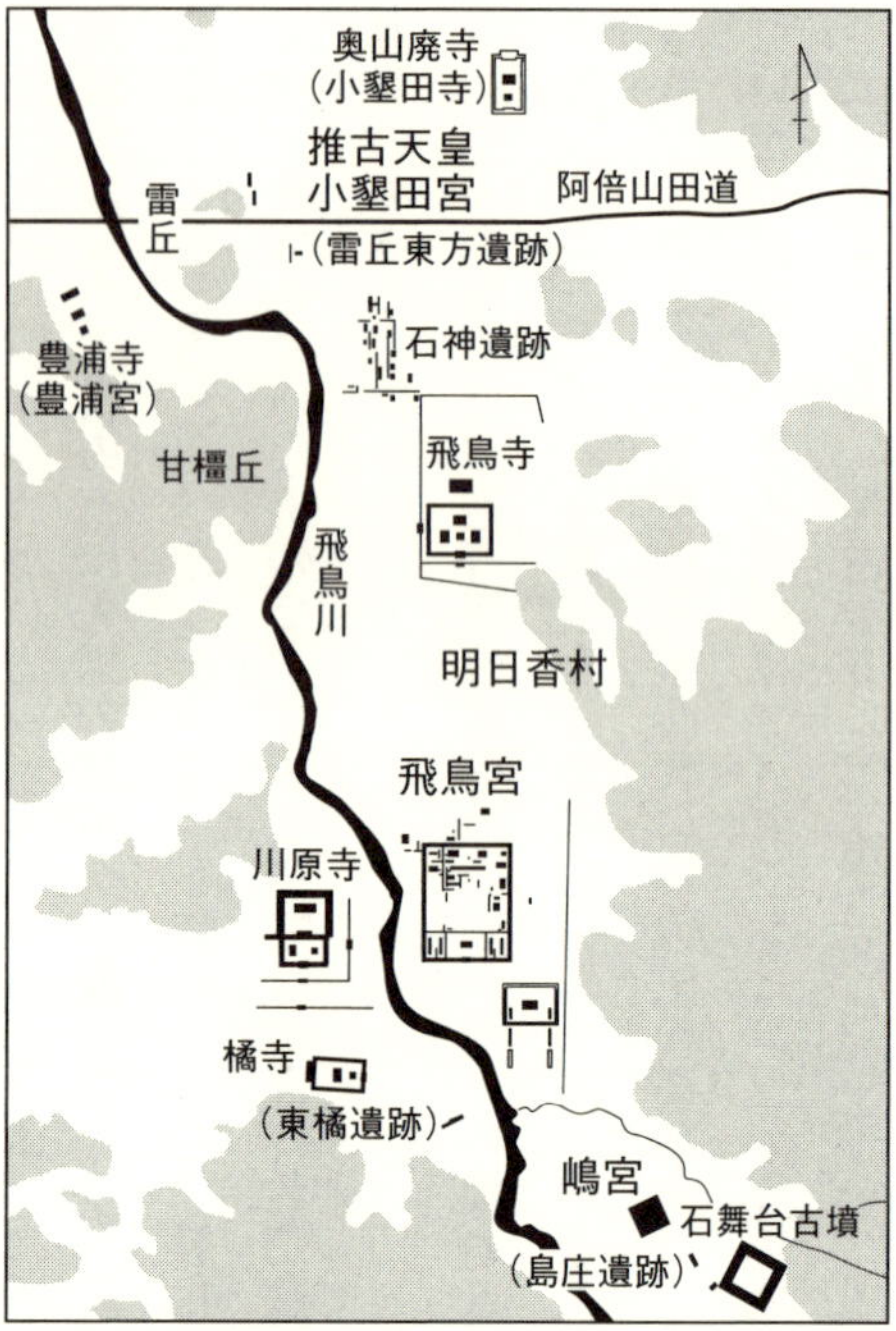

▲ 飛鳥地方の宮殿と寺院

る処の天子に致す。恙《つつが》無《な》きや、云々」という書き出しの国書を読み、皇帝の煬《よう》帝《だい》が大いに怒ったという記事がある。煬帝が問題としたのは、「日出ずる処、日没する処」の個所ではなく、倭王自身を「天子」と呼んでいる点にあったと考えられる。中国にあっては天子は地上において唯一無二《ゆいいつむに》の存在であり、宇宙を司《つかさど》る天帝の命(天命)を受けて地上を治めるのが天子、すなわち皇帝であったからである。なお、中国ではしばしば王朝交替があったが、これは天命が改まったということを意味し、これを「革命」といっている。このように、中国では天子は地上で唯一の支配者と考えられていたから、皇帝は、蛮夷《ばんい》の小国のリーダーたる倭王が中国皇帝と同じように天子と称したことに対し、怒ったのである。この一件からも当時の日本が中国に対して対等外交を試みていたことは明らかであり、そのためにも日本のリーダーは男性でなければならなかったのである。ここに、外交権を聖徳太子に委ねた理由があったと思料《しりょう》される。

ところで、当時、日本では、天(アメ)はどのように考えられていたのであろうか。『隋書』によれば、開皇《かいこう》二十（六〇〇）年に派遣された使者は、「倭王は天を以て兄と為《な》し、日を以て弟と為す。天未だ明けざる時、出でて政を聴き跏趺《かふ》して坐《ざ》し、日出ずれば便《すなわ》ち理務を停め、云う我が弟に委《ゆだ》ねんと」といっている。これによれば、日本では倭王は自然界にある天や日と同次元の存在として捉《とら》えられていたことが知られる。そして、この使者の言葉に対して時の皇帝・文帝《ぶんてい》は「これ大いに義理無し」といい、これを訓《おし》えて改めさせたというから、倭国の思想を全く理解できなかったのである。当時の日本に、中国とは決定的に異なるこのような独自の天と日に関する王権思想があったことは、六、七世紀代の天皇の和風名に、

安閑　ヒロクニオシタケカナヒ（廣國押武金日）
欽明　アメクニオシハラキヒロニハ（天國排開廣庭）
用明　タチバナノトヨヒ（橘豊日）
舒明　オキナガタラシヒヒロヌカ（息長足日廣額）
皇極　アメトヨタカライカシヒタラシヒメ（天豊財重日足姫）
孝徳　アメヨロヅトヨヒ（天萬豊日）
天智　アメミコトヒラカスワケ（天命開別）
天武　アマノヌナハラオキノマヒト（天渟中原瀛眞人）

といったように、アメ（天）とヒ（日）の名辞が実際に含まれていることから、ほぼ確実とみられる。『隋書』の記事は嘘ではなかったのである。

このようにして、倭王が天・日と同次元に属する存在として考えられていたとすれば、アメタラシヒコという倭王の称号を天から降りてきた人と解し、これを天孫降臨《てんそんこうりん》神話と結びつけて論じている説は、再考を余儀なくされるであろう。なぜなら、倭王を天と日の兄弟とする思想と天の子孫とするそれとは、明らかに異なっているからである。

さて、三つめの理由は、遣隋使派遣の目的が、中国の文化や宗教、とくに「仏法を学ぶ」ことにあったという点に求めることができる。『隋書』によれば、倭国(日本)の使者は、煬帝《ようだい》を海西の菩薩《ぼさつ》天子と称揚《しょうよう》し、沙門《しゃもん》数十人を仏教を学ぶために同道させたといっており、仏教興隆を意図する日本の朝廷の意気込みが推知される。そしてこのことが事実であったことは、推古朝に仏教文化の花が咲いたことでも明らかである。

ところが問題なのは、当時の天皇は仏教を受容し、これを国家鎮護《ちんご》の基本思想とすることのできない立場にあったことである。『書紀』推古十五(六〇七)年の条の詔に「今朕《ちん》が世に当りて、神祇《あまつかみくにつかみ》を祭《いは》ひ祀《まつ》ること、豈怠《あにおこた》ること有《あ》らむや」とあるように、天皇は国家のために神祇を祀らねばならない立場にあったのである。このことは、欽明天皇十三(五五二)年の条に「我が国家《みかど》の、天下《あめのした》に王《きみ》とましますは、恒《つね》に天地社稷《あまつやしろくにつやしろ》の百八十神《ももあまりやそみかみ》を以《も》て、春夏秋冬、祭拝《まつ》りたまふことを事《わざ》とす」と記す、いわゆる仏教公伝の記事にもあらわれている。この記事は『書紀』の編述者によって造作されたものと考えられているが、『書紀』編纂期においても天皇は神祇を祀る義務を負っているとする考え方があったことを、この記事は端的に示している。

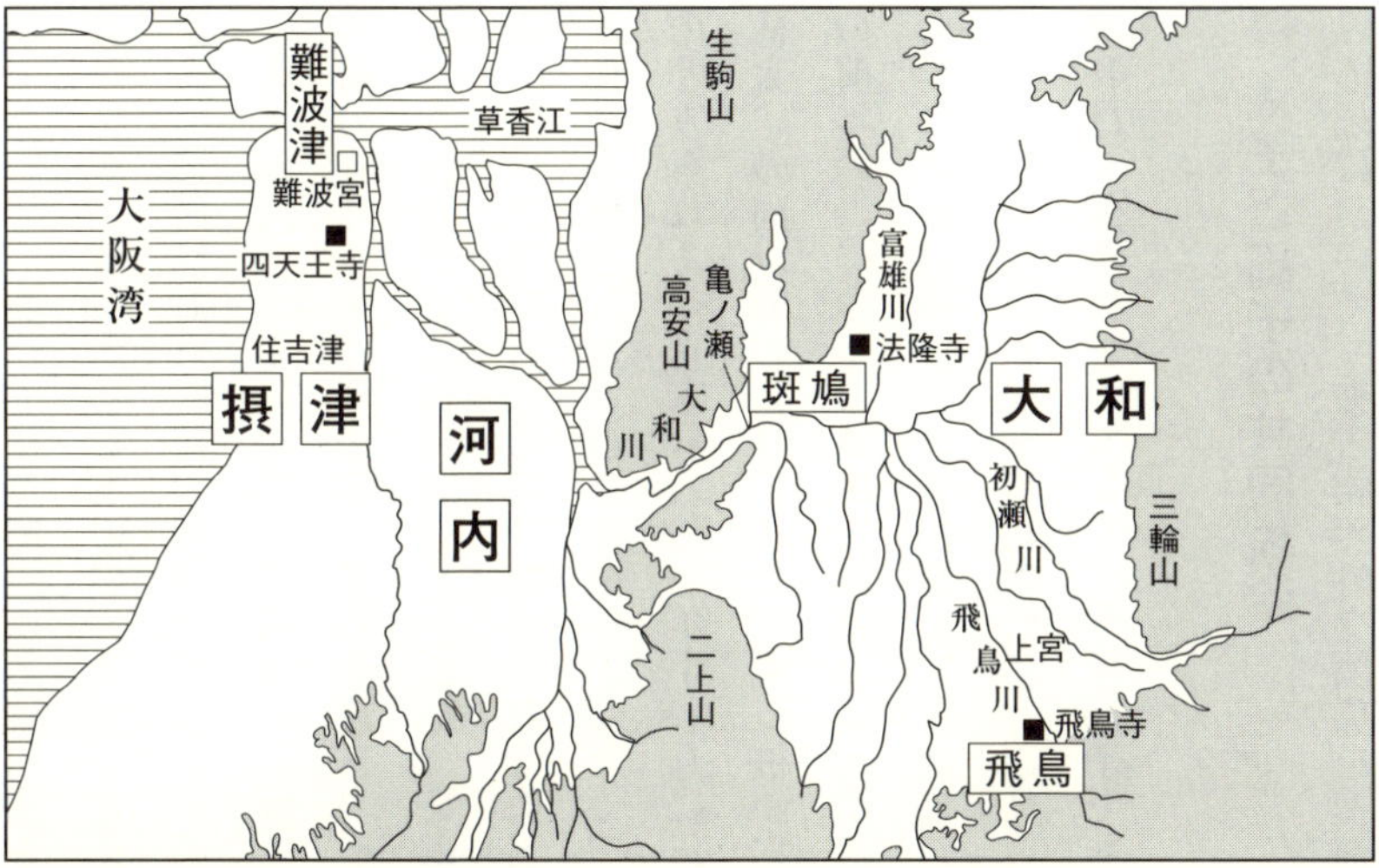

▲ 飛鳥・斑鳩・難波の位置関係

このように推古女帝は、公的に仏教の受容には踏み切ることができなかったのである。天皇が仏教を信仰し、勅願《ちょくがん》寺を建立するようになるのは、推古天皇の次に即位した舒明《じょめい》天皇の時代になってからのことである。大和の百済大寺《くだらのおおでら》（のちの大官大寺《だいかんだいじ》）がそれであるが、これとても、決して仏教を国家鎮護《ちんご》の基本理念に据《す》えていたわけではないのである。

このようにみてくると、隋との外交の最大の目的が自国における仏教興隆策の推進にあったことと、天皇としての推古みずからがその中心的役割を担うわけにはいかなかったという事情との間に横たわる矛盾が、聖徳太子に外交権を付与し、天皇の代行として活躍する場を提供することになったといえる。

ところで、聖徳太子の政治は斑鳩宮の造営と無関係ではない。斑鳩宮は現在の夢殿（法隆寺）付近にある地下遺構がそれに当たると考えられているが、法隆寺東院伽藍《がらん》のこの地は大阪湾に出る場合の水陸交通の要《よう》衝《しょう》であって、陸路では竜田道《たったみち》から渋川路《しぶかわ》を経て大阪湾に出ることができるし、水路では大和・河内国境の亀ノ瀬《かめのせ》の難所があるものの、大和川水運を利用して摂津の港津に出ることができる。したがって斑鳩宮への遷居は対外交渉の拠点づくりにその最大の目的があったとみられる。

太子が六〇一年に斑鳩に遷居する計画を立てた頃、朝鮮半島情勢がにわかに緊迫化してくる。この三年前の五九八年に隋が高句麗《こうくり》に進攻し、それを受けた形で日本は六〇一年三月に百済と高句麗に対してそれぞれ使者を派遣している(『書紀』推古九年三月の条)。『三国史記』によれば、六〇三年八月に百済が、六〇三年八月には高句麗がそれぞれ新羅《しらぎ》に出兵しているが、これは六〇一年に日本が百済と高句麗に使者を派遣したことと無関係ではなく、日本・百済・高句麗の三国間で成立していた盟約《めいやく》に基づくものとみられる。日本も六〇一年十一月に新羅を攻めることを計り、その翌年の二月、征新羅大将軍に聖徳太子の同母弟の来目皇子《くめのみこ》を、また彼が亡くなるとその兄の当摩皇子《たぎまのみこ》を征新羅将軍に起用している。その前年の六〇〇年には隋に最初の使者が送られ、そして太子が斑鳩に居を遷して満二年をおかず、六〇七年には第二回目の遣隋使が派遣されている。

以上のような状況から判断して、これら一連の外交政策の中心となっていた人物は、推古女帝でもなければ、蘇我馬子でもなく、聖徳太子であったと考えるのが自然であろう。

太子と馬子の共同執政

前項において、推古朝の外交関係を推進していたのは太子であったことを考証したが、では国内の政治はどうであったのか。『書紀』の推古天皇の条には、天皇が太子と馬子の二人に詔《みことのり》している記事が次のように頻繁にみられる。

① 二(五九四)年二月の条――皇太子及び大臣に詔して、三宝を興《おこ》し隆《さか》えしむ。

② 十一(六〇三)年二月の条――皇太子・蘇我大臣を召《め》して、謂《みことのり》して曰《のたま》はく「新羅を征《う》つ大将軍《おほいくさのきみ》来目皇子薨《みう》せぬ。其の大きなる事に臨みて、遂《と》ぐることえずなりぬ。甚だ悲しきかな」とのたまふ。

③ 十三(六〇五)年四月の条――天皇、皇太子・大臣及び諸王・諸臣に詔して、共に同じく誓願《こひちか》ふことを発《た》てて、始めて銅《あかがね》・繡《ぬひもの》の丈六の仏像、各一躯《ひとはしら》を造る。

④ 十五(六〇七)年の条――皇太子と大臣と、百寮《つかさつかさ》を率《ゐ》て、神祇を祭ひ拝《いはゐや》ぶ。

⑤ 二十八(六二〇)年の条――皇太子・嶋大臣、共に議《はか》りて、天皇記《すめらみことのふみ》及び国記《くにつふみ》、臣連伴造国造《おみのこむらじとものみやつこくにのみやつこ》百八十部《ももあまりやそとものを》并《あはせ》て公民等《おほみたからども》の本記《もとつふみ》を録《しる》す。

のみならず、『書紀』とは別系統の史料である『上宮聖徳法王帝説』にも、

① 少治田宮《をはりたのみやに》御宇《あめのしたしらしめしし》天皇《すめらみこと》の世《みよ》に、上宮《(うへの)かみつみやの》廐戸《うまやとの》豊《とよ》聡《と》耳命《みみのみこと》、嶋大臣《しまのおほおみ》と共《とも》に天下《あめのした》の政《まつりごと》を輔《たす》けて、三寶《さむほう》を興《おこ》し隆《さかり》にす。(下略)

② 少治田天皇《をはりたのすめらみこと》の世《みよ》に、東宮《ひつぎのみこ》廐戸《うまやと》豊《とよ》聡《と》耳命《みみのみこと》、大臣《おほおみ》宗我馬子宿禰《そがのうまこのすくね》と共《とも》に、平章《あげつら》ひて三寶《さむほう》を建立《た》て、始《はじ》めて大《おほき》なる寺《てら》を興《た》てたまふ。(下略)

③ 少治田天皇《をはりたのすめらみこと》の御世《みよ》に、乙丑《おちちう》の年《とし》の五月《ごぐわつ》に、聖徳王《さうとくのおほきみ》、嶋大臣《しまのおほおみ》と、共《とも》に謀《はか》りて仏法《ほとけのみのり》を建立《た》て、更《さら》に三寶《さむほう》を興《おこ》す。(下略)

とある。これらの記事によれば、推古朝の政治形態は推古女帝の下に、聖徳太子と蘇我馬子がおり、この二人が共同執政という形で政治を行うのが基本であったと考えることができる。ただし、上述したように、外交関係については聖徳太子がイニシアティブをとっており、またその権限を天皇から委譲《いじょう》されていたのである。したがって、聖徳太子が「天皇事」を行ったという『書紀』の記事は、太子が外交関係を引き受けて、事実上の倭王として行動していたことを示している。――これが、本稿のタイトルとして掲げた疑問に対する私の回答である。

■むすびにかえて

前述したとおり、推古女帝の役割は天皇の属性としての神祇祭祀にあった。この視点から推古天皇の和風諡号《しごう》を考えてみると、その由来がよくわかる。推古天皇の和風諡号は、豊御食炊屋姫（トヨミケカシキヤヒメ）だが、トヨは豊富、ミケは神様が召し上がる食べ物、カシキヤは調理する家屋の意味であるから、それは要するに、「神様がお食べになる料理を調理する家屋にいるお姫様」というほどの意味にほかならない。これが天皇の名としてふさわしいかどうか、疑問に思っている研究者もおられるようだが、天皇と神祇祭祀との深い関わりを考えてみると、決しておかしな名前ではないことが理解されよう。

一方、聖徳太子の役割は、太子が斑鳩寺（若草伽藍跡。六七〇年に焼失したが、『書紀』が「一屋も餘《あま》ること無し」と書いているのは信憑度が低く、にわかには信じがたい）を建てたことからも知られるように、仏法の興隆にあった。当時の隋帝国は仏教興隆策を計っていた国であるから、そこに太子が仏法を学ぶ目的で遣隋使を派遣したというのは、きわめて自然なことではなかったかと思われる。

以上のほかにも述べたいことがたくさんあるが、紙幅が尽きたので、残された問題については別の機会に譲りたいと思う。

主な参考文献を次にあげておく。

久米邦武　『上宮太子実録』（丙午出版社、一九〇五年）
井上光貞　「古代の皇太子」（『日本古代国家の研究』所収、岩波書店、一九六五年）
直木孝次郎　「大兄制と皇位継承法」（『ゼミナール日本古代史』下、所収、光文社、一九八〇年）
山尾幸久　『古代の日朝関係』（塙書房、一九八九年）
塚口義信　「推古天皇―女帝誕生の謎―」（『ヤマト王権の謎をとく』所収、学生社、一九九三年）
大山誠一　『〈聖徳太子〉の誕生』（吉川弘文館、一九九九年）
梅原猛・黒岩重吾・上田正昭ほか　『聖徳太子の実像と幻像』（大和書房、二〇〇二年）
坂元義種　「『古事記』・『日本書紀』と中国史書(二)―『隋書』倭国伝をめぐって」（『つどい』第一八一号、豊中歴史同好会、二〇〇三年）

2　上宮《かみつみや》から斑鳩宮《いかるがのみや》へ――思索の旅路――

国際日本文化研究センター教授
千田　稔

『日本書紀』には、推古《すいこ》天皇九（六〇一）年二月に「皇太子、初めて宮室を斑鳩に興《た》てたまふ」とあり、同十三年十月に「皇太子斑鳩に居《ま》す」とある。推古天皇を補佐する立場にあった聖徳太子が、いったいなぜ飛鳥《あすか》ではなく、そこからかなり距離のある斑鳩の地に宮をうつしたのだろうか。そして、太子は斑鳩の地でどのような宮都の建設をめざしていたのだろうか。一方、太子が青年期を過ごした上宮とは、どこにあったのか、ここではこれらの問題を、発掘調査の結果も踏まえて論じてみたい。

上之宮《うえのみや》遺跡の発掘

一九八七年、奈良県桜井《さくらい》市教育委員会によって上之宮遺跡が発掘された（図1）。私は地名から推測して、聖徳太子が、多感な青年時代を過ごした上宮《かみつみや》のあった場所ではないかと、以前から注目していた場所である。

『日本書紀』用明《ようめい》天皇元年正月条に「是の皇子（廐戸皇子《うまやどのみこ》）、初め上宮に居《ましま》しき。後に斑鳩に移りたまふ」とある。

発掘された遺構は、六世紀後半代の石溝、敷石・苑池《えんち》遺溝(図2)や掘立《ほった》て柱の建物群からなり、それらから直接宮殿風の建築と断定できなかった。しかし、前記の用明紀の解釈を慎重にすれば、桜井市の南の上之宮あたりに、聖徳太子の上宮を比定できる。

遺構の年代については、六世紀後半代とされたので、上宮が営まれた時期とみて問題はない。だが、この発掘をめぐって異論も提起された。確かに、上之宮の遺構が、上宮と断定できるような遺物が出土しないかぎり、単に六世紀後半の建築遺構にすぎないという主張は、それなりの意味をもった。しかし、後述するように、反対とする見解は、聖徳太子の上宮の遺跡である可能性を封じ込めるのに、手を貸すことになり、保存に消極的な雰囲気をつくってしまった。

その後、桜井市教育委員会の忍耐強い発掘調査がつづき、一九八八年の三月まで、三次にわたって実施された。発掘の目的は、土地区画整理組合によって、宅地造成を予定されていて、そのための事前調査であった。

聖徳太子の上宮ではないかという、きわめて重要な問いかけのみならず、この遺跡の周辺は、磯城《しき》や磐余《いわれ》とよばれ、飛鳥時代以前の王権の中枢の土地である。これまで、この地域周辺の発掘は、ほとんど手つかずのままであった。その点からみても、飛鳥の王権を理解するためには、重要な意味をもつ場所である。したがって、慎重に保存をはかれるような発言がなされるべきであった。

発掘調査が完了したが、宅地造成が急がれたために、保存についての議論は積極的になされなかったが、やっとのことで、苑池遺構を模した石造物を住宅地の中に再現することで、とどめが打たれた(図1)。

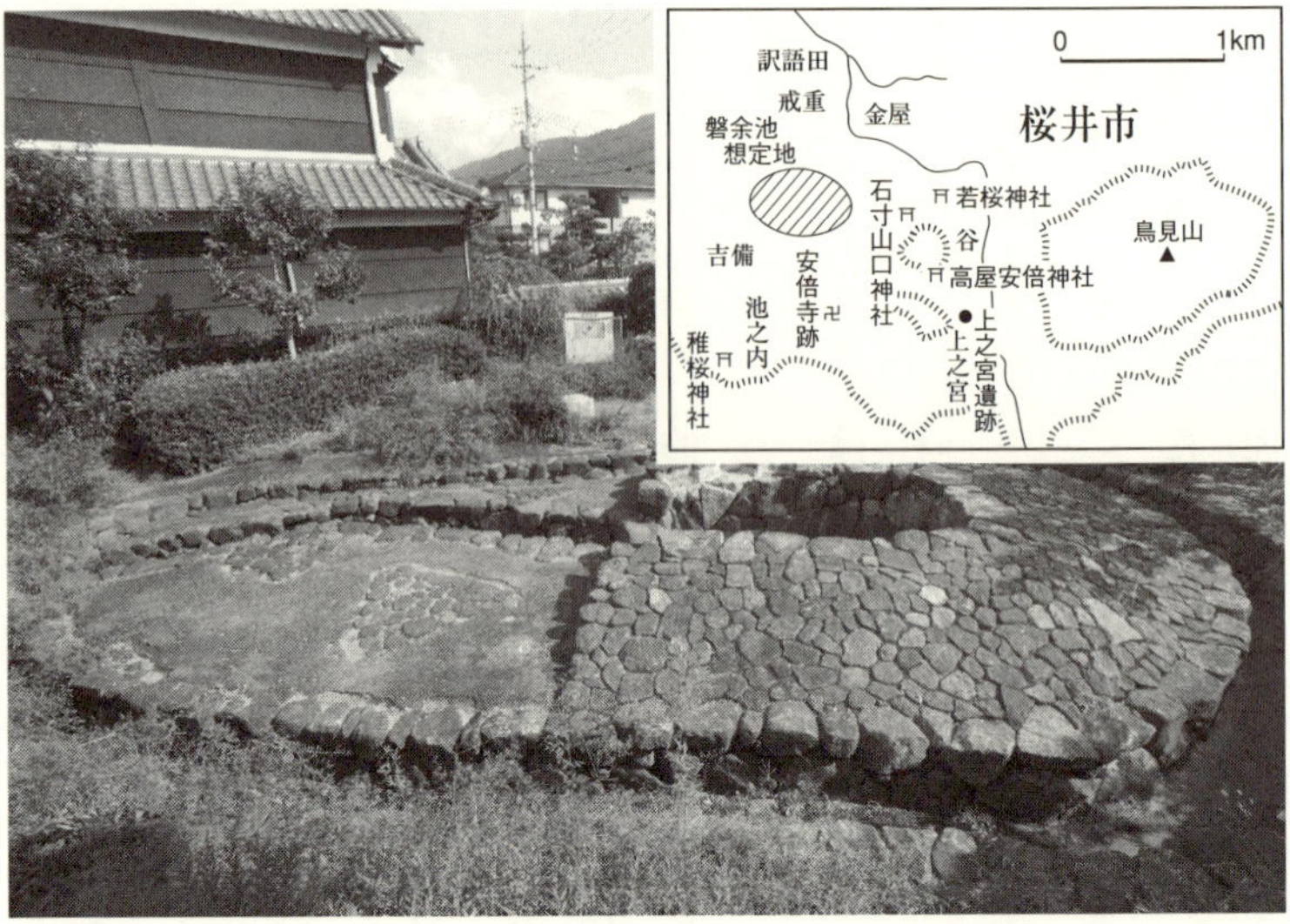

▲ 図1　上之宮遺跡　現在は史跡公園になっている。南から撮影。

▲ 図2　上之宮遺跡苑池遺構、南から（桜井市文化財協会『上之宮遺跡第五次調査概要』、1990年より）

■聖徳太子の上宮

上之宮《うえのみや》遺跡の周辺に、聖徳太子の上宮《かみつみや》が営まれた可能性はないだろうか。

『日本書紀』推古《すいこ》天皇元年四月条に「父《かぞ》の天皇《すめらみこと》、愛《めぐ》みたまひて、宮《おほみや》の南の上殿《かみつみや》に居《はべ》らしめたまふ。故《かれ》、其の名を稱《たた》へて、上宮廐戸聰耳太子《かみつみやうまやととよとみみのひつぎのみこ》と謂《まう》す」とある。

上宮の場所を比定するための、有力な史料である『上宮聖徳法王帝説《じょうぐうしょうとくほうおうていせつ》』にも、ほぼ同じ内容のことが記されているが、用明《ようめい》天皇の宮の南に上宮がある、と解釈してよい。用明天皇の宮は池辺双槻宮《いけべのなみつきのみや》とよばれた。その所在地を比定する一つの手がかりは、宮号からみて、池のほとりに営まれた宮とあるから、この池は履中《りちゅう》紀にみえる磐余池《いわれいけ》(磐余市磯池《いわれのいちしのいけ》と同じと想定できる)であるとみられる。

磐余池は、『日本書紀』履中天皇二年十一月条に「磐余池を作る」とある。翌、履中三年十一月の記事は、磐余の市磯池で両枝船《ふたまた》に乗って遊んで履中天皇の盃《さかずき》に、桜の花が落ちてきたので、宮の名称を磐《いわ》余《れ》稚桜宮《わかさくらのみや》と名づけたという由来を記すものである。このように、磐余池と宮とは密接な関係があると思われ、宮の苑池であると推定できる。のちの用明天皇の池辺双槻宮も、磐余池を苑池としたものであろう。

履中天皇の磐余稚桜宮の位置を比定できれば、用明天皇の池辺双槻宮の場所もおおよそ見当をつけることができ、さらにその南にあった聖徳太子の上宮の位置も比定することができる。

磐余稚桜宮の位置を推考するにあたって、名称の類似性から『延喜式《えんぎしき》』神名帳にのっている大和国城《しきの》上郡《かみ》若桜《わかざくら》神社をとりあげてみたい。桜井市には、谷《たに》に若桜神社、池之内《いけのうち》には稚桜神社があって、いずれも式内社《しきないしゃ》と主張する神社である。

図1によってこの問題を当該式内社の所在郡から考えてみたい。延久《えんきゅう》二(一〇七〇)年の「興福寺雑《こうふくじぞう》役免坪付帳《やくめんつぼつけちょう》」という史料によると、池之内から谷にかけては十市《とおち》郡に属し、『延喜式』の城上郡若桜神社とする記載とは合致しない。このような相違があるのは、『延喜式』の成立した十世紀の初めと坪付帳の書かれた十一世紀の後半の間に、城上郡と十市郡との郡境に変化があったと想定してよいであろう。

そこで、さらに、周辺の式内社の位置を検討してみたい。谷の若桜神社の西南約二〇〇メートルのところに石寸《いわれ》山口神社(元の社地は現在よりもやや南)がある。『延喜式』によると石寸山口神社は十市郡に、さらに、若桜神社のほぼ南に社地のあった高屋《たかや》安倍《あべ》神社(現在は若桜神社の西に鎮座)は、城上郡に属するとあるので、若桜神社と石寸山口神社との間を南北に郡境が走っていたと推定できる。

右の推考によると、池之内の稚桜神社は十市郡に所在したとしなければならず、『延喜式』の所在郡との整合性からいえば、谷の若桜神社を式内社とみなすべきである。『延喜式』には若桜神社とあって、「若」の字を用いていることも無視できない。

もともと履中天皇の磐余稚桜宮があった場所に「ワカザクラ神社」が鎮座したが、平安時代頃までに「稚桜」という表記が発音にしたがって「若桜」という漢字があてられたと理解するのがよいであろう。以上のような考証によって、磐余稚桜宮、そして池辺双槻宮も、桜井市の谷周辺にその比定地を求めることができる。このことは、上宮の場所を探るのに基本的な視点を提示する。

なお、参考までに以下のことを付記しておきたい。

(1)　谷に小字《こあざ》「君殿《きみど》」があり、『大和志《やまとし》』には石寸山口神社について「今双槻《なみつき》神社と称する」ともあること。

(2)　室町時代に著された『太子玉林抄《ぎょくりんしょう》』には、双槻宮は安倍寺の北にあるとすること。

(3)　法隆寺の金堂の釈迦仏《しゃかぶつ》の光背銘に、「鬼前大后《かむさきのおおきさき》」という名がみられる。

これについては『上宮聖徳法王帝説』は、「鬼前大后」とは、聖徳太子の母、穴穂部間人皇女《あなほべのはしひとのひめみこ》で、鬼前とは神前のことであると記す。なぜ神前皇后というかといえば、この皇后の同母弟崇峻《すしゅん》天皇は、石寸神前宮で政治を行ったからである。天皇の姉である穴穂部皇女は、その宮にいたので神前皇后を称したと思われる。

神前とは、「こうさき」と読むことができるが、上之宮の東北に、河西《こうざい》(現在の行政名は、かわにし)という集落があり、その地が神前皇后の宮の地に関係すると思われる。上のように仮定すれば、用明天皇の池辺双槻宮、皇后穴穂部間人皇女の宮と、聖徳太子の上宮が相互に近接して立地するという地理的関係が読み取れる。この立地関係も上之宮遺跡の遺構を上宮のものとする一つの傍証となる。

履中《りちゅう》・用明天皇の宮の所在地を右に示した位置に求めた場合、磐余池《いわれいけ》(磐余市磯池《いちしのいけ》)の所在地についての検討がされなければならない。通説は、桜井市池之内付近に比定するものであったが、宮の位置を右に推考したならば、桜井市谷の西方、桜井市吉備《きび》あたりに、池跡を推定しなければならない。地名からはその付近に「池田」や泥質土壌を示す「ミドロ」という小字名があって、池の痕跡を示唆する。最も説得力のある史料は『枕草子《まくらのそうし》』三十五段の次の一節である。

池は、かつまたの池、いはれの池、にゐのの池、初瀬《はつせ》まうでしに、水鳥のひまなくゐてたちさはぎしがいとをかしう見えし也。

平安時代の長谷寺《はせでら》（桜井市）に詣る初瀬《はせ》詣《もうで》では、原則として桜井市金屋《かなや》あたりにあったとみられている海柘榴市《つばいち》（椿市）で参詣仕度することになっていたので、北から上ツ道《かみつみち》を南下した場合、「いはれの池」の水鳥の鳴き声が聞こえるとしたら、磐余池は谷の西方あたりならばありうるであろう。しかし、西方の池之内あたりならば水鳥の声は届かないであろう。このように磐余池の位置を想定すると、大津皇子が訳語田《おさだ》（桜井市戒重《かいじゅう》）の家で持統《じとう》女帝から死を賜《たまわ》った折に、磐余池の堤において、涕《なみだ》流して詠んだ辞世の歌（『万葉集』巻三四一六）の情景をよく想像できる。

大津皇子、被死《みまか》らしめらゆる時、磐余の陂《つつみ》にして涕を流して作りましし御歌一首

ももづたふ磐余の池になく鴨《かも》を今日のみ見てや雲隠りなむ

以上に記したように、歴史地理学的な視点から、私は上宮を桜井市上之宮遺跡に比定することができると考えている。

■上之宮遺跡の建築遺構をめぐって

遺構は図3に示すとおり、四面庇《しめんびさし》付き建物と、その北に二×十間《けん》（三・六×一八メートル）の間仕切り付き建物、敷石遺構などからなる。敷石遺構は、庭園あるいは祭祀《さいし》施設ととりあえず解釈された。南の端は、溝《みぞ》と柵列《さくれつ》があり、南北約一〇〇メートルの長さがあるが、東西は不明である。

建築遺構についてみると、四面庇付き建物が中心的なものであると推定できる。身舎部分は四×五間（七・二×九メートル）、庇部分は六×七間（一〇・八×一二・六メートル）で、規模から判断して要人の居館であろう。この建物は、平入りとして東面するという解釈があるが、妻入りで南面するという見方もできよう。東面すると、柱間が偶数のため、入口を二か所設けることになり、不自然の感がする。

建築史の立場から宮本長二郎氏は、この建築について以下のように述べている（「聖徳太子の宮と寺院」『聖徳太子の世界』飛鳥資料館、一九八八年）。

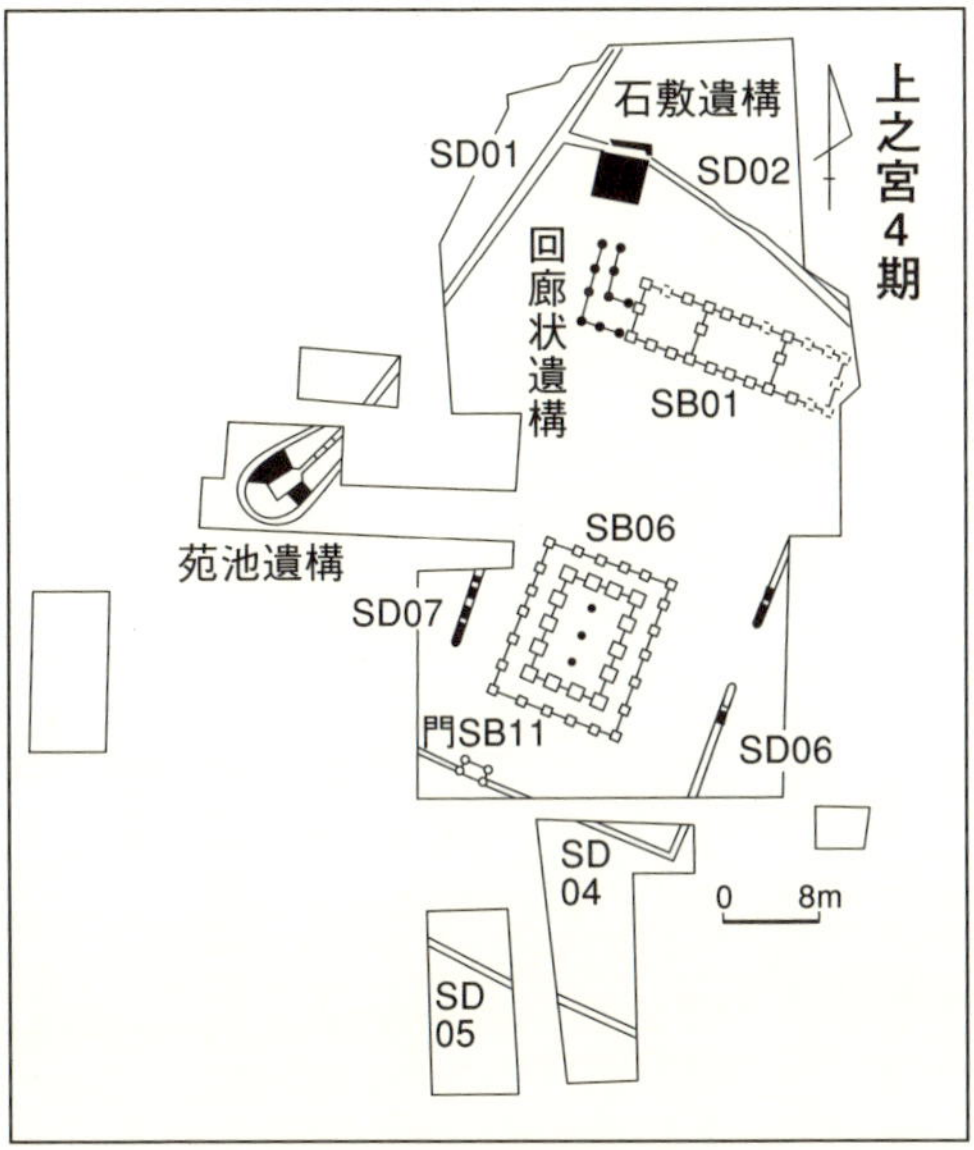

▲ 図3　上之宮遺跡第4期遺構（桜井市文化財協会『上之宮遺跡第五次調査概要』、1990年より）

> 主殿（筆者注＝四面庇付き建物）北方の付属建物には翼廊《よくろう》（筆者注＝建物の左右に突き出した廊）が取り付いて、北の石敷遺構と連絡し、水施設、祭祀場を備えた庭園と一体化し、上宮《かみつみや》にふさわしい格式を備えた宮殿遺構であるといえる。
>
> 付属の建物の桁行《けたゆき》を長くして間仕切りを設ける例も本遺跡が初見で、七世紀に入って飛鳥板蓋宮《あすかいたぶきのみや》伝承地や飛鳥稲淵《いなぶち》宮殿跡などの例が現れ、古代宮室の付属建物の形式として一般化する。また、この付属建物に取り付く

翼廊は、寺院では金堂や講堂に取り付く回廊の例はあるが、少なくとも七〜八世紀の宮殿遺跡には類例がなく、庭園施設をともなう宮殿建築としても画期的な遺跡である。

このように上之宮《うえのみや》遺跡は、古代宮殿建物の祖型ともいえる形式が成立しており、ここの建築の屋敷の規模は大きくないが、時代を先取りしたその構えはいかにも廐戸皇子の邸と想定するにふさわしいものといえよう。

■斑鳩へ

推古天皇は五九二年に飛鳥の豊浦宮《とゆらのみや》で即位し、翌五九三年法興寺《ほうこうじ》、つまり飛鳥寺の塔が完成する。六〇三年に推古女帝は近くの小墾田宮《おはりだ》にうつる。先に述べたように、『日本書紀』推古天皇九（六〇一）年二月に「皇太子、初めて宮室を斑鳩に興《た》てたまふ」とあり、同十三年十月に「皇太子斑鳩に居《ま》す」とあるので、『日本書紀』の記述に従うならば、聖徳太子は、推古天皇が豊浦宮にいた時期に斑鳩宮にうつることを決意している。太子が、飛鳥からかなり離れた奈良盆地の北西の斑鳩に宮を営もうとしたのはなぜだろうか。

斑鳩の地が大和川に沿うために、難波《なにわ》（大阪市）との連絡にも便宜であるという、交通上の要地であるという点から、聖徳太子はここに宮を構えることにしたのだろうか。地図を広げてみると、飛鳥と斑鳩の直線距離は約十六キロを計るので、もし、飛鳥の朝廷と緊急の連絡をとるとすれば、決して短い距離ではない。

聖徳太子は皇太子の地位にあったと『日本書紀』に記すが、後の時代のように皇位継承が保証されていたわけではない。推古女帝に禅譲《ぜんじょう》の意図があったとしても、それができなかったのは、蘇我氏の賛意が得られなかったためではあるまいか。それを察して、聖徳太子は飛鳥との地理的距離をおきうる斑鳩の地を選んだと私は考えている。皇極朝において蘇我入鹿《いるか》が聖徳太子の息子、山背大兄王《やましろのおおえのおう》を誅滅《ちゅうめつ》する挙にでた事件から推測して、蘇我氏と上宮王家《じょうぐうおうけ》との関係は親密ではなかったと思われ、推古朝後半の馬子と聖徳太子の間も緊密な交わりがなかったらしく、『日本書紀』には両者の出会う記事が少ない。

方位と遺構

斑鳩宮は、法隆寺の東院伽藍《がらん》のあたりに営まれた。『法隆寺東院縁起』や『法隆寺縁起并《ならびに》資財帳』に、天平十(七三八)年ごろ、僧行信《ぎょうしん》が、荒れ果てていた斑鳩宮の故地を再興したと記している。八角形の夢殿《ゆめどの》が再興された建物である。

一九三九年から四三年にかけての発掘調査で、東院創立以前の掘立て柱建物群が検出され、これが斑鳩宮の遺構であると推定された。斑鳩宮は六四三年に焼けた際の焼け土が確認されたので宮跡の可能性が高い。

推定斑鳩宮の遺構については、確定されたわけではないが、例えば次のような説がある。図4にみる建物址《あと》のうち、SB2901とSB2902でコの字型の小さな区画をつくり、そのなかにはSB2903の建物が配置されるとみる。斑鳩の宮の南限をSD1300という溝とすれば、SB2901、

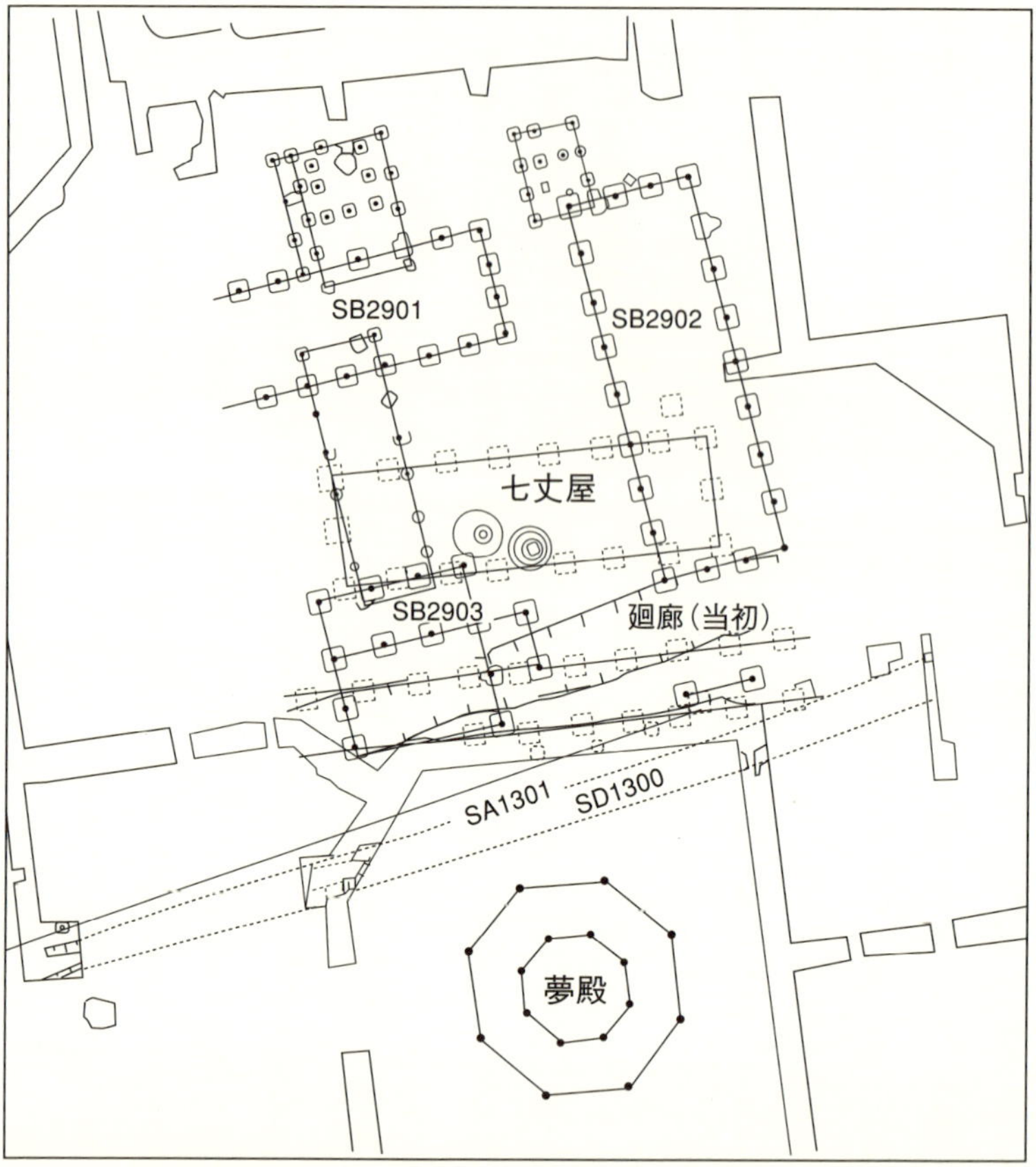

▲図4　法隆寺東院伽藍下層遺構(図録『聖徳太子と斑鳩』奈良県立橿原考古学研究所付属博物館、1998年より)

２９０２、２９０３は、斑鳩の宮の東南隅に位置するとみられ、
したがって宮の中心部は、現在の東院伽藍よりも西の方にあると想定できる。
他方、もう一つの説も注目される。主殿をＳＢ２９０３とみて、その北側にＳＢ２９０１の東西棟建物一棟、東に南北棟建物二棟を計画的に配置したものとみる。主殿は検出された部分が北の半分のみであるので、全体の規模は定かではないが、遺構の状況からみて、四面庇《ひさし》であった可能性を考える。

斑鳩宮推定遺構と上之宮遺跡の遺構と比較すると、規模はいずれも同程度であって、主殿が南北棟であること、身舎梁間《はりま》を三間として、庇のない間仕切り付き付属棟をもつなどの共通点が多く、建築形式上の関連性、連続性が強く認められるという。この解釈に従えば、斑鳩宮の遺構からみて、上之宮遺跡が上宮跡であるとする想定を導く。

その問題とともに、斑鳩の宮の遺構の方位が、正南北よりおよそ西へ二一度ばかり振っているという事実にも注意しておく必要がある。この方位は、斑鳩の南東方、磯城《しき》郡川西町―同郡三宅町―同郡田原《たわら》本《もと》町にその痕跡をみる図5に復元された太子道（筋違道《すじかいみち》）の方位や、後述する若草伽藍《わかくさがらん》の方位とも、およそ類似している。したがって方位という点からみると、太子道、斑鳩宮、そして若草伽藍が、ほぼ同一時期（飛鳥時代）のものであると考えられる。

『日本書紀』天智《てんじ》天皇八（六六九）年是歳条に「時に、斑鳩寺に災《ひつ》けり」とある。同九年四月条にも「夜《あ》半之後《かつき》、法隆寺に災《ひつ》けり」とある。この二つの記事は、同一のことを述べていると思われる。しかし、斑鳩寺が火災に遭ったために、現在の法隆寺は再建されたとみる説と、そうではなく現法隆寺の中心伽藍である金堂、五重塔、中門、回廊《かいろう》が創建のままであるとする非再建説の間で、明治二十（一八八七）年ごろから約一世紀にわたって議論が展開されてきた。いわゆる法隆寺再建・非再建論争である。これについては本書の別節（二五〇～二六六ページ）で、詳説されるので、それに譲りたい。

若草伽藍《わかくさがらん》

法隆寺再建・非再建論争において、再建論に有利に働いたのが法隆寺境内の若草伽藍の発掘であった。若草伽藍は創建法隆寺（斑鳩寺）の別名であるという。この調査において、塔、金堂址が検出され、出土した瓦《かわら》が飛鳥時代初期の形式であること、さらに、伽藍の中軸線が正南北より、およそ二〇度ばかり西に傾いていることも明らかになり（二五八ページ）、その方位は現在の法隆寺の西院伽藍の傾きが西に四度であることと異なる点からも、若草伽藍は、現法隆寺より以前に建立された斑鳩寺である可能性が高いとされた。この論証の方法は、歴史地理学の手法であるが、その点において、首肯《しゅこう》できる。

論争に一応の終止符が打たれたようではあるが、西院伽藍の創建年代、あるいは若草伽藍が斑鳩寺であるとして、焼失したならば、焼け土や灰《はい》を検出しなければならないという問題があったが、後者については、近年の調査で焼け跡のある壁画が検出されて確認されるに至った。ところが、年輪年代学によって、現法隆寺の五重塔心柱が五九四年とするデータが公表され、木材伐採年代としても、法隆寺再建・非再建論争は、さらに綿密な検証が問われてきたことは確かであろう。だがこれまでの論議の中からいえることは、若草伽藍が、斑鳩の宮とほぼ同時期に存在したということである。

▲焼け跡のある壁画片（斑鳩町教育委員会提供）

▲ 図５　太子道の復元（現存部分は太線、破線は推定。前掲「聖徳太子と斑鳩」より）
写真は今に残る太子道（磯城《しき》郡三宅町屏風《びょうぶ》。杵築《きつき》神社〈右〉・白山《はくさん》神社〈左〉の間を通る）。

また近年、法隆寺の防災施設工事にともなって、若草伽藍の範囲を確認する調査も実施され、範囲がいちおう想定されたが、さらに最近の発掘で修正された。ところで図6に示したように、現在の法隆寺の周辺に、正南北より西に二〇度ばかり振れる方位の道路や小河川がみられるのであるが、これらが斑鳩宮や若草伽藍と同じ方位をとることから、それらをめぐって計画的な都市づくりがなされていたのではないかとこれまでから、推定されてきた。この西に二〇度ばかり振れた地割については、すでに早くから指摘があり、さまざまな説が提出されてきたが、それについてここに記す紙幅はないが、以下に計画的な土地区画がなされた一案を示しておきたい。

■計画都市としての斑鳩

aは現法隆寺東大門のわきを走る道であり、bは西大門より南に延びる道であるが、いずれも方位は若草伽藍の中軸線におよそ等しいとみられる。また、cは西に二〇度傾く方位に直交する水路であり、dは旧奈良街道で、eは発掘によって検出された、先にも述べたSD1300の溝がのる線である。単位方格の尺度についても、発掘調査の所見に従って、今後とも詳細な現地での測量を行う必要があろう。

また聖徳太子が法華経を講じた『日本書紀』に記す岡本宮は、法隆寺の東北、現在の斑鳩町岡本にある法起寺《ほうきじ》の下層遺構であると推定されている。その遺構の石敷溝が、磁北に対して二〇度から二二度、西に傾いていて、さきの斑鳩宮や若草伽藍と共通していることも、岡本宮の遺構と推定できる一つの根拠とみなすことができる。このように岡本宮が法起寺の下層遺構だとすると、図6に示すように、太子道を北に延長するとこの付近に至るので、太子道は岡本宮と結ばれていたのではないかという点についても今後の検討課題となる。

中宮寺《ちゅうぐうじ》は太子の母、穴穂部間人皇女《あなほべのはしひとのひめみこ》の宮につくられた寺で、岡本宮と法隆寺の中間に位置する。旧寺址は、現中宮寺の東方約五五〇メートルの大字法隆寺の小字旧殿《きゅうでん》の場所である。

発掘調査は、一九六三年に金堂址と塔址、一九七二年に西面築地《ついじ》について実施され、その結果、若草伽藍の金堂がつくられた直後ごろ、つまり飛鳥時代中期の創建と推定された。ところが金堂の方位は、正南北から約一・五度西に傾き、塔の方位はほぼ磁北と一致していたこと、中軸線は、磁北に対して二・六度東に傾くことが確認された。

これらの事実から、さきに述べた若草伽藍、斑鳩寺、あるいは太子道の方位と異なるということとを、どのように理解する

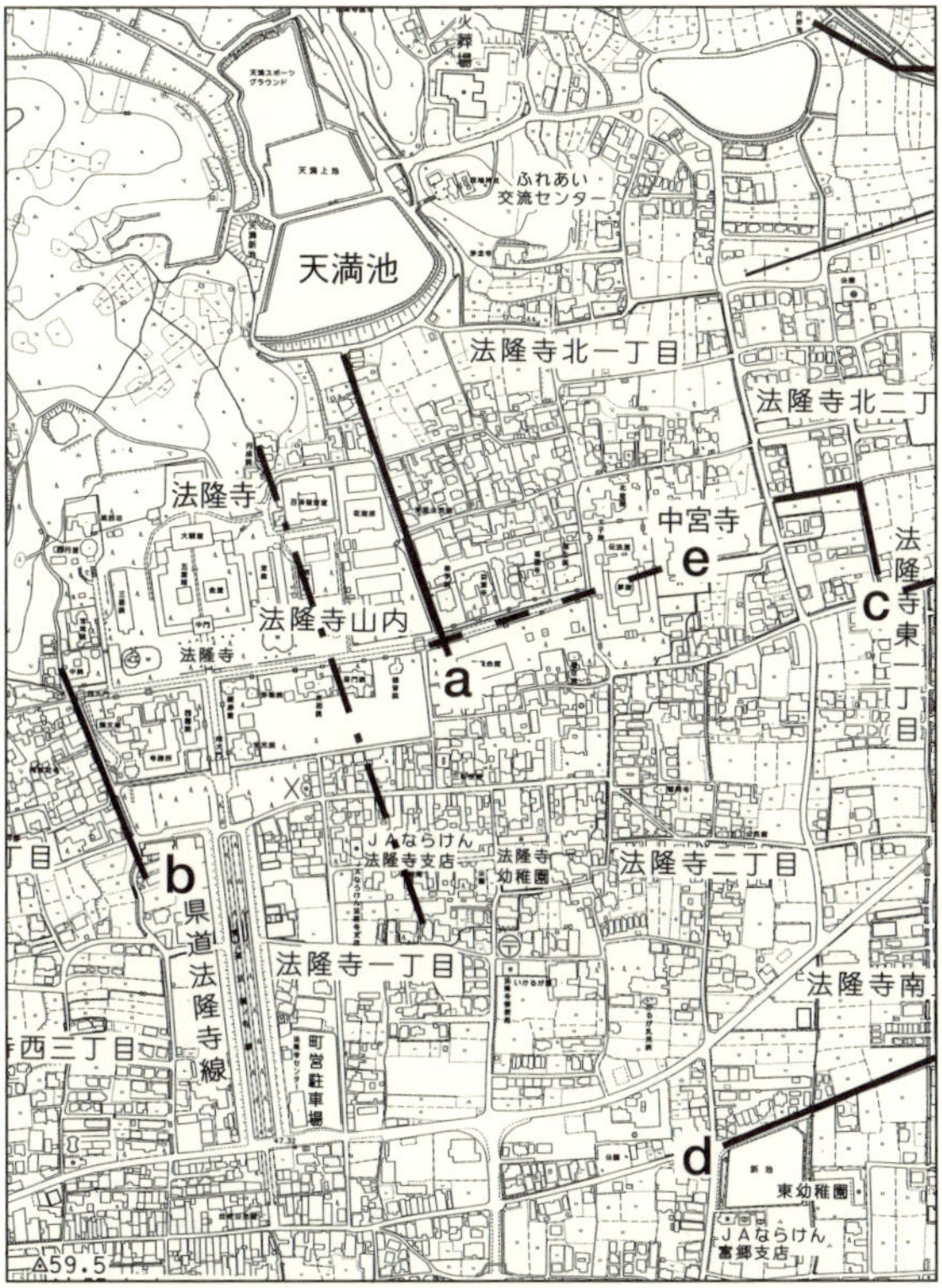

▲ 図6　斑鳩宮の道路計画の復元（部分）

かという問題が浮上してくる。おそらく西に二〇度傾く方位の地割は、斑鳩宮、斑鳩寺とみられる若草伽藍を中心に、その周辺に施行されたもので、それより東の中宮寺まで、そのような地割が及んでいなかったのかもしれない。それは、近年南北に盆地を走る下ツ道《しもつみち》や上ツ道《かみつみち》の年代が出土遺物から七世紀初頭というデータが得られことと関係づけてよいと考える。

ただ中宮寺址付近にも、西に二〇度ばかり傾く道路が走っているし、さらにその東に太子道が走っていたともみられるので、道路施行年代の時期の違いも、今後の考察に考慮しなければならないであろう。

■計画都市の原型

聖徳太子の斑鳩宮造営にともなった計画都市の建設は、わが国最初の方格地割からなる碁盤《ごばん》目状の都市であったとすれば、これに関わる問題点を以下に列挙したい。

(1) 斑鳩の宮の造営にともなって、碁盤目状の都市計画が部分的ではあるが、具体的に実現したとすれば、当時、飛鳥の推古天皇の小墾田宮《おはりだのみや》の造営にあたって、そのような計画都市的な区画がまったく意図されなかったのであろうか。これについては、右にふれた下ツ道などの南北三道、あるいは、推古二十一(六一三)年につくられた、難波《なにわ》から京に至る大道(横大路《よこおおじ》)との関連が、重要な課題となりつつある。とりわけ推古紀に用いられている「京」の表現の再検討が求められよう。

(2) 斑鳩の地域の地形条件で、斑鳩宮、若草伽藍をとり巻く河川に注目する必要がある。東に富雄《とみお》川が、西に竜田《たつた》川、南に大和川が流れ、東・西・南を河川で画している。それらの河川が防御的な機能にたえうるものであったかどうかについて地形的な検討が必要であるが、河川によって都城の空間を画するという方式は、朝鮮半島に事例を求めることができる。

高句麗の平壌《へいじょう》城、新羅の慶州《けいしゅう》、百済の扶余《ぷよ》は、いずれも河川によって都城の空間を区画するという共通点をもっている事例であるが、斑鳩の地も類似の条件を備えていると解釈できるとすれば、斑鳩宮の立地に古代朝鮮半島の王城の様式が影響を及ぼしていることになろう。

(3)

斑鳩宮とほぼ並行して、その西に斑鳩寺がつくられたとするが、宮と寺が相並ぶ形式についても注目すべきである。舒明《じょめい》朝の場合、大宮(百済宮《くだらのみや》)と大寺を東西に並列してつくられたことが『日本書紀』から読みとれる。このような宮と寺の並立の様式は、舒明天皇の百済宮の原型を斑鳩の宮に求めることができるかもしれないが、さらにその原型を朝鮮半島に求めることができるかどうか、比較研究が期待される。

本来、推古女帝を補佐すべき立場として、飛鳥に居住すべきであった聖徳太子が、斑鳩に宮を営んだのは、前に記したように、蘇我氏と距離をとるためであった。通説的に語られてきたように、推古朝の戦略として、難波とのつながりで竜田地方の防衛を目的として、聖徳太子が斑鳩宮に居住したという観点を、私はとらない。もし、蘇我氏と協調的に仏教世界につながるならば、飛鳥寺が格好の模索の場になっていたはずである。だが、「世間虚仮《せけんこけ》、唯仏是真《ゆいぶつぜしん》」の空間を創生することこそ、聖徳太子の哲学であった。女帝推古がわざわざ斑鳩に聖徳太子の講説を受けるために出向いているというのも、聖徳太子が飛鳥との距離をとった意味を語っている。

3 倭国《わこく》の外交と推古《すいこ》朝の国際交流

東洋大学教授
森　公章

ここでは、廐戸王《うまやどおう》（聖徳太子）が活躍した推古《すいこ》朝の外交方策を整理しよう。有史以来の倭国《わこく》の国際交流の歴史をまとめながら、推古朝の東アジア外交の課題は何であったのか、遣隋使《けんずいし》の目的と成果をどのように理解すべきかを中心に説明してみよう。

東アジアにおける倭国の外交関係

倭国は東アジアの極東にあって、有史以来、朝鮮半島の諸国や中国から先進文化の享受に与《あずか》り、文明化や国家の形成に努めてきた。紀元前一世紀頃から前漢《ぜんかん》が半島に設置した楽浪《らくろう》郡と交流を持ち、一〜三世紀には後漢《ごかん》や魏《ぎ》の冊封《さくほう》（中国王朝から官職を賜与《しよ》され、皇帝の臣下となることによって各地域の王の地位を保障される関係を示す）を受けた倭王が、先進文物を安定的に供給することを通じて、国内の統一を維持するという関係にあった。

その後、四世紀頃から中国は南北朝時代の争乱に入り、半島では百済《くだら》・新羅《しらぎ》の興起と高句麗《こうくり》との対立、南部には加耶《かや》諸国が小国分立する状況になった。倭国は鉄資源獲得のために加耶諸国と交易関係をもっ

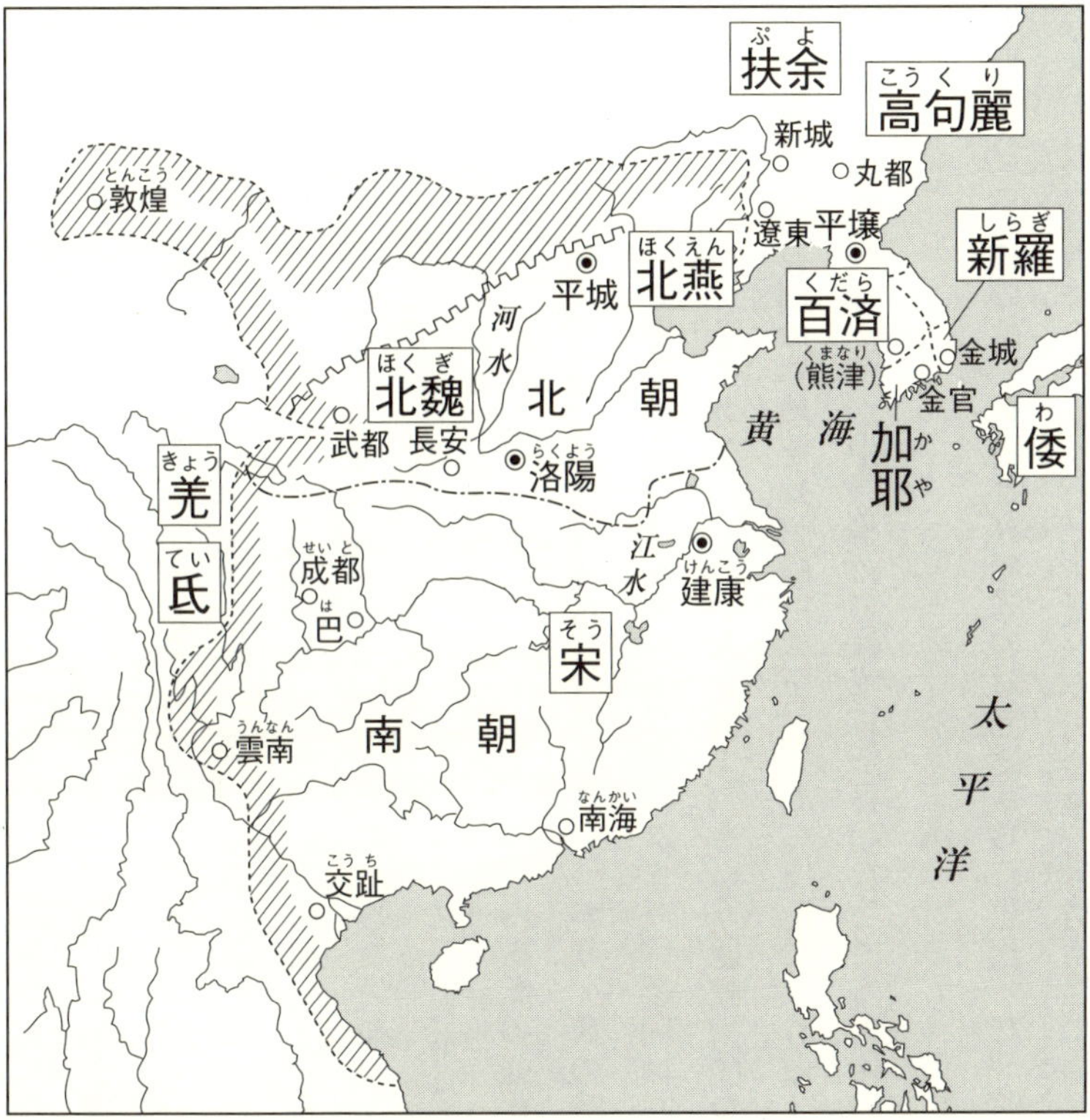

▲ 5世紀の東アジア

ていたし、また対高句麗戦に苦慮する百済が接近してきたことで、百済と高句麗の対立に関与し、基本的には百済を支持して、百済や加耶諸国から先進文物の供与を得るという方策をとっている(石上神宮《いそのかみじんぐう》(奈良県)蔵七支刀《しちしとう》や高句麗広開土王碑《こうかいどおうひ》による)。

五世紀には半島の戦乱を避けて来朝した渡来人《とらいじん》が農業・土木技術や鉄製品・須恵器《すえき》・織物などの生産の技術、また漢字による文書作成の技術をもたらし、さらに六世紀には百済から儒教や仏教が伝来しており、国家統治や精神面に関わる文明化を進めることができた。

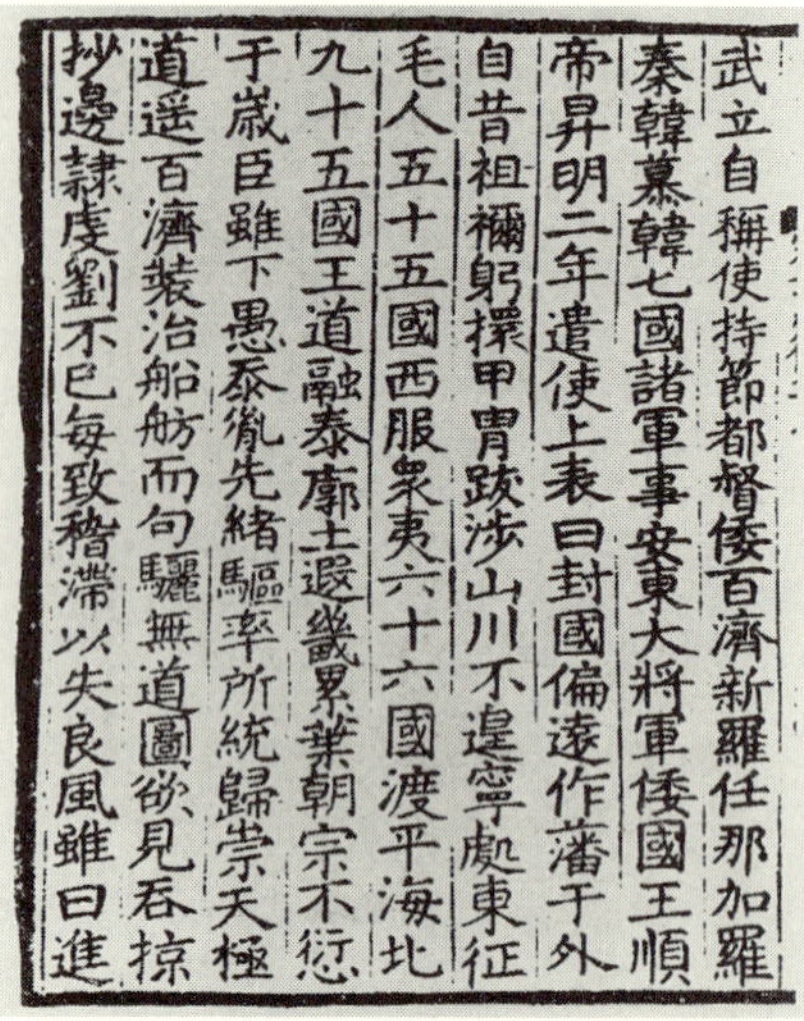

武立自稱使持節都督倭百濟新羅任那加羅
秦韓慕韓七國諸軍事安東大將軍倭國王順
帝昇明二年遣使上表曰封國偏遠作藩于外
自昔祖禰躬擐甲冑跋涉山川不遑寧處東征
毛人五十五國西服衆夷六十六國渡平海北
九十五國王道融泰廓土遐畿累葉朝宗不愆
于歲臣雖下愚忝胤先緒驅率所統歸崇天極
道逕百濟裝治船舫而句驪無道圖欲見呑掠
抄邊隷虔劉不已每致稽滯以失良風雖曰進

▲ 倭王武の遣使を記す『宋書』倭国伝

五世紀に中国南朝の宋《そう》と通交した倭の五王は、半島の軍事権認定を要求するとともに、将軍号賜与《しよ》を介した府官制秩序により国内統治の強化を実現している。四七八年、宋に通交した倭王武《ぶ》は雄略《ゆうりゃく》天皇に比定されるが、雄略＝ワカタケルは「大王《おおきみ》」を称した最初の人物であった（埼玉県稲荷山《いなりやま》古墳出土鉄剣銘）。大王号成立の背景には急速な領域の拡大、国内支配の強化、近隣諸国の制圧があると考えられており、武の時代の倭国はこの条件を満たす段階にあった。ただし、この頃から中国南北朝の混乱は深まり、倭国は六〇〇年の遣隋使《けんずいし》派遣まで中国と直接通交をしていない。その背景には「治天下大王」という認識、すなわち中国王朝を中心とする「天下」から離脱して、自国の領域を独自の「天下」として支配しようとする方策があったのではないかと考えられている。これは倭国が中国皇帝の権威に依存しなくても、国内統治が可能な段階に至ったことを示すものである。

ところで、この頃、百済と高句麗の対立はさらに激化した。四七五年に高句麗が百済に壊滅的打撃を与え、百済は首都を漢城《かんじょう》（ソウル付近）から熊津《くまなり》（忠清南道公州《ちゅうせいなんどうこうしゅう》市）に南遷して復興を果たすという事態が起きている。この後、北方を高句麗に押さえられた百済は、北方では新羅と協力して高句麗の南下に対抗するとともに、新領土の拡張を求めて、南方では半島西南の旧馬韓《ばかん》地域で百済に未編入の地や耽羅《たんら》(済州島《さいしゅうとう》)を、東方では小国が分立する加耶《かや》諸国への侵攻を図ることになる。同様に新羅も西方の加耶諸国への侵攻を進めており、加耶諸国をめぐる百済と新羅の競合が展開していて、ここに百済支持の外交方策をとる倭国が介入したことで、倭国にとっても「任那《みまな》」問題が六世紀の外交課題となるのである。

■「任那」にまつわる問題

『日本書紀』には「任那」の呼称が見えるが、これは南部加耶諸国のうちの有力国で、大駕洛《おおから》、意富《おお》加羅《から》とも記される金官国《きんかんこく》(『魏志倭人伝《ぎしわじんでん》』に登場する弁辰狗邪韓国《べんしんくやかんこく》)を指すものであることが明らかになっている。『日本書紀』には、また「任那日本府」という記述が登場する。これに対して、かつては半島南部に倭国の領土が存在したとか、その統治機構が「任那日本府」であるといった見解も呈されていたが、今日では半島における倭国の領土保有はなかったことがわかっている。「任那日本府」に関しても『日本書紀』をていねいに読むと、次のような実態であったことが解明されている。

(イ)「日本府」は百済・新羅の加耶地域への侵攻が進む六世紀代に登場する。(ロ)所在地は安羅《あんら》である。(ハ)「在安羅諸倭臣」(『日本書紀』欽明《きんめい》十五(五五四)年十二月条)が正式名称。(ニ)構成員には日本府大臣—日本府臣の序列があり、前者には倭の中央豪族が就任し、的臣《いくはのおみ》から許勢臣《こせのおみ》という交替もうかがわれる。後者には倭の吉備臣《きびのおみ》などの地方豪族がおり、その下に河内直《かわちのあたえ》・阿賢移那斯《あけえなし》・佐魯麻都《さろまつ》など加耶系の人々(倭人との混血児を含む)が実務官として実権を握るという構造であった。(ホ)百済・新羅、また高句麗などの朝鮮諸国や倭国との交渉を行い、「任那旱岐等《かんき》」(「旱岐」は王を示す語)と同席・協議し、行動をともにするが、「任那旱岐等」に対する影響力は大きかった。(へ)倭国に遣使することもあるが、倭国の指示を受けるなどの直接的なつながりはなかったようである。

つまり「任那日本府」とは、五世紀代の倭と半島との関係や地方豪族の独自の通交などにより、加耶地域、特に古くから倭とつながりの深かった安羅《あんら》(有力な渡来系氏族　東　漢　直《やまとのあやのあたい》氏は安羅出身)に居住した倭人の一団であり、加耶諸国と共通の利害を有し、ほぼ対等な関係で彼らと接し、主に外交交渉に協同で従事していたとまとめることができる。

したがって「任那」問題とは百済と新羅の加耶諸国編入をめぐる争奪戦にあり、『日本書紀』によると(この部分の原史料は七世紀に亡命百済人が作成した百済の歴史書『百済本記』に依拠している)、倭国は百済寄りの利害調整者として関与するものであった。百済は五一三年頃から己汶《こもん》に侵入し、北部加耶諸国の有力国で、もう一つの大加耶国である伴跛国《はへこく》(高霊《こうりょ》)を中心とする大加耶連盟の国々との間に対立が生じる。五一六年に百済はさらに帯沙《たさ》に進出し、これを確保、倭国もこの百済の侵攻を承認したので、五二二年に大加耶(伴跛国)は新羅と婚姻同盟を結び、新羅との提携を模索している。新羅は五二三年に金《きん》官《かん》国(南　加羅《ありひしのから》)・喙己呑《とくことん》に第一次、五二九年には第二次の侵攻を行い、東方からまず南部加耶諸国の併《へい》呑《どん》を進めた。そこで、倭国は近江毛野《おうみのけの》を派遣し、西方から迫る百済との利害調整を図ろうとしたが、これは失敗に終わる。また、この頃には新羅の意図を知った大加耶も新羅との婚姻同盟を破棄し、加耶諸国は百済・倭国との提携も視野に入れた国際外交を展開することになるのである。

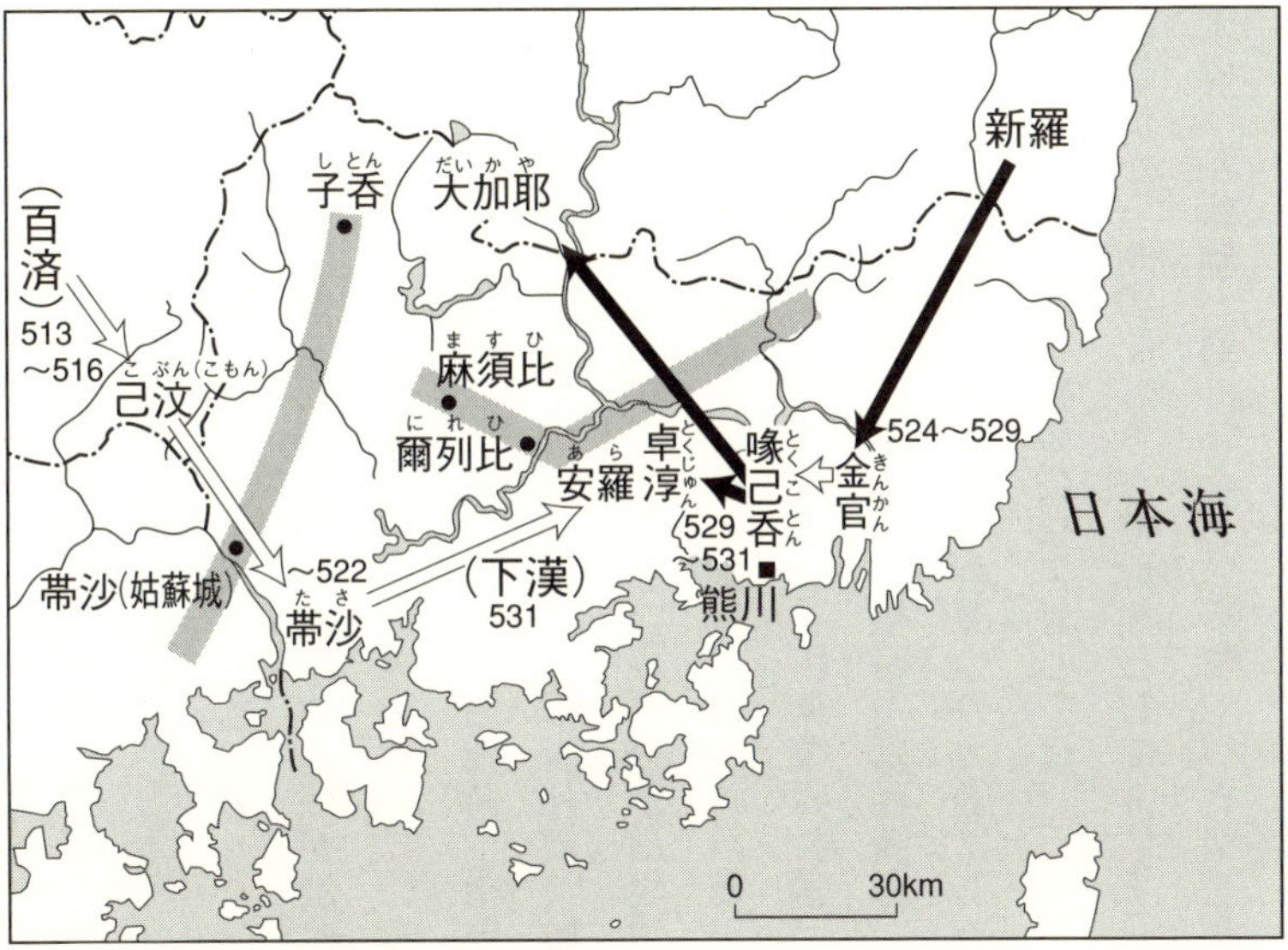

▲ 百済・新羅の加耶侵攻（数字は侵攻年）

こうしたなかで、五三一年には百済が安羅に進駐して久礼《くれ》山を守備すると、新羅は卓淳《とくじゅん》を攻撃して久礼山を落とし、卓淳を制圧、五三二年には金官国を降服させ、ここに安羅を挟んで百済と新羅が直接対峙《たいじ》する構図が生じた。

新羅は降服した加耶諸国の王族に相応の地位を与え、新羅の軍事力・国政への参画を求めることで、速やかな領土編入や新羅人としての一体感の醸成によって次の戦線に進む方策をとり、大躍進の原動力とすることができたのである。そこで、百済としては倭国をも巻き込んで、新羅の侵攻を阻止して、加耶諸国を自陣へ取り込むことを企図する必要があった。ここに「任那復興会議」の構想が打ち出されるのであった。

■「任那復興会議」と加耶諸国争奪の結末

時の百済王は倭国に仏教を伝えたことで著名

な聖明王《せいめいおう》である。仏教伝来の年次には『上宮聖徳法王帝説《じょうぐうしょうとくほうおうていせつ》』や『元興寺縁起《がんごうじえんぎ》』が示す五三八年と、『日本書紀』の示す五五二年の二説がある。五三八年は高句麗の南下を避けて百済が扶余《ぶよ》に遷都した年、五五二年は新羅が百済の旧都漢城《かんじょう》地域を奪取し、西海岸に到達した年で、いずれも百済の存亡に関わる国際関係の画期となる出来事が起きている。したがって倭国への仏教提供は、百済の倭国引き込み策の切り札として使われたという戦略的意図が濃厚である。そうすると、五五二年の方が百済の危機感が強く、私は五五二年説を支持したいと考えている。

五四〇年倭国で欽明《きんめい》大王が即位した時、南部加耶地域をめぐる百済と新羅の動向は、安羅獲得の最終争奪戦段階を迎えていた。五四一年四月に、加耶諸国の面々が百済に赴いて、倭王の詔《みことのり》を聴き、「任那復興」策について相談するという事態が出現する。これは、新羅に対抗して百済がよりいっそう安羅に進出する条件を整えようとするものであったが、五四四年にも開催されるので、五四一年のものを「任那復興会議」Ⅰ、五四四年を「任那復興会議」Ⅱと称しておこう。

「任那復興会議」Ⅰでは、聖明王は百済の立場から「任那復興」に尽力してきた様子を説明したうえで、金官国らが支配者層の新羅への内応によって滅亡したことに鑑《かんが》みて、①百済と加耶諸国の提携維持を図ること、②新羅の侵攻に対しては、百済が救軍を派遣して戦うこと、を提案している。参加者たちは百済から贈物をもらって忻然《きんぜん》として(喜んで)帰国したという。しかし、会議終了後、七月に「安羅日本府」が新羅と通計したという驚くべき情報がもたらされた。百済が直接に庇護《ひご》を施そうとする当の安羅は、百済への全面的依存の方策だけでなく、百済が最も警戒すべき反百済・親新羅の選択肢を有していたのである。新羅と通計したのは、「安羅日本府」の河内直《かわちのあたえ》らである。彼らは、「任那執事」（安羅も「任那」と称される例があったことが知られる）＝安羅の国政を動かす人々に影響力を有したことがわかる。

一方で、百済は五四一年七月の時点で、「任那之下韓《あるしからくに》」に進出し、郡令・城主を設置するという強硬手段に出ていた。これが安羅の新羅への通計を惹起《じゃっき》した本当の原因だったのである。倭国もさすがにこの赤裸々な方策には再考を求めており、「任那復興会議」Ⅱではこの郡令・城主の撤退が議題になった。しかし、聖明王はまず「日本府」と新羅の通謀《つうぼう》を非難して、百済の「任那」に対する支援を喚起し、「日本府」や安羅に伏流する親新羅・反百済の気運を転換することを企図している。その上で、「任那復興」の具体的方策として、①五三一年以来、新羅が守備する久礼山《くれ》の五城を攻取し、卓淳《とくじゅん》国を復興すること、②百済が下韓（南韓）に設置した郡令・城主は「任那」守護のために必要であること（したがって百済の軍事的進出は維持する）、③「日本府」官人を追却すること、の三策を示した。

聖明王の三策の①には、倭国に三〇〇〇人の兵士派遣を要請し、六城を修繕、それぞれに倭国の兵五〇〇人ずつと百済の兵士を配備して、新羅に圧力をかけることが前提であったが、この提案に倭国は色よい返事をしていない。しかし、百済には別の脅威が迫り、倭国も百済支持を打ち出さざるを得なくなる。安羅が高句麗を引き込んで百済排除を企図したのであり、五四八年頃から百済と高句麗の戦闘が激化する。百済はいったんは旧漢城地域を奪回するが、前述のように、両国の対立の間隙《かんげき》に乗じて、新羅が五五二年にこの地を奪取、半島西海岸への進出を果たすのである。そこで、聖明王は自ら新羅との戦闘に赴くが、倭国の軍事援助も空しく、五五四年に敗死してしまう。

ここに、百済の加耶諸国に対する影響力は失われ、五六二年には大加耶が滅亡、新羅が加耶諸国を併呑《へいどん》するという結末に帰着する。

■倭国の「任那復興」策―「任那調」の意味するもの

五七一年四月、欽明《きんめい》大王はその三十二年の長きにわたる治世《じせい》を終え、死去した。病床にあった大王は、後継者である譯語田渟中倉太珠敷尊《おさだのぬなくらふとたましきのみこと》(敏達《びだつ》大王)に遺詔《いしょう》して、「新羅を打ちて、任那を封《ふう》し建つべし」と告げたという。ここに、「任那復興」が倭国の国是《こくぜ》になった。五七五年六月、加耶諸国滅亡後としては初めての新羅使が来朝した。その様子は『日本書紀』に「新羅、使を遣して調進《みつきたてまつ》る。多《さわ》に常の例に益《まさ》る。并《あわせ》て多多羅《たたら》・須奈羅《すなら》・和陀《わだ》・発鬼《はちくい》、四つの邑《むら》の調を進る」と描かれている。この四邑は旧金官《きんかん》国の地であり、この「四邑之調」とは、以後問題になる「任那調」の謂《いい》に他ならない。

ここで「任那調」の特色を整理すると、次の通りである。①「任那調」は新羅による加耶諸国併呑後に登場するものであり、それ以前に加耶諸国が倭国に何らかの物品を貢上していたという痕跡《こんせき》はない。②「任那調」とは旧金官国四邑《ゆう》の「調」(服属の意味を含んだ貢納品)に他ならない。③その「任那調」を一定の冠位を有する「任那」使が貢進することに意義があり、新羅は倭国への「任那調」貢上に際し、自国の使者とともに、実際には新羅人であるが、別に「任那」使を仕立てて来朝させている。④新羅は旧金官国を「任那」として、「任那調」を倭国に納めることで、加耶を復興したという形を整え、加耶諸国の復興を名目に倭国の軍事援助を引き出そうとする百済の対倭外交に対抗しようとした。⑤倭国にとっては、独立した「任那」使が来日し、「任那調」を貢上することが「任那復興」を意味するのである。したがって、実際の領有関係を問題とすることなく、「任那調」の納入さえ確保できればよかった。

こうして、「任那調」は倭国と新羅の高度に政治的・外交的な妥協の産物であったと位置づけることができる。こうした新羅の方策が生まれた背景として、百済の旧加耶《かや》地域奪回の軍事行動（百済の「任那復興」策）に対して、倭国の支持を分断する必要があり、倭国側も半島からの先進文物の確保維持を図り、新羅との通交関係を構築しようとしたのである。この選択は百済からも倭国の支持を求めた文物供与が行われるという事態を引き起し、倭国はこうした勢力均衡の上に有利な外交的立場を発現できるという大きな成果を得た。ただし、これは新羅の主体性に左右される要素が大きく、しばらくすると新羅は「任那調」貢上を行わなくなり、「任那復興」は敏達、用明《ようめい》、崇峻《すしゅん》大王歴代の課題となった。

推古朝の二度の興兵

崇峻朝から推古朝にかけて、倭国は①五九一～五九五年、②六〇二～六〇三年の二度にわたる筑紫《ちくし》（福岡県）への駐兵を行い、「任那復興」の姿勢を示している。これらの検討を通じて、倭国の外交策の行方を展望したい。

①の軍事編成は、大将軍紀臣男麻呂《きのおみおまろ》・巨勢臣猿《こせのおみさる》・大伴連嚙《おおとものむらじくい》・葛城臣烏奈良《かつらぎのおみおなら》の下、「氏々の臣連《むらじ》を率て、裨《ひ》将・部隊として、二万余の軍」としたもので、筑紫に派遣されている。同時に吉士金《きしのかね》を新羅、吉士木蓮子《きしのいたび》を「任那」に派遣して、「任那の事」を問わせたとあるので、筑紫に駐留する軍事力を誇示

して、倭国が目的とする「任那復興」＝「任那調」獲得を達成しようとしたことがわかる。その後、五九二年十一月には蘇我馬子《そがのうまこ》による崇峻大王弑殺《しいさつ》が行われ、推古《すいこ》女帝の即位、いよいよ厩戸王《うまやどおう》の登場となるが、①が五九五年になって召還《しょうかん》されたのは、馬子の権力掌握確定という国内事情だけが原因ではないと考えなければならない。①の軍事は結局成果のないままに終了したのであるが、この間の国際情勢としては、五九四年に新羅が隋《ずい》に遣使していることが注目される。この新羅の入隋と隋の冊封《さくほう》下への編入、その後の動静を見極めた上で、①の軍の撤退が決定されたものと思われ、倭国の行動が東アジアの国際情勢と密接に関連していることが見てとれる。

②に関しても、六〇一年三月に大伴連嚙《おおとものむらじくい》を高句麗、坂本臣糠手《さかもとのおみあらて》を百済に派遣し、「急《すみやか》に任那を救へ」と伝えており、高句麗・百済と連携して、新羅に圧力をかけることを目的としたものであることがわかる。②の軍事編成は、撃新羅将軍に厩戸王の弟来目王《くめのみこ》を起用し、「諸の神部《かむとものお》及び国造《くにのみやつこ》・伴造《とものみやつこ》等、并《あわせ》て軍衆二万五千人を授く」というものであった。しかし、将軍来目王は六〇二年六月頃から病に臥《ふ》せり、作戦の発動を見ることなく、翌六〇三年二月に筑紫《ちくし》(福岡県)で死去してしまう。そこで、四月に厩戸王の異母弟である当麻王《たぎまのみこ》が将軍に任じられる。当麻王は、七月に難波《なにわ》(大阪市)を出発し、明石《あかし》(兵庫県)に到着したところで、妻舎人姫王《とねりひめのおおきみ》が死去すると、都に戻り、②の軍事自体が中止に追い込まれる。

②が中止された要因として、半島における百済などの新羅攻撃失敗とともに、六〇〇年の遣隋使との関連を考慮してみたい。①の中止と同様、約三〇〇年ぶりに登場した中国統一王朝である隋、またそれに続く唐《とう》の存在は倭国の国際関係に新たな課題を突きつけたのである。

遣隋使派遣の意味するもの

六〇〇年の遣隋使は、倭国が約一二〇年ぶりに中国に遣使したものだが、『日本書紀』には記載されていない。『隋書《ずいしょ》』倭国伝《わこくでん》には倭国の使者が自国の政治のやり方などを得々と述べたところ、隋の文帝《ぶんてい》に「太《はなは》だ義理無し」と一蹴《いっしゅう》され、中国流の方式に改めるように指導がなされたと記されている。倭国は「任那復興」や「任那調」獲得という外交立場を主張したのかもしれないが、その遣使目的は達成されず(大恥をかいたことが、この遣使の『日本書紀』への不記載の理由であろう)、むしろ中国との相違を知った倭国が、国内体制の整備・改革に乗り出す必要性を痛感する契機になった次第である。

今回の遣隋使がいつ帰国したかは不明であるが、六〇七年の遣隋使は六〇八年に帰国した。遣唐使の場合にも派遣から一～二年後に帰国する事例が知られ、先の②の中止にはこの六〇〇年の遣隋使との関係があったのではないかと憶測してみたい。倭国では六〇三年に冠位十二階《かんいじゅうにかい》の制定、六〇四年朝礼《ちょうれい》の改訂や憲法十七条発布などが行われており、倭国の国制改革はまさしく六〇〇年の遣隋使派遣以降に進展するのである。

こうした国内体制の整備・強化と中国的儀礼の導入を経て、六〇七年に第二回遣隋使として小野妹子《おののいもこ》らが派遣された。この時、倭国は、「日出《ひいず》る処《ところ》の天子、書を日没《ひぼっ》する処の天子に致す。恙《つつが》無きや云々」という著名な国書を呈した(『隋書』倭国伝)。国書を見た隋の煬帝《ようだい》は悦《よろこ》ばず、「蛮夷《ばんい》の書、無礼なる者有《あ》らば、復《ま》た以て聞《ぶん》する勿《なか》れ」と述べたというから、倭国の国書に問題があったことはまちがいない。この点に関しては、かつては「日出る処」と「日没する処」に格差を見出す意見が優勢であった。しかし、現在ではこの語句は仏典『大智度論《だいちどろん》』に典拠があり、方角の「東」・「西」を示すだけであって、むしろ「菩薩《ぼさつ》天子」と称された隋の皇帝に配慮したものと解する説が有力である。「致書《ちしょ》」や「天子」の語によって、倭国が対等外交の姿勢を示そうとしたとする見解もあるが、「致書」(書を致す)は君臣関係がない場合や明確でない場合にも用いられる書式とされ、「天子」も倭王の称号アメタリシヒコの漢訳語に由来する可能性がある。必ずしも上下関係や対等姿勢を強調するつもりはなく、倭国がなお自国の論理で、当時の国際的慣行に合わない国書を作成してしまったと説明することができよう。

いずれにせよ、煬帝が不快に思ったことに変わりない。しかし、隋は六〇八年、帰国する小野妹子に送使裴世清《はいせいせい》をつけて、倭国の情勢を探らせている。これは六〇七年の高句麗と突厥《とっけつ》の提携模索、隋の高句麗征討の構想により、隋を中心とする国際秩序の下に倭国を留めようと企図したためであったと考えられる。

ただ、六〇八年に裴世清が持参した国書には「皇帝、倭王を問ふ」とあり(『善隣国宝記《ぜんりんこくほうき》』推古十五(六〇七)年条、元永《げんえい》元(一一一八)年勘文所引「経籍後伝記《きょうじゃくごでんき》」)、これは皇帝が臣下に下す慰労制書の書式であった。倭国側も朝貢姿勢を示しており(『日本書紀』推古十六年(六〇八)八月壬子《じんし》条に引用された隋の国書は、「王」を「皇」に換えているが、「朝貢」の文字は残している)、裴世清と面謁《めんえつ》した倭王は「冀《こいねがわ》くは大国維新の化を聞かんことを」と述べたという(『隋書』倭国伝)。裴世清帰国に際して、六〇八年には妹子が再度派遣され、多くの留学生・僧が渡海した。

■東アジア均衡外交の成立とその行方

以上の隋との通交を経た六一〇年、六二一年には、新羅使の来朝があった。六一〇年は新羅使奈末竹《なまちく》世子《せいし》と「任那」使大舎首智買《たさすちばい》、六二一年は新羅使奈末北叱智《なまほくしち》、「任那」使大舎親智周智《たさしんちしゅうち》で、新羅使とともに「任那」使が来貢したことが注目される。「任那」使は、帯冠・人名から新羅人であることが明白である。敏達《びだつ》朝以来の「任那復興」の努力、二度にわたる興兵を以てしても実現できなかった「任那」使の来朝と「任那調」貢上が達成されたのだ。

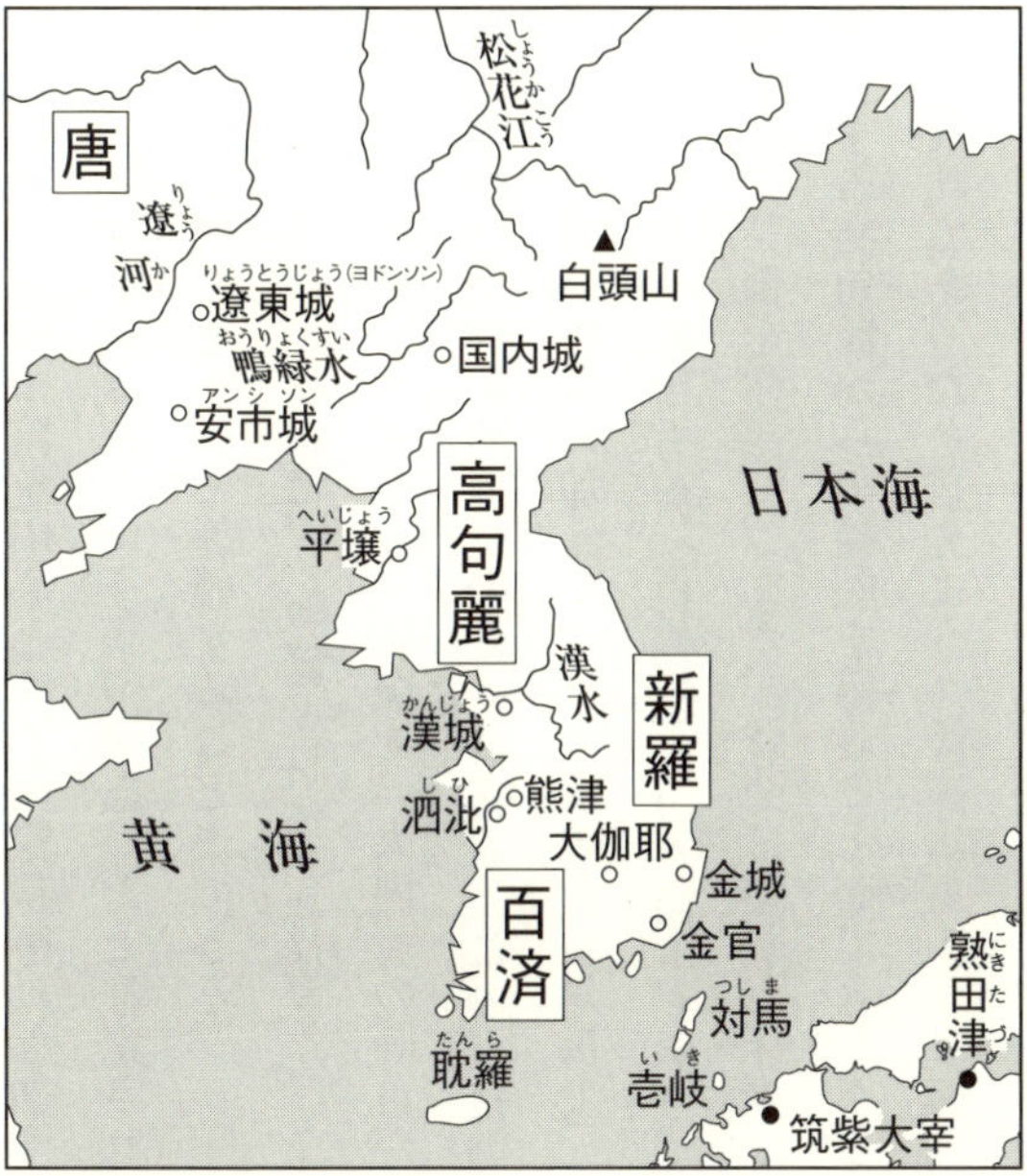

▲７世紀の東アジア

その理由として、倭国の遣隋使派遣、隋との通交という国際情勢の変化が想定される。新羅は六〇八年に高句麗の攻撃を受け、北部国境地帯で八〇〇〇人もの人々が捕囚になるという被害を被《こおむ》り、隋に高句麗征討の発動を要請している（『三国史記』新羅本紀《しらぎほんき》真平《しんぺい》王三〇年条）。

こうした情勢のもとで、新羅は倭国にも救援を求めようとしたと考えられ、「任那調」貢上による関係修復・強化に努めたのであろう。そして、新羅がこうした方策を選択した背景には、倭国が隋を中心とする国際秩序に参加する姿勢を見せたことで、倭国を依存可能な国と認識して、接近を試みたという事情があったと推定される。その意味で倭国の遣隋使派遣は東アジア情勢に適切に対処したものと評価することができる。

『隋書』倭国伝には、「新羅・百済、皆《みな》倭を以て大国にして珍物多しと為し、並びに之を敬仰《けいぎょう》し、恒《つね》に通使・往来す」とあり、倭国＝「大国」の評言が存する。これもまた、六〇〇年の遣隋使段階では得られなかった国際的地位の確立である。この点に関しては、新羅の倭国への接近、「任那調」貢上という外交形式の確保に加えて、その新羅との対抗上、百済の来朝が促進され、六〇二年百済僧観勒《かんろく》が暦本・天文地理・遁甲方術《とんこうほうじゅつ》（占星術）の書を献上した。六一二年には、百済より路子工《みちこのたくみ》（芝耆摩呂《しきまろ》）が来朝し、須弥山《しゅみせん》・呉橋《くればし》を作った。また、伎楽《ぎがく》に通じた味摩之《みまし》も来るなどの文物の伝来が行われた。さらに、隋と対立する高句麗からの接触を得ることができたことも重要であると思われる。この意味でも、遣隋使派遣は成功であったと言えよう。倭国は東アジア諸国に対して均衡外交の時代に入ったのである。

ただし、今回の「任那調」獲得は、倭国の主体的な「任那復興」策発動によって達成されたものではない。「大国」の評価も本当の意味での倭国の国力充実に由来するのではなく、国際情勢という外的要因に左右される側面が大きいものであったことを忘れてはならない。六一四年と言えば、隋の第三回目の高句麗征討の年であるが、倭国は第四回遣隋使犬上《いぬがみの》御田鍬《みたすき》らを派遣している。この時期、朝鮮三国は隋に遣使しておらず、今回の遣隋使のことは六〇〇年とは逆に、『日本書紀』のみに見え、『隋書』には記されていない。六一八年に滅亡する隋末の混乱・衰亡期に、東アジア諸国で唯一遣使しているのは、倭国の国際情勢把握のあり方や対応に不安を残すものであった。六一八年の唐成立以降、さらに混迷する東アジア情勢に倭国が如何に対応するかが注視されるところになる。

東アジア情勢は、六四二年に百済が新羅から旧加耶地域の四〇余城を奪回し、新羅の救援依頼を受けた唐が東アジアの政局に直接関与するようになって以後、三国抗争の最終段階を迎える。六六〇年唐・新羅による百済の滅亡、六六三年百済復興を支援した倭国の軍隊が白村江《はくそんこう》（はくすきのえ）で大敗を喫《きっ》する。六六八年には高句麗が滅亡し、その後、半島全体の植民地化を図る唐と新羅の間に戦争が始まり、六七六年頃には新羅が唐を駆逐《くちく》して、半島統一を遂《と》げ、東アジアの地図は大きく塗り替えられた。ここに倭国の均衡《きんこう》外交策は破綻《はたん》するのである。

以上、述べた国際交流の詳細や白村江の敗戦後の国際関係については拙著『「白村江」以後』（講談社、一九九八年）、『東アジアの動乱と倭国』（吉川弘文館、二〇〇六年）などを参照されたい。

4 法興《ほうこう》年号と仏法興隆

奈良大学教授
東野 治之

聖徳太子の史実と信仰をめぐる数多い研究の中で、早くから取り上げられてきたテーマの一つに「法興」年号がある。もともとこの問題についての関心は、古代金石文《きんせきぶん》の研究に発している。法隆寺金堂《こんどう》の釈迦三尊像光背銘《しゃかさんぞんぞうこうはいめい》には、冒頭に「法興元丗一年」とある。また、原物は佚亡《いつぼう》したが『伊予国風土記《いよのくにふどき》』逸《いつ》文《ぶん》に残る伊予道後《どうご》温湯碑にも、冒頭に「法興六年」「歳在丙辰《へいしん》」とあり、西暦で五九一年を元年とする「法興」という年号のあったことが想像できるからである。しかし、これらの金石文については、一九三〇年代以降、その作成年代に疑問が呈され始め、ひいては法興年号の実在性も否定されるのが主流となった。田村円澄《たむらえんちょう》氏の研究(「「法興」の私年号」『飛鳥仏教史研究』塙書房、一九六九年)はその代表であって、今日でも大きな影響力を持っているといってよい。ただ、金石文史料に対する従来の懐疑《かいぎ》論には、再検討すべき点が出てきた。法興年号の実像はどのようなものだったのか、また聖徳太子をどう考えればよいのか改めて考えてみよう。なお、この文では、皇族の称呼は「聖徳太子」を含め、慣例に従った。

■法隆寺金堂釈迦三尊像の光背銘

法興年号の典拠でありながら疑われてきた二つの金石文のうち、法隆寺金堂釈迦三尊像の光背銘については、現在行われている法隆寺史編纂に伴う調査で、法隆寺当局から実地に検討する機会を与えていただいた。その結果に関しては、すでに書いたことがあるので屋上屋を架するのは慎みたいが、かいつまんで記すと次のようになる。まず銘文の内容を、書き下し文にして示しておく。

法興元丗一年、歳《ほし》は辛巳《かのとみ》に次《やど》る十二月、鬼前太后《かむさきのおおきさき》崩ず。明年正月廿二日、上宮法皇、病に枕して弗悆《ふよ》。干食《かしわで》王后、仍《よ》って以て労疾。並びて床に著く。時に王后王子等、諸臣及与《と》、深く愁毒を懐き、共に相発願《ほつがん》すらく、「仰ぎて三宝に依り、当《まさ》に釈像の、尺寸王身なるを造るべし。此の願力を蒙り、病を転じて寿を延べ、世間に安住せむ。若し是れ定業《じょうごう》にして、以て世に背かば、往きて浄土に登り、早《すみや》かに妙果に昇らんことを」と。二月廿一日癸酉《みずのととり》、王后即世す。翌日法皇登遐《とうか》す。癸未《みずのとひつじ》年三月中、願いの如く敬《つつし》んで釈迦尊像并《あわ》せて俠侍、及び荘厳具《しょうごんぐ》を造り竟《おわ》る。斯《こ》の微福に乗じ、道を信ずる知識、現在安隠にして、生を出でて死に入り、三主に随い奉り、三宝を紹隆し、遂には彼岸《ひがん》を共にし、六道に普遍せる、法界の含識、苦縁を脱するを得て、同じく菩提に趣かむことを。司馬《しばの》鞍首《くらつくりのおびと》止利《とり》仏師をして造ら使《し》む。

この光背銘は、一行十四字、全十四行に刻まれ、正方形の規格に収まるように計画されているが、銘文のある光背の裏面中央部は、銘文よりひと回り大きい平滑面になっている。もちろん、完全な平滑面

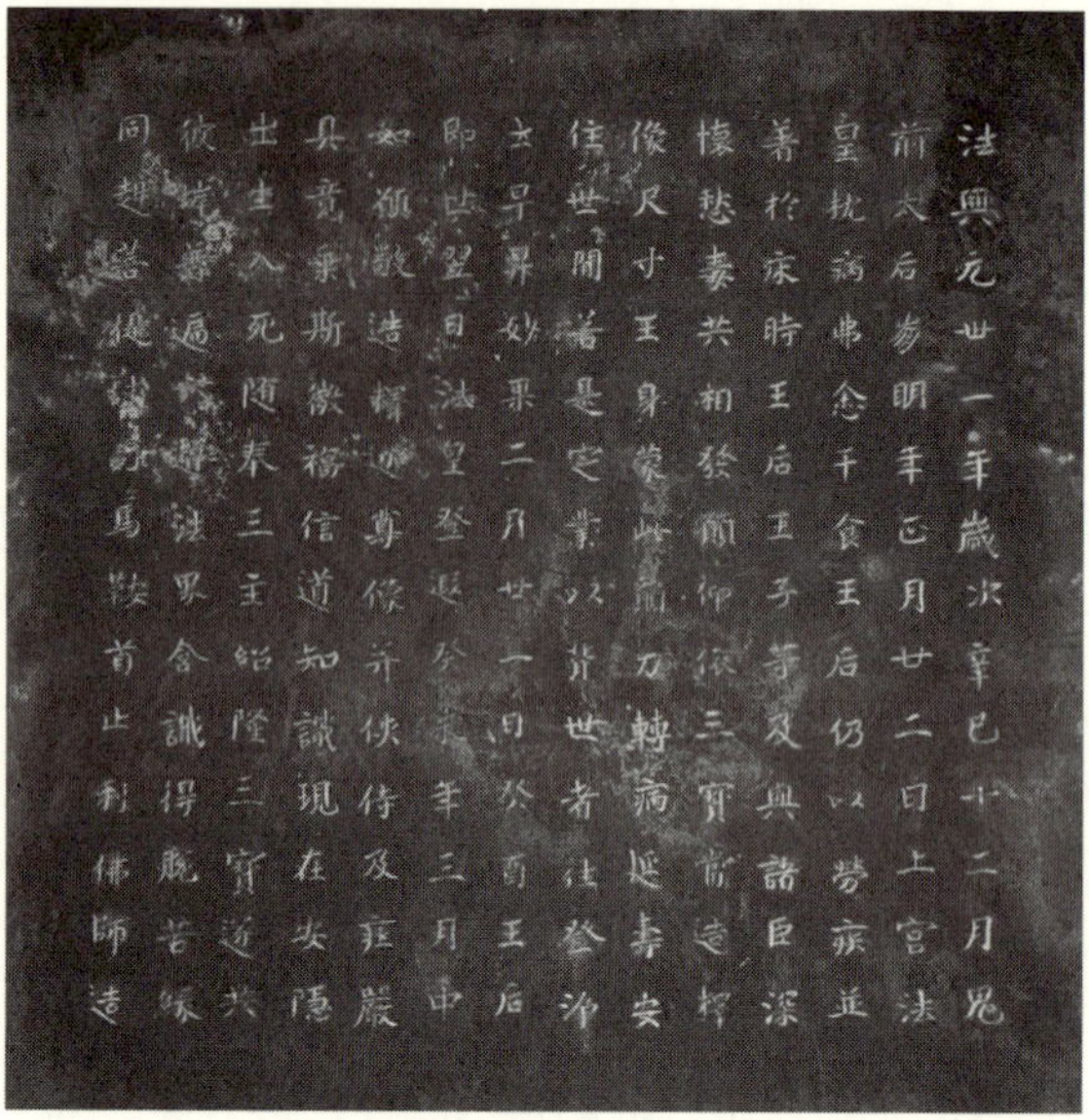

▲法隆寺金堂釈迦三尊像光背銘文（奈良国立博物館提供）

というわけではなく、多少の凹凸《おうとつ》はあるが、その他の部分に比べればその平滑さはきわだっており、銘文を刻むため人為的に整えられた面であることはまちがいない。

注意されるのは、その平滑な面を含む光背の裏面全体に鍍金《ときん》の跡が点々と残っていることである。その残り方からすると、光背の裏側まですべて鍍金しようとしたのではなく、表面を鍍金する過程で裏にも散ったと解される。この事実から、銘文を刻むための平らなスペースが、光背ができあがって鍍金される以前、光背の制作段階で用意されていたことがわかる。

現在では三尊像と光背・台座を一連の制作とすることに異論はみられないから、この銘は像が作られたとみられる七世紀前半に、像と一体のものとして作成されていたと判断できる。銘の刻入が、像の原型段階でなされたか、ないしは光背の鋳造後だったのか、なお検討を要するとしても、これを銘文の内容より下る時期の刻入とする論が否定されることはまちがいない。このことは法興年号の問題に限らず、太子の人物像を考える確かな拠り所が得られたことを意味するが、この点については、不十分ながらかつて論じたので、ここでは深く立ち入らないでおく。

残念なことは、こうした重要な結論を導く調査に、多くの研究者の参加を願えなかったことである。寺史の編纂に伴う写真の撮影に付属して行われた調査であり、須弥壇《しゅみだん》上に安置された本尊ということもあって、寺史関係者に限られたのはやむをえないことだった。また仮に今、実見する機会を与えられても、先のような知見が得られるとは思えない。調査時には、光背裏面の全体を撮影するため、複数のライトによる照明がなされ、銘文のある部分だけでなくその周囲の状態も明瞭に見られる条件が整っていたからである。

この同じ条件のもと、同じ金堂の壇上に安置された薬師如来《やくしにょらい》像と阿弥陀如来《あみだにょらい》像の光背裏も、比較参観できたことは有益だった。この三つの銘文は古来あまりにも有名で、早くから多くの拓本が採られているから、釈迦三尊の光背銘に平滑な面があるといっても、拓本を多く採ったことによる二次的なものという恐れもないではなかった。しかし両隣に並んだ薬師や阿弥陀の光背銘を見ても、文字のある箇所だけが平滑になっているような状態はまったく認められない。同じ調査に立ち会われた奈良文化財研究所の渡辺晃宏氏に「釈迦三尊の銘文のあるところだけが、文字を入れるために平らに磨かれていますね」と話して、渡辺氏の同意を得たのを思い出す。それもこうした恵まれた条件下の観察であったからこそできたので、懐中電灯で部分的に照らす程度では、ここまで確かめることは不可能だっただろう。

いささか横道に入ったが、以上のようないきさつを踏まえると、光背銘が釈迦像造立当時のものであることは、いよいよ明らかになるわけである。

■伊予道後《いよどうご》温湯碑

では、もう一つの伊予道後温湯碑についてはどう考えたらよいであろうか。

先にも述べた通り、道後温湯碑の原物は存しないので、検討には大きな制約が伴う。しかし、現在いろいろな考証を経て示されている復原案を取捨して、まず本文を挙げておこう。

法興六年十月、歳は丙辰《へいしん》に在《やど》る、我が法王大王《のりのみこのおおきみ》、恵慈《えじ》法師及び葛城臣《かづらきのおみ》と、夷与《いよ》の村に逍遥《しょうよう》し、正《まさ》に神井《しんせい》を観て、世に妙験あるを歎ず。意を叙《の》べむと欲し、聊《いささ》か碑文一首を作る。

惟《おも》うに夫《そ》れ、日月は上に照らして私せず、神井は下より出でて給わざるは無し。万機所以《ゆえ》に妙応し、百姓《ひゃくせい》所以に潜《ふか》く扇ぐ。若乃《すなわち》、照給に偏私なし、何ぞ寿国に異ならむ。華台に随いて開合し、神井に沐《もく》して疹《やまい》を瘳《いや》す。詎《なん》ぞ花池に落ちて弱《わか》きに化《かえ》ることに舛《たが》わむ。窺いて山岳の巖崿《がんがく》を望み、反《さら》に平子の能《よ》く往きしことを冀《こいねが》う。椿樹は相廕《おお》いて穹窿《きゅうりゅう》し、実《まこと》に五百の張れる蓋《きぬがさ》を想う。朝に臨みては啼く鳥、戯れ咔《さえず》り、何ぞ暁の乱《さえず》る音の耳に聒《かま》しからむ。丹花は葉を巻きて映え照り、玉菓は葩《はなびら》を弥《かさ》ねて以て優遊す可し。豈洪《あにおお》いに霄庭《しょうてい》に灌《そそ》ぐの意を悟らむや。才拙く実に七歩に慚《は》づ。後の君子、幸いに蚩笑《ししょう》する無かれ。

序に法興六年（丙辰）の紀年があり、二十三歳の太子が伊予（愛媛県）の温泉に出向いた時、これに従った侍臣が、温泉を歎賞した太子の意をくんで作った碑文と解される。碑文本文は「惟うに夫」から始まり、温泉とその周辺の情景を描写して、神仙境《しんせんきょう》にたとえつつ讃《ほ》め称《たた》えている。

前に触れた通り、この碑文を五九六年のものとは認めない見解が有力だが、その主な根拠は、太子を法王大王と呼んでいることにある。まだ二十代前半の太子が、このような尊称をもつのは解しにくく、この文が後代に作られた結果だというわけである。しかし、釈迦三尊像光背銘からは、おそくとも晩年には太子が「法皇(=法王)」と呼ばれたことがわかるし、早くから熱心な仏教徒であったとすれば、それが遡って称されていても不自然ではない。何より、これが「聖王」(薬師如来光背銘)のように諡号《しごう》的な色彩を持たない点が注意される。

反対に、この碑文には、後世の太子信仰からは理解しにくい要素のあることが重要だろう。かつて太子の伊予出向が『日本書紀』に見えないことをもって、信憑《しんぴょう》性を疑った論者もあるが、かえってこれは碑文が書紀などから捏造《ねつぞう》されたものではないことを示す。また後代の太子伝にも、碑文はもちろん、伊予出向のことがまったく現れない。恰好の話材とみられるこの事蹟が利用されていないのは、太子信仰の産物とすれば、理解しがたいことではないだろうか。

一方、この碑文には、内容や文字遣いにも注目すべき点がある。碑文の字句には、伝写される過程で生じた誤脱などもあるらしく、完全には読解できないところも残るが、温泉の効用や神仙境的な立地を、いっさい太子に関係づけて述べていないのが特色である。太子礼讃に結びつく述作ならば、そこに太子の徳に結びつく何らかの叙述があってしかるべきだろう。

文字遣いでは、序の「夷与村」が注意される。これは村名ではなく、伊予国の村というほどの意である。「イ」に「夷」を当てる表記はきわめて珍しく、通常の万葉仮名《まんようがな》では使用されることはない。現在確認できるのは、『元興寺縁起《がんごうじ》』に引く「元興寺丈六光銘《じょうろく》」に「夷波礼瀆辺宮《いわれいけのべのみや》」とあるのが唯一である。『元興寺縁起』や丈六光銘は、通常七世紀の史料として有名であるが、その最終的な成立は平安時代前期に下るので、一概に高い史料価値を求めることはできない。しかし、その材料に七世紀代の史料が使われていることは、中国の上古音を用いた人名・地名の古風な表記から否定できず、全面的に後代のものとするのは問題だろう。この「夷波礼瀆辺宮」という宮号なども、「瀆辺」という古い表記からみて、七世紀の文字遣いをとどめているとみるべきで、古くは「イ」に「夷」を当てることがあったと考えられる。したがって碑文の「夷与村」は、七世紀代の用字を伝えるものであり、このような文字遣いを残す碑文は、七世紀の作である可能性が高いといわざるをえない。

以上の通り、内容や用字に不審がないとすれば、原型を損ねているとはいえ、伊予道後温湯碑を疑う根拠は薄弱になる。まったく系列を異にする釈迦三尊光背銘と、法興年号の年立てが合致することとも合わせ、推古朝の作と判断してよいと考える。なお、この碑の原物については、あえて石碑と限定する必要はなく、木製だった可能性も想定しておくべきだろう。

■法興年号の性格

これまで述べたことで、五九一年を元年とする法興の年号が、おそくとも推古朝半ばに使用されたことは確かになった。従来の疑惑は、二つの銘文への不信に基づいていたのだから、それが否定される以上、これは当然の結論である。

そもそも聖徳太子をめぐっては、さまざまな疑いが提起されていて、もっともと思われるものも少なくない。しかし、元来疑うことはたやすく、それを証明することは難しい。にもかかわらず、現状では疑いを基礎にさらに疑いを積み重ね、ついには否定論に至るという現象が生じている。いくら「怪しい」と指摘してもそれが証明されなければ、議論は所詮《しょせん》砂上の楼閣である。否定、肯定いずれにせよ、確実な事実から出発すべきことを、自戒をこめて確認しておきたい。

さて、法興年号の場合、それが実在したとなると、どのような背景が考えられるだろうか。まず、限られた史料からであるが、注目される点を確認しておきたい。

第一はこの年号が、実用レベルであまり用いられなかったらしいことである。すなわち釈迦三尊の光背銘を見ると、なるほど冒頭には法興三十一年とあるが、それ以降、年紀は「明年」「癸未《みずのとひつじ》年」と記されるのみである。たとえば癸未年を「卅三年」としても字数は変わらず、年号による紀年を貫こうとして不可能なはずはない。これは法興年号に実用的な意味が薄く、理念的な性格が濃かったことを物語っている。もし、年号使用の一般化した後代の作文とすれば、ここは当然、年号紀年が貫徹していてよいはずである。中国における年号本来の性格は、皇帝の支配する時間に名称を付与することにあったから、年号は君主の治世と連動して常用されるべきものだった。法興は、推古天皇即位前の崇峻《すしゅん》天皇四年から数えられていることといい、通常の中国的な年号とは、性格を異にしていたといわなければならない。

第二の特色は、第一のそれとも関わるが、その使用例がいずれも聖徳太子に関係してしか現れないことである。なにぶん現存史料が少ないので断言はできないが、この点は従来も法興年号を聖徳太子ないしは法隆寺と結びつけて解釈する拠り所とされてきた。法興年号の実在が確かめられた今も、太子周辺での使用ということが、まず考えられてよいだろう。ただ、太子が政治上も蘇我《そが》氏との強い連携関係にあったことは確からしいから、現在その痕跡が残っていないとはいえ、蘇我氏や推古天皇周辺での使用も、視野に入れてよいのではないかと考えられる。その場合、元興寺関係の史料に法興年号の出てこないことが問題かもしれないが、先に述べた通り、もともと実用的にしばしば使われたのでなければ、使用例がないからといって、蘇我氏や推古天皇との関わりを否定することはできないだろう。むしろ蘇我氏主導のもと、仏法興隆の施政方針を示す意味で、崇峻朝から法興年号の使用が始まったと考えてはどうであろうか。

法興年号と法興寺造営

そこで改めて問題となるのは、法興年号と法興寺造営との関連である。「法興」が寺名を連想させることがあって、早くからこの年号と法興寺造営との関係が想定されたが、『日本書紀』に現れる法興寺の造営過程と照合しても、五九一年が造営上特別な意味をもつとはいえない。また、前述のように『元興寺縁起』などには法興年号が使用されていないので、現在では双方を無関係とする田村円澄説が有力であろう。『元興寺縁起』の史料性については、先のような留保が必要ではあるものの、直接的な関わりはないと考えてよいと思う。

ただ、それにもかかわらず看過できないのは、法興年号の起点となる五九一年前後に、法興寺という日本最初の本格寺院が造営されていたという事実である。法興寺には「元興寺」という法号が別にあるが、『日本書紀』には元興寺という称が登場せず、太田博太郎氏が論じられたように、本来は法興寺であったと考えられる。元興寺は、法興寺が平城京に移転してからの名称であろう(『南都七大寺の歴史と年表』岩波書店、一九七七年)。『元興寺縁起』にこの称が使われているのは、その成立年代が下るため、古い原史料にも追改がされているとみてよい。法興寺は平城京に遷《うつ》ったとはいえ、旧寺は本尊ともども飛鳥に残されたわけであるから、新しい寺号が撰ばれておかしくない。その段階で旧寺が「本元興寺」と改称されたのも、自然のなりゆきである。

この意味で、法興寺の造営は、当初から仏法興隆の具体化と意識されていたことがわかるが、そのような造営の進行する時代が「法興」の世と考えられるのは、これまたきわめて自然なことではないだろうか。中国の年号とは別に独自年号を建てることは、すでに高句麗《こうくり》や百済《くだら》など朝鮮諸国に先例がある。とくに、新羅《しらぎ》の古年号七種に関しては、真興王《しんこうおう》の黄草《こうそう》・磨雲嶺《まうんれい》碑(五六八年)によって実在の確証される太昌《たいしょう》(大昌)を含め、すべて王の治世の元年から始まっていないことが注目される。こうした特徴を持つ新羅の独自年号のうち六世紀代のものが、直接間接に影響を与えることは、ありえないことではないだろう。そこにわが国独自の仏教要素が加わって、蘇我氏勢力による法興年号の使用に至ったものと考えておきたい。

ただ、ここで一言しておかねばならないのは、法興元年の起点を隋《ずい》の文帝《ぶんてい》の三宝紹隆《さんぼうしゅうりゅう》詔に求める石田尚豊氏の説である（『聖徳太子事典』柏書房、一九九七年、二八七頁）。なるほど『歴代三宝記』（巻十二）によると、文帝は開皇《かいこう》十一（五九二）年に、三宝の紹隆を命ずる詔を出している。しかし、仏法再興を命じた文帝の詔はこの時一回限りのものではなく、即位した開皇元年以来、いろいろな形で重要な詔が出された（藤善眞澄『隋唐時代の仏教と社会』白帝社、二〇〇四年）。それらの中で、法興年号の起点を特に開皇十一年の詔に結びつけなければいけない理由は見出せない。また、開皇十一年の詔は、当然おくれて知られたはずだが、年号の起点を遡らせて設定するというのも自然ではないだろう。大陸に起源があるとすれば、それは興味深いが、にわかに石田説に従うには無理があるように思う。

憲法十七条からの考察

以上のような背景のもとに定められた法興年号であったが、それが『日本書紀』にまったく痕跡をとどめていないのはなぜであろうか。前述のように、法興年号は現実に頻用されたとは思われないので、記録に残らなかったのも不思議はないかもしれないが、推古朝政治の動向を眺めると、必ずしも偶然ではない。すなわち、推古朝の大半をおおう仏教政治ともいうべき傾向に留意しなければならない。

推古朝の政治に関しては、従来、官司制の発展や冠位制度の創設、国史編纂の着手などに注目して、のちの律令制国家に至る前段階と評価されることが多かった。大化改新否定論を経た現在でも、ニュアンスの違いはあれ、この評価に根本的な変化はないと思う。しかし、『日本書紀』から素直に読み取れるそうした見方とは、異なる材料も拾うことができる。私が、かつて書いたことのある憲法十七条の特徴もそれである。

憲法十七条は、聖徳太子自らの業績として『日本書紀』に明記される数少ない例だが、早くから否定説があるのは周知の通りである。当時存在しなかった中央集権国家が前提となっていること、制度としてないはずの「国司」が見えること、措辞《そじ》に中国漢文の語法からはずれたものがあることなどがその理由だが、いずれも決定的ではない。中国古典を踏まえて作られる当時の文が、現実の体制と食い違うのは当然であり、一種の理想を交えて構想されたとすれば矛盾はない。また、『日本書紀』編纂などの過程で、後代の用語の挿入、書き換えなどがあってもよいだろう。中国文法にはずれる措辞があるという批判は、中国人が書く漢文にいっさい例外がないと証明できるならばとにかく、そのままで承認できるものではない。法規定があっても、現実社会ではそれにもとる行為が珍しくないように、文法的例外は当時中国でも少なくなかったからである。

それよりもこの憲法で着目すべきは、総論ともいうべき第一条の次に、「篤《あつ》く三宝《さんぼう》を敬《うやま》え」という条文があり、天皇への絶対忠誠を説く「詔を承《うけたまわ》りては必ず謹《つつし》め」という条文が三番目に置かれていることである。推古朝の末年に起きた僧侶の殺人事件を機に、寺院や僧尼の統制機関が整備され始め、ついには律令制下の僧尼令に至って完成するが、そこでは寺院や僧尼は天皇の下に位置づけられる。もちろん、仏教そのものは天皇を超える存在だったが、役人への心得を示す憲法では、当然、第三条の次に第二条が来るべきだろう。

憲法十七条の最大の特色は、この仏教偏重にあるといってよい。憲法の背景となる思想として儒家・

法家などの思想があったこともよく説かれるが、それらは仏教の場合と違い、条文化されていない。

この点に関して興味深いのは、江戸時代前期に出版された『聖徳太子五憲法』の内容である。同書は、憲法十七条をもとに作られたまったくの偽書で、太子が一般人、政治家、儒者、神主、僧尼向けに、それぞれの憲法を作っていたものとして、その条文を逐一示したものである。

そのうちの一般人向けの通蒙《つうもう》憲法はほとんど本来の憲法と同一であるが、第二条を削って続く条文を繰り上げ、第二条を「篤く三法(儒・仏・神)を敬え」と改変して第十七条にした点だけが異なる。この『聖徳太子五憲法』がおそらく儒者の手になるらしいことは、全体の構成などからも窺われるが、第二条の序列や内容に違和感を持つ撰者が手を加えたのであろう。第二条は、後世の者にとってもそれほど抵抗を与える条文だったことがわかる。これは憲法十七条が、律令制の整備が本格化する前に作られていたと考えて、はじめて理解できることだろう。

聖徳太子の活動期が、仏教を極度に重んじる時代だったことは、かつて坂本太郎氏が指摘した通り、事実上、神祇祭祀の記事が推古紀に見えないことから知られる。遣隋使の派遣目的も、第二回の使いについて『隋書』倭国伝が語るところでは、留学僧の派遣に大きなウェイトがあったとみられる。同じ遣隋使の持ち渡った国書に、「日出処《ひいずるところ》」「日没処《ひぼっするところ》」という『大智度論《だいちどろん》』に拠った表現が盛り込まれたのも偶然とは思えない。これらと法興年号の持続という事実を合わせ考えるなら、この時代への評価は、自ら修正を余儀なくされるのではなかろうか。

五重塔心柱《しんばしら》の伐採年と三宝興隆《さんぽうこうりゅう》の詔《みことのり》との関わり

ここで改めて考え直すべきは、推古二(五九四)年に出された三宝興隆の詔である。内容が抽象的で簡単に信じにくいことも確かだが、この前後が稀にみる仏教重視の時代であったとすれば、こうした詔が出されることこそ似つかわしい。事実このような詔が出されたのではないかと思わせるのが、法隆寺五重塔心柱から判明した伐採年代の推定結果である。かつて年輪年代測定法により、伐採がほぼ五九四年と公表されたとき、意義づけをめぐって様々な見解が出されたが、当時の塔の構造から、転用説が成り立たないのははっきりしている。七世紀末、法隆寺が再建されるにあたって、それまで蓄えられていた材が使用されたのであるが、それは偶然貯木されていたのだろうか。

六〜七世紀といえば、天皇の宮をはじめとして遷宮や建替えが比較的頻繁に行われたから、広く貯木が行われていたことは推測できる。伐採した材木を乾燥させて使う以上、当然のことだった。しかし、伐採から使用まで百年近く時間差があるというのは、やはり尋常ではない。法隆寺の大野玄妙管長は、公表当時、同じ五九四年に出された三宝興隆の詔により伐採された材ではなかったのかと漏らされたことがあったが、

▲ 五重塔心柱の側面と断面
(NHK『聖徳太子展』2001年より)

それもこうした不可解な時間差と、詔の出た年との一致を勘案されてのことだったのだろう。

それをうかがっても、私はにわかに賛同しかねたが、然るべき方法で導き出された五九四年伐採という結論には重みがある。そこで改めて想起されたのが、法隆寺に中世から伝わる伏蔵《ふくぞう》の伝説だった。伏蔵とは、法隆寺内の三か所(金堂東北隅、経蔵《きょうぞう》、回廊《かいろう》南西隅)に存在する資財の埋納場所である。この件についての最古の史料である『聖徳太子伝私記』(十三世紀前半、顕真《けんしん》撰)によると、聖徳太子は万一法隆寺が火災などにあった場合を慮《おもんばか》り、さきの三か所に復興に使う財宝や資財を埋めておくことを言い残したという。その中には数万枝の材木も含まれていた。

もちろん、これは歴史的な事実ではない。しかし、これが何らかの古代の記憶から生まれた伝説としたらどうだろうか。長らく蓄えられていた聖徳太子ゆかりの材木で六七〇年に火災にあった法隆寺の再建が成し遂げられたといった記憶である。もしそう考えてよいなら、それは三宝興隆の詔と結びついてくる。現在の考古学的所見では、法隆寺の創建は七世紀初頭と考えるのが妥当で、その時点ではすでに、再建五重塔の心柱材は伐採済みだった。三宝興隆の詔に基づき、造寺を助けるための木材伐採と貯木が進められ、諸寺の造営にそれが用いられただけでなく、余材は、太子の時代に復古し太子顕彰を目指す法隆寺再建でも使われたのではないか。

もとより想像の域を出ない話であり、強く主張するつもりはないが、類似の伝説は太子とゆかりの寺院はもちろん、他にも知られない。法興年号の存在や推古朝後半までの政治にみられる仏教への傾倒ぶりを考えると、三宝興隆の詔の出されたことを否定すべき理由は、むしろ見あたらないといえよう。

仏法興隆を目指した推古朝

それに関わって興味深いのは、前にもふれた法隆寺の創建である。この寺は、造営の尺度や方位からみて、太子の宮である斑鳩宮と一体で計画され、並行して造営が進められたとみられる。執政の皇子の宮が、寺院と一体で営まれるのは異例で、類似の例としては、舒明《じょめい》朝末年の百済宮《くだらのみや》と百済大寺があるだけである。これも推古朝の仏教偏重を象徴するといってよいだろう。しかも注目されるのは、その寺が「法隆寺」という法号を持っていたことである。規模や造営年代はやや異なるとはいえ、蘇我馬子《そがのうまこ》主導で営まれた法興寺とは、法号の上で見事に対《つい》をなし、仏法興隆を示唆するものとなっている。これが単なる暗合とは考えにくい。法興の年号のもと、共同統治した馬子と太子が法興寺と法隆寺を造営した事実は、この時代の特質をよく表しているといえよう。そしてこの時期は、『日本書紀』の編纂された七世紀末から八世紀の初めにあっては、度を過ぎた仏教尊重の時代と映ったのではないか。推古十五年二月十五日紀に、涅槃《ねはん》の日に合わせ、とってつけたような神祇祭祀記事が挿入されたように、仏教的色彩を薄める動きの中で、法興年号の存在も忘れ去られていったものと思われる。

本稿はこれまで筆者が発表した左の論文等の趣旨をもとに、最近の見解を若干付け加えて成ったものである。

「聖徳太子の時代」『日本古代史料学』岩波書店、二〇〇五年
「七世紀以前の金石文」上原真人他編『列島の古代史 6』岩波書店、二〇〇六年
「飛鳥時代のはじまり」『続明日香村史・上』明日香村 二〇〇六年
「ほんとうの聖徳太子」網野善彦編集協力『ものがたり日本列島に生きた人たち3』岩波書店、二〇〇〇年

5 聖徳太子は日本仏教の礎を築いたのか

立命館大学教授
本郷　真紹

これまで聖徳太子といえば、いまだ仏教が日本の社会に十分普及していない時期に、百済《くだら》僧や高句麗《こうくり》僧に師事して仏教の教義を学び、深く仏教を信仰した人、日本仏教の礎《いしずえ》を築いた最大の功績者として讃《たた》えられてきた。本稿では、この聖徳太子と仏教の関わりを改めて検証してみたいと思う。

仏教の公伝

日本の朝廷に公式のルートを通じて仏教が伝わったのは、六世紀中葉のこととされる。八世紀初頭に編纂された『日本書紀』によれば、欽明《きんめい》天皇の壬申《じんしん》(五五二)年、百済《くだら》の聖明王《せいめいおう》から、国書を添えて灌仏《かんぶつ》像《ぞう》、幡蓋《ばんがい》などが贈られたことをもって、仏教の初伝としている。

しかし、八世紀中葉の天平《てんぴょう》年間に成立したとされる『元興寺縁起《がんごうじえんぎ》』や、成立年代が平安時代を遡るものではない『上宮聖徳法王帝説《じょうぐうしょうとくほうおうていせつ》』などでは、同じく欽明朝の戊午《ぼご》(五三八)年のこととされ、いずれが正確な年代か判然としていない。

かつては、この十四年の差に注目し、『日本書紀』の史料批判の観点から、事実としては戊午年の伝来が正しく、『日本書紀』では、安閑《あんかん》・宣化《せんか》朝と欽明朝が並立していたのを、万世一系《ばんせいいっけい》としたために年代を下らせることになったなどという説まで出された。しかし、いずれの史料も、伝来があったとされる時点から一〇〇～二〇〇年を経て、おそらくは伝聞に基づき作製されたものであることからすれば、伝達手段の未発達な段階において、どれほど正確な情報が伝えられたのか、疑わしいものと言わねばならない。おそらくは、ただ、「欽明朝に百済の聖明王から、外交ルートを通じて仏教の文物の贈呈があった」といった情報が伝わっていたものを、何らかの事情でそれぞれの年代の出来事として記録したものと推察されよう。

しかし、これはあくまで仏教の「公伝」であって、「初伝」ではない。十六世紀のキリスト教の伝来などとは異なり、正確な「初伝」の年代を措定《そてい》することは、不可能に近いと言わねばならない。なぜなら、大陸では、一～二世紀の後漢《ごかん》の段階で中国に仏教が伝来し、広く社会に根付いた段階にあり、また、朝鮮半島においても、高句麗《こうくり》には四世紀後半の段階で、また百済や新羅《しらぎ》にも、五世紀から六世紀初頭の段階で、仏教は国のレベルで受容された状況にあったことから、これらの地域との人の往来を通じて、仏教の思想や習慣は、部分的ながらも日本の社会に伝来していたと推測されるからである。

実際、仏教公伝の年代以前に築造された古墳《こふん》の副葬品に、仏教思想の影響が窺《うかが》われる仏獣鏡《ぶつじゅうきょう》などの遺物が含まれている。また文献史料の面でも、『扶桑略記《ふそうりゃくき》』に収載された「法華験記《ほっけげんぎ》」に、継体《けいたい》天皇の壬寅《じんいん》(五二二)年に渡来した司馬達止《しばのたつと》(等)なる人物が、大和《やまと》の坂田原《さかたがはら》に草庵を結んで、本尊を安置したとする記事が見えている。法隆寺金堂釈迦三尊《しゃかさんぞん》像の作者として著名な止利仏師《とりぶっし》の父である司馬達止に関しては、約半世紀後の時代に活躍したとみるのが年代的には妥当なことから、継体天皇の時代に草庵を結んだという伝承は、時期的には疑わしいと見なさざるを得ない。しかし、仏教の公伝以前に、渡来人の間ではすでに仏教に対する信仰が行われていたという認識が、このような伝承を生んだとも推測されよう。

仏教受容の可否をめぐる議論

『日本書紀』の伝えるところでは、聖明王から送られてきた仏教の文物に接した欽明天皇は、それまで目にしたことのない仏像の有り様に感動すると共に、仏教を受容すべきかどうか、近臣に諮《はか》った。大臣《おおおみ》・蘇我稲目《そがのいなめ》は、東アジアの諸王朝がすでに仏教を受容していることから、日本もこれに倣《なら》うべきだとして受容を訴えた。だが、大連《おおむらじ》・物部尾輿《もののべのおこし》や中臣鎌子《なかとみのかまこ》は、それでは、在来の神々を一年を通じて祀《まつ》るという天皇の任務に反し、神々の怒りをかうことになるとして、受容反対を主張した。結局、この場で議論は決着せず、欽明は贈られてきた文物を蘇我稲目に授けて個人的に祀ることを許し、公の立場での受容については保留したという。

この後約半世紀にわたり、朝廷の権力抗争と結びつく形で仏教受容をめぐる駆け引きが展開する。『日本書紀』によれば、仏教の公伝後国内に疫病《えきびょう》が流行して多くの被害が出たため、物部尾輿と中臣鎌子は、蘇我稲目に仏教信仰を許したことが原因であるからすぐに排仏すべしと奏上《そうじょう》し、欽明天皇の承認を得て、仏像を難波《なにわ》(大阪市)の堀江《ほりえ》に流し棄て、伽藍《がらん》を焼くという事件が生じたという。続く敏達《びだつ》朝にも、疫病が流行した際に物部守屋《もりや》と中臣勝海《かつみ》が同様の訴えを行い、敏達は仏法を断つように命じたことから、仏像や仏殿が焼却され、焼け残った仏像は、やはり難波の堀江に棄てたとされる。

蘇我氏と物部氏それぞれの来歴などに鑑《かんが》みれば、開明派の蘇我氏に対して守旧派の物部氏という、まさに両氏の性格上のコントラストを反映した形で展開した、仏教受容の可否をめぐる争いは、当然起こりうるものと言えるかもしれない。しかし、問題は、その際に傍観者的な立場をとったとされる天皇の姿勢である。物部氏の排仏事件については、極めて類似した内容から、一つの出来事が重複して記録されたものと受け取る向きもある。注意すべきは、重出の可能性がありながら、何故に『日本書紀』に、欽明・敏達の両朝にわたって、独立した出来事として記録されたのかという点であろう。事実か否かはさておき、これはまさに、当時の天皇の姿勢を示したものと受け取るべきではないだろうか。

『日本書紀』編纂時には、仏教はすでに、神祇《じんぎ》を補完する、いわば第二の国教として、国家ぐるみで興隆を推進するという方向が打ち出されている。それゆえ、欽明や敏達といった歴代の天皇は、基本的には仏教受容に対して寛容な姿勢を示したが、時として止むを得ずに排仏を許可した、といった構図がとられたものと考えられる。しかし、天皇の本質は、行政・軍事面で最高の権限を有する指導者としての部分にあるのではなく、血統により保障された最高の宗教的権威を身に付けている部分にこそ求めるべきものである。在来の神々に対する祭祀をその本務とする天皇が、当時異国の神と認識された仏教の仏・菩薩《ぼさつ》を崇《あが》め礼拝することは、排他的・戦闘的な性格の神を刺激することになるため、慎まねばならないと考えられた。それこそが、物部氏や中臣氏が仏教の受容に反対した最大の理由であった。

とすれば、歴代の天皇が仏教受容に傍観者的立場をとり続けたとは考え難く、むしろ否定的な姿勢を示したと受け取るべきであろう。仏教受容の可否をめぐる問題は、まさに王権の根幹に関わる重大事項であったと言えるのである。

続く用明《ようめい》天皇の時代に、天皇は初めて自ら仏教の信仰を志す姿勢を示した。しかし、用明はほどなく崩御《ほうぎょ》し、その後継者の決定をめぐる対立から、ついに蘇我氏と物部氏は全面的な武力衝突を引き起こすに至った。この戦いで物部守屋に勝利した蘇我馬子《うまこ》は、崇峻《すしゅん》、推古《すいこ》と、相次いで蘇我氏の血を色濃く引く天皇を即位させた。特に、史上初の女帝とされる推古が即位すると、天皇自らが仏教興隆の推進を表明し、その役割を大臣・蘇我馬子と皇太子・聖徳太子(廐戸《うまやと》王子)に委《ゆだ》ねたとされている。

聖徳太子の登場

聖徳太子は、用明天皇を父、穴穂部間人《あなほべはしひと》皇后を母として、五七四年に誕生した。初めて仏教信仰を志したとされる用明天皇は、欽明天皇と蘇我稲目の娘である堅塩媛《きたしひめ》との間に生まれた皇子である。母の穴穂部間人皇后も、欽明天皇と蘇我稲目の娘である小姉君《おあねのきみ》との間に生まれた皇女であり、二人は異母兄妹の関係にあった。しかも、その母親同士もやはり異母姉妹の関係にあるという、極めて濃厚な血縁の下に誕生した皇子であった。

用明天皇が自ら仏教信仰の志を抱いたと伝えられる点については、その契機が病弱な天皇の身体にあったことに重要な意味が含まれていると見なされる。すなわち、在来の神々が極端に忌避《きひ》する穢《けが》れ、その典型的な例ともいえる病に対しては、神々が直接接触することができないゆえ、在来の信仰では如何《いかん》ともし難い状況にあった。これに対し、仏教には、基本的に病を穢れと見なして忌避する習慣はなく、むしろ、薬師如来《にょらい》のように治病の功徳《くどく》を施すと認識された仏も存在した。用明は、このような仏教の治病の功徳に期待しようとしたのであろう。

この用明以外にも、同母妹である推古や、異母妹である穴穂部間人に、仏教信仰の痕跡を見出すことが可能である。ここで何より注目すべきは、彼らの母親が、共に蘇我稲目の娘であったという事実である。

当時の習慣として、幼少時には母方の実家、もしくはその影響下で育成されることが多い。とすれば、この三人はいずれも蘇我氏の影響を強く受けて育った可能性が高く、仏教に対して一定の理解を示していたことも十分想定しうるように思われる。聖徳太子も同様で、父母共に天皇家の人物とはいえ、蘇我系の皇族である。当然その思想や感性などに、仏教の影響が幼少時より及んでいたとしても、不思議ではないことになる。実際、物部守屋との戦乱の際に、聖徳太子をはじめ、蘇我系の皇族の多くが馬子方に立って従軍している点からしても、蘇我氏の思想的影響を無視することはできまい。聖徳太子が幼少時より仏教に造詣《ぞうけい》が深かったとすれば、それは、配下に渡来人と渡来系氏族を多く従えた蘇我氏独自の文化的環境の下で育成されたことによるものと受け止められるのである。

聖徳太子の実像

それでは、聖徳太子の実像はいかなるものであったのか。『日本書紀』や後世の関係史料には、推古朝に行われた政治改革の多くが太子の主導によるものであり、仏教についても、推古天皇の意向に沿って新たな仏教興隆策を企画し、これを強力に推進したように記されている。今日、日本に存在する仏教宗派のいずれにおいても、日本仏教の礎《いしずえ》を築いたのは聖徳太子であるとされ、崇敬の対象とされている。しかし、先に触れたように、最古の『日本書紀』ですら、聖徳太子没後一世紀近く経って成立した史書である。その記事においても、すぐには首肯《しゅこう》しがたい点や相互に矛盾する点が見受けられることを考慮すれば、史実としての聖徳太子の実像については、慎重に検討し直さざるを得ない。

聖徳太子の業績を肯定的に評価しようとする論者は、『日本書紀』の記事以上に聖徳太子の存在を重視する。遣隋使の派遣、冠位十二階や十七条憲法の制定、『天皇記』『国記』といった歴史書の編纂など、内政と外交の両面で新たな施策を打ち出した聖徳太子こそは、実質的な王権を掌握していた人物であったと説く。『隋書《ずいしょ》』倭国伝《わこくでん》に見える、男名の「倭王多利思比孤《たりしひこ》」が聖徳太子に比定されることや、太子の没後間もなく太子に対する信仰が盛んとなっていることなどが、その論拠として挙げられた。しかし、その一方で、逆に、『日本書紀』をはじめとする諸史料の批判的検証を通じて聖徳太子に関する記事の信憑《しんぴょう》性が取り上げられ、その大半において後世の造作・潤色を認めなければならず、太子の業績を疑問視する見解も呈示されている。

たとえ後世の史料とはいえ、複数の史料に類似した記事を止めている点からすれば、確実に肯定しうる根拠がないからすべてを虚構として片付け、聖徳太子なる人物の存在にまで疑念を差し挟《はさ》むのは、妥当な解釈とはいえないように思われる。確かに、史料の批判的読解も重要ではあるが、聖徳太子の地位や業績に関しては、改めて論理的に検討し直し、判断を下すことが肝要《かんよう》であろう。

十七条憲法の理念

それでは、仏教の受容と日本の社会への土着という点で、聖徳太子が果たしたとされる業績の信憑《しんぴょう》性《せい》について考えた場合、どのような見通しを呈示しうるであろうか。

聖徳太子は、推古天皇の時代に皇太子で摂政《せっしょう》の地位にあったとされる。むろん、天皇号と同様に皇太子という号も後世のものと考えられるが、仮に皇位を継承すべき立場にあったとすれば、果たして太子自身が様々な仏教興隆策を構想し推進し得たであろうか。

繰り返し指摘するが、当時天皇の天皇たる所以《ゆえん》は、在来の神々を斎《いつ》き祭ることであった。この本務故に、未だ外来の仏・菩薩《ぼさつ》と在来の神々との融合の論理や観念が成立していない段階においては、天皇の仏教受容には批判的な向きが強かったのである。それが、単に排仏を主張した物部氏が討滅され、受容派の蘇我氏が主導権を掌握したというだけで、皇位の継承者たる聖徳太子に、積極的な政策が打ち出し得たであろうか。

ここで、『日本書紀』に太子の撰とされる十七条憲法をみれば、最初の条で平和主義を唱えたあと、第二条で、三宝《さんぼう》即ち仏教への帰依《きえ》を説き、第三条で、君主の命に対する忠誠を強調する。そもそも、儒教や法家、仏教といった、外来の思想を基盤に制定された憲法を、将来の政治の基本理念とするといった姿勢自体が、皇位を嗣《つ》ぐべき人物のとるべきものとして正当と言えるであろうか。体系的な官人のシステムを構築すると共に、彼らの持すべき心構えとしてこの憲法を制定したのであれば、まず第一に強調すべきは天皇に対する絶対服従である。それは取りも直さず、天皇の権威を構築する諸神に対する畏《い》敬《けい》の姿勢であったと考えられる。この神々の問題ばかりでなく、伝統的な秩序に対する配慮をほとんど含むことなく、専《もっぱ》ら外来の思想に依拠した理念を、次の天皇となるべき人物が強調するというのは、俄《にわか》には合点のいかないものと言わなければならない。

もっとも、氏族の如何《いかん》を問わず、当時の血縁的共同体は共通の先祖を神格化し、その祭祀を通じて一族の結束を図っていたという事実からすれば、改めて神々に対する崇敬を訴えなければならない必然性などなかったと考えられるかもしれない。しかし、『日本書紀』には、推古十四(六〇六)年に飛鳥《あすか》寺(明日香村)の丈六《じょうろく》仏像の完成・安置や坂田《さかた》寺(明日香村)の建立、聖徳太子による勝鬘《しょうまん》経の講説といった一連の仏教興隆関係記事が続いた後、翌十五年に、聖徳太子・蘇我馬子らに対して、神々に対する崇拝が近年等閑《とうかん》にされているので、改めて厚く崇敬すべしとする推古天皇の詔《みことのり》が出されたとされている。このことからすれば、神々に対する崇敬を憲法に盛り込む必要がなかったとは言い難いものと考える。やはり、十七条憲法を皇太子の地位にあった聖徳太子自身の作と受け止めることには、慎重にならざるを得ないのである。

■飛鳥《あすか》寺・斑鳩《いかるが》寺の性格

推古朝に建立された寺院として、飛鳥寺と斑鳩寺（斑鳩町）はその代表的な存在とされる。それぞれ法興寺・法隆寺ともいうことから、両寺を併せて仏法の興隆を期する存在とされたと、あたかも両寺の建立が一つの理念の下に歩調を合わせて行われたような解釈を施す向きもある。逆に、飛鳥寺が多くの現世利益の獲得を期して建立された即物《そくぶつ》的・呪術《じゅじゅつ》的性格の強い寺院であるのに対し、後世法隆学問寺と称されたことに象徴されるように、法隆寺を仏教の精神を探究し、教学の研鑽《けんさん》に努めるための、極めて崇高な理念に基づく存在として受け取る向きも存在した。後者の場合、蘇我馬子の仏教と聖徳太子の仏教を異質のものと受け止め、太子の仏教こそが本質に迫るものであるとして高く評価しようとする傾向があったが、これは、後世の太子に対する顕彰《けんしょう》に触発《しょくはつ》されたものであることは疑いない。ともすれば見逃されがちな事実であるが、聖徳太子が仏法を受学したのは、高句麗僧の慧慈《えじ》と百済僧の慧聡《えそう》という、二人の渡来僧からであり、この両僧が居住したのは、飛鳥寺であった。太子はここに通って教えを受けていたのである。

飛鳥寺は、この段階のみならず、後世に至っても仏教教学研鑽《けんさん》の拠点として機能した。七世紀中葉に渡唐して玄奘三蔵《げんじょうさんぞう》より受学し、法相宗《ほっそう》の教学を将来した道昭《どうしょう》（六二九～七〇〇）も、帰国後は飛鳥寺の一角に存在した禅院に居住して、教えを広めたという。蘇我氏の氏寺としての性格を有するとはいえ、飛鳥寺が当代随一の規模と内容を有する寺院であったことは疑いない。以後、大和に舒明《じょめい》天皇の勅願にかかる百済大寺《くだらおおでら》や、その後身たる高市《たけち》大寺・大官《だいかん》大寺が存在しても、公的な仏事などが飛鳥寺で催され

▲ 斑鳩寺（若草伽藍礎石）　後方は法隆寺西院伽藍

ることも多かったのである。

これらの事実からすれば、飛鳥寺と、これを建立した蘇我馬子の信奉する仏教を、聖徳太子のそれとは異質のものとして捉えることはできまい。また、単純に即物的・呪術的性格の強いものとして評価することも、適切とは言えないだろう。両者の質的な差異を指摘するという従来の論法は、その前提として、馬子と聖徳太子が、それぞれ蘇我氏と天皇家を代表する存在であるという点を強く意識していることは間違いないのである。

この場合、蘇我氏は天皇家を蹂躙《じゅうりん》し、その結果、滅亡に追いやられたという後世の展開を踏まえたものであることも否定できない。『日本書紀』自体が、この展開に対する評価に則《のっと》って編纂されたものであるゆえ、蘇我氏の悪逆非道を強調するような記事が多いことは、とみに指摘されてきた通りである。しかし、その『日本書紀』にも、このような一貫した姿勢と矛盾する要素が見受けられる。

皇極《こうぎょく》元(六四二)年、旱《ひでり》に際して村々の祝部《はふりべ》が牛馬を殺したり、しきりに市《いち》を移したりして雨を祈ったが、効果が得られなかった。当時の大臣・蘇我蝦夷《えみし》が経典の読誦《どくじゅ》を命じたり、自身が手に香炉《こうろ》をとって発願したりしたところ、小雨が降った。そこで、皇極《こうぎょく》天皇が南淵《みなぶち》の河上で四方を拝して天に祈ると、大雨が降って農民はその徳を讃えたという。

信憑性の問題はさておき、ここに描かれた、大臣と天皇のコントラストは、まさにこの記事の作者が、蘇我氏=仏教、天皇=神祇という図式を意識していることを如実《にょじつ》に表していると言わなければならない。そして、このような意識が、少なくとも乙巳《いっし》の変(六四五年)の勃発以前の段階における一般的な意識であったとすれば、当段階で仏教興隆の主導権を掌握していたのは、間違いなく天皇家ではなくて蘇我氏であった。その意味では、すでに建立の発願されていた百済大寺以上に、飛鳥寺が官寺として重視すべき存在であったということも想定しうるものと言わねばならないのである。

ここで注目すべきは、中大兄皇子《なかのおおえのおうじ》や中臣鎌足《なかとみのかまたり》らによって蘇我氏が討滅された、大化《たいか》元年の乙巳の変の二か月後、即位したばかりの孝徳《こうとく》天皇が、大寺の庭に衆僧を集めて、仏教興隆に対する支援を宣した際の詔《みことのり》の文言である。ここでは、仏教公伝以後、天皇の意向を踏まえるという形をとりながらも、稲目や馬子といった歴代の蘇我氏の氏上《うじのかみ》が仏教興隆に果たした多大な功績を賞賛し、その役割を今後は天皇が受け継ぐという形で、寺院造立に対する援助などが謳《うた》われている。不可解なことに、この詔には、聖徳太子はまったく登場せず、意識されている痕跡も存在しないのである。

推古朝において、仏教の関係のみならず、新たに打ち出された改革策の大半を聖徳太子の業績として位置付ける評価とは対照的に、蘇我氏がいわば国賊《こくぞく》として討滅された直後の段階で、蘇我氏の業績のみを顕彰するような詔が出されるというのは、いったいどのように説明すべきものであろうか。

■聖徳太子と仏教

この詔については、表記や内容の分析を通じ、大化元年段階のものと受け止めて大過ない旨が指摘されている。とすると、端的に言って、この段階では、聖徳太子を仏教興隆の最大の功労者とするイメージがまったく存在しなかった可能性が高いことになる。『日本書紀』の姿勢からすれば、これは極めて不可解なことと言わなければならない。何故に蘇我氏の業績を顕彰するような内容の詔を掲載し、聖徳太子の果たした功績に触れようともしなかったのであろうか。

ここで改めて推古朝の仏教興隆について考えれば、その方針を強く打ち出し、陣頭《じんとう》指揮を執って諸政策を推進したのは、聖徳太子ではなく、蘇我馬子とみなさざるを得ない。聖徳太子は、蘇我氏の血を色濃く引く蘇我氏シンパの皇族であり、蘇我馬子と協調して諸改革を推進したと考えられる。ただ、一般行政と異なり、天皇の宗教的性格と密接に関わる仏教興隆策の推進については、せいぜい氏寺として斑鳩寺を建立したという程度にとどまり、太子が朝廷を代表して、諸政策を企画主導していたとは言い難い節が強い。おそらくは、蘇我馬子、およびそのブレーンとしての役割を担った渡来系の有識者が考案した政策を、『日本書紀』編纂の段階で、すべて聖徳太子の業績と位置付け、あたかも乙巳《いっし》の変以前から天皇家の人物が仏教興隆を主導したように記録したものと受け止めるべきではなかろうか。

仏教を神祇信仰を補完する第二の国教として扱い、国家の管理下で興隆を推進していた八世紀初頭の段階においては、従来課題とされた天皇の宗教的権威の問題についてはすでに克服され、天皇自身が仏教の興隆を主導していた。その先例を推古朝に求めた際に、天皇家に一人の英雄的人物を構想し、諸業績をその人物に帰結させることによって、律令体制下の天皇が仏教の興隆を主導することが正当なものであることを示そうとしたと考えられるのである。このような経緯で、聖徳太子は、おそらくその実像以上に英雄的な存在に仕立て上げられ、後世の太子に対する信仰を惹起したと推察される。

推古朝において、実質的に仏教興隆の主導権を掌握していたのは蘇我氏であった。聖徳太子の上宮《じょうぐう》王家《おうけ》は、皇極《こうぎょく》二(六四三)年にその息子の山背大兄王《やましろのおおえのおう》が蘇我入鹿《いるか》に攻められて滅亡し、蘇我氏もまた乙巳の変で討滅される。その後、天皇家が政治の主導権を掌握した段階においても、ことさらに聖徳太子の業績を継承したり、聖徳太子ゆかりの斑鳩寺を重視したりするような政策は、いっさい見受けられない。むしろ聖徳太子は、忘れ去られた存在となる。これは『日本書紀』の編纂が推進されていた段階においても同様であった。

この後、聖徳太子の業績が改めて顕彰され、太子の斑鳩宮跡に礼拝施設が設置され、また太子の命日に、太子ゆかりの法華経を講説する聖霊会《しょうりょうえ》が催されるというように、聖徳太子こそが日本の仏教を礎を築いた人物であると認識させるような政策が打ち出されるのは、聖武《しょうむ》天皇の皇后である藤原光明子《こうみょうし》が仏教興隆を主導した、八世紀中葉の天平《てんぴょう》年間を待たなければならなかったのである。

6 太子建立七カ寺と推古《すいこ》朝四十六カ寺を探る

帝塚山大学教授
森 郁夫

『日本書紀』(以下『書紀』と略す)の推古天皇三十二(六二四)年に「この当時、寺四六カ所」があるという有名な文章を記す。また、『上宮《じょうぐう》聖《しょう》徳《とく》法王《ほうおう》帝説《ていせつ》』などには、聖徳太子が法隆寺や四天王寺など七カ寺を建立したという。ここでは、これらの寺々を考えていくことにしよう。

■仏教伝来と寺院造営の動き

欽明《きんめい》朝の五三八年、百済《くだら》から仏教が伝えられた。『書紀』によれば、この時、百済からもたらされたものは金銅の釈迦《しゃか》像、幡《ばん》、経典などであった。わが国の古来の神は姿の見えぬものであった。そこへ金銅仏が入ってきたのである。大きな驚きがあったことであろう。『書紀』では「釈迦仏の金銅像」としか記されていないが、『元興寺《がんごうじ》伽藍《がらん》縁起《えんぎ》并《ならびに》流記《るき》資財帳《しざいちょう》』では「太子像」となっている。それとともに「灌仏《かんぶつ》之《の》器《うつわ》」がもたらされている。その太子像は釈迦の俗名である悉達《しっだ》太子像に違いない。これらと同時に僧侶たちも渡来しているに違いないのであるが、朝廷がそれを直《ただ》ちに受け入れることはなかった。当時のわが国では、朝廷が新たな宗教を受け入れる状況になかったのである。おそらく朝廷と群臣との間に何らかの確執があったのであろう。

仏教を積極的に受け入れようとする立場の蘇我《そが》氏は、当時の東アジア世界の情勢を把握していた。すなわち、東アジア世界の各国はいずれも仏教を取り入れていた。それに対して物部《もののべ》氏と中臣《なかとみ》氏はそうした情勢を熟知していなかったのである。そこに崇仏派と排仏派の争いという形が現れるのである。

仏教が伝えられてから、蘇我氏が大和に飛鳥《あすか》寺を造営するまでに、まったく寺造りが行われなかったのかどうか定かではない。しかし、『書紀』をはじめとする史料には、寺造りに関する記事がいくつか見られる。一つは敏達《びだつ》天皇十三(五八四)年の『書紀』の記事であり、百済から渡来した鹿深臣《かふかのおみ》某がもっていた「弥勒《みろく》石像」と、佐伯《さえき》臣某が所持していた仏像を蘇我馬子《そがのうまこ》が二体とも貰い受けたという。そして司馬達等《しばのたちと》と池辺直氷田《いけべのあたいひた》に仏像を祭ることのできる僧侶を探させ、高句麗《こうくり》から渡来した恵便《えべん》を得た。ただし、この恵便は還俗《げんぞく》僧であると記されている。こうして仏像を得、宅の東に建てた仏殿に弥勒の石像を祭ったところ、司馬達等が舎利《しゃり》を感得《かんとく》した。そのため馬子は飛鳥にある石川の宅に仏殿を営んだ。そして、舎利を祭るために近くの大野の丘の北に塔を建立し、その柱頭《はしらがみ》に舎利を納めたという。柱頭が心柱の頂部なのか、相輪《そうりん》部なのか明らかではない。よく似た説話は『聖徳太子伝暦』にも見えるが、その内容は『書紀』とは異なっている。それは、馬子が手に入れた仏像を祭ったことによって得た舎利のために、塔を建てるに及んで、仏舎利を安置しなければ塔にあらずということから、「塔心柱下」に安んじたとある。

用明《ようめい》天皇二(五八七)年、もともと病弱であった天皇の病が重くなった。その時鞍部《くらつくりの》多須奈《たすな》が天皇のために丈六《じょうろく》の仏像と寺を造ったと言い、その仏像は「今坂田寺《さかたでら》にある」と『書紀』に見えるものの、寺がどこに建立されたのか述べられていない。

また、寺の建立には至っていないが、寺造りの工人が渡来したことが『書紀』の敏達天皇六(五七七)年十一月にあり、その記事によると、「大別王寺《おおわけのおうのてら》」に造仏工や造寺工を留めたことが記されている。大別王はこの年の五月に百済に派遣されている。そして帰朝した時の記事に「百済国王、還使《かえるのつかい》大別王等に付《つ》けて、経論若干巻、并《なら》びに律師《りつし》、禅師《ぜんじ》、比丘尼《びくに》、呪禁師《じゅごんし》、造仏工、造寺工の六人を献《たてまつ》る。遂《つい》に難波《なにわ》の大別王の寺に安置《はべ》らしむ」とある。大別王に関しては大唐の人、あるいは百済の王子などとする説もあるが、実際にはわからない。しかし、その王がすでに難波(大阪市)の地に寺を営んでいたとすれば、難波が文化受容の門戸であるので、すでに小規模な私寺を構えていたとも考えられよう。

飛鳥寺建立

このような経緯の中、崇峻《すしゅん》天皇元(五八八)年に百済から寺造りに関わる工人集団が渡来した。『書紀』によれば寺工《てらだくみ》二人、鑪盤博士《ろばんはかせ》一人、瓦博士《かわら》四人、画工《えだくみ》一人の合計八人の工人たちが渡来した。当時、中国大陸では隋《ずい》が南北の統一を成し遂げる寸前であった。高句麗、新羅、百済も互いに戦っており、朝鮮半島は安定した状況ではなかった。特に百済は新羅との対立が強く、隋からの脅威も身近に感じていた。そのため、わが国と誼《よしみ》を通じるべく寺院造営に関わる技術者を派遣してきたのである。しかし、当時のわが国も安定した状況ではなかった。そのこともあって、本来朝廷にもたらされたものであったが、

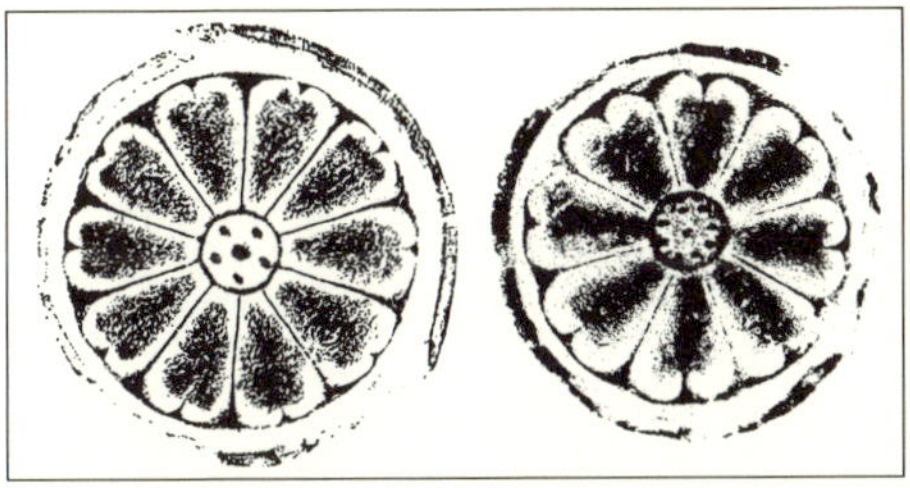

▲（左）軒丸瓦（明日香村・飛鳥寺出土）
（右）軒丸瓦（百済・扶蘇山廃寺出土）

飛鳥寺東金堂の発掘 ▶
（奈良文化財研究所提供）と現在の飛鳥寺

蘇我氏が工人集団を預かり寺造りを始めたのだ。そして建立されたのが大和の飛鳥寺であった。

古代において、仏教寺院は先進文化の宝庫であった。有形・無形の新たな文物が納められていた。寺に居住する僧侶たちは高い学識だけでなく、広い分野にわたる知識をもっており、特殊な技術を会得《えとく》し政治情勢に詳しい者もいた。また、寺院そのものに軍事的要素、防御機能も備わっていた。掘立柱柵《ほったてばしらさく》や高い築地で囲まれている寺院は、まさに防御施設でもあった。

飛鳥寺から出土する創建時の軒丸瓦《のきまるがわら》の中には、扶余《ぶよ》時代百済のものと文様が酷似したものが見られ、百済から寺造りの工人集団が渡来したことを証明している。しかしながら、堂塔の配置、すなわち伽藍《がらん》配置は百済には見られない形なのである。中門から発した回廊《かいろう》で囲まれた中に、塔の東西と北に金堂が置かれている。この配置を「一塔三金堂式」と呼んでいる。高句麗清岩里廃寺《せいがんりはいじ》の伽藍配置が飛鳥寺のそれによく似ているところから、高句麗の伽藍配置に倣《なら》ったものと考えられている。

蘇我氏は古くから渡来人を受け入れており、百済以外からの

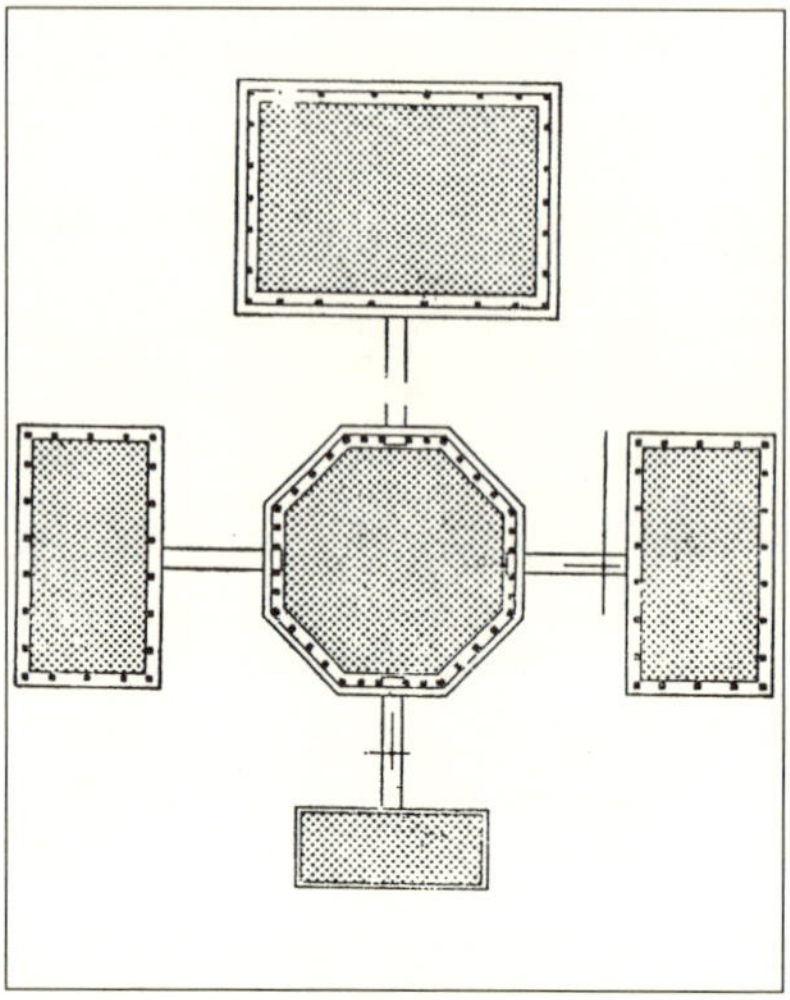

▲ 高句麗・清岩里廃寺伽藍配置

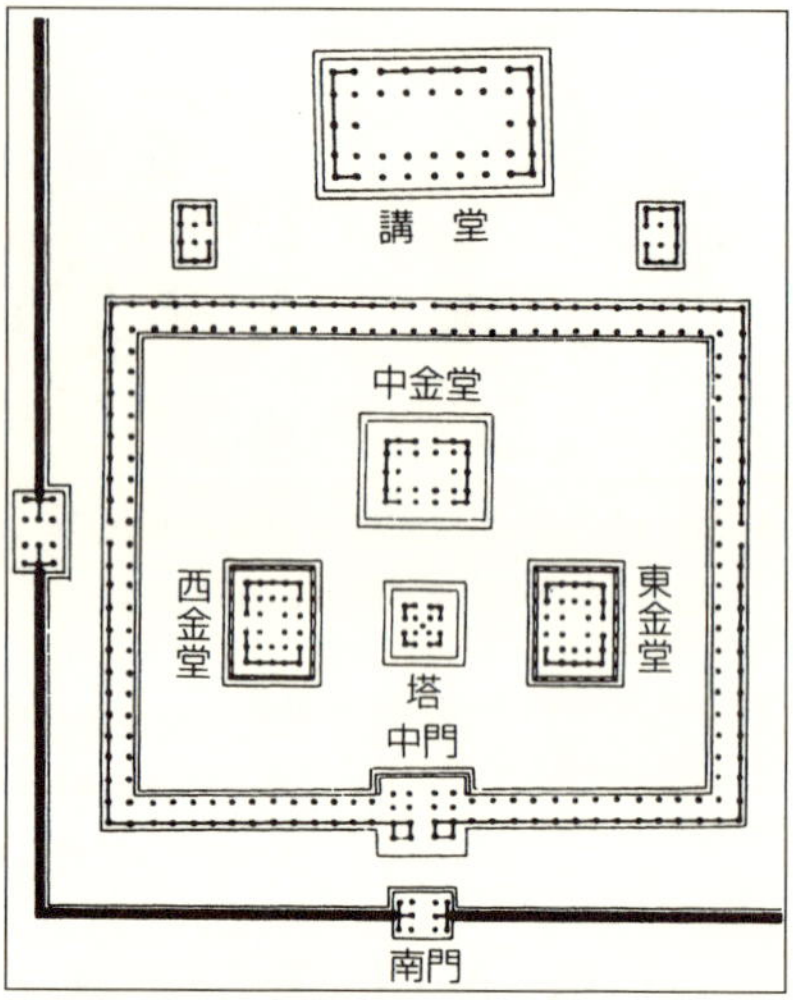

▲ 飛鳥寺伽藍配置

技術もすでに保有していたのではなかろうか。飛鳥寺出土瓦の中には赤褐色《せきかっしょく》のものが目立つ。高句麗の瓦は「赤焼き」なのが特徴であり、造瓦技術の中にも高句麗の要素を取り入れた可能性が認められる。新たな文化が他から入ってくるルートが決して一筋ではないことを示している。

そのような観点からすると、蘇我氏の果たした役割には大きなものがあったと言えよう。

太子建立最初の寺

飛鳥寺に続いて蘇我氏による豊浦寺《とゆらでら》が飛鳥に建立され、次に上宮王家《じょうぐうおうけ》による斑鳩《いかるが》寺、すなわち法隆寺が斑鳩に建立された。この寺の創建年代に関しては、西院伽藍金堂東の間に安置されている薬師如来像の光背《こうはい》銘《めい》によって推古天皇十五(六〇七)年が一つの基準となっている。ここに「太子建立七カ寺と推古朝四十六カ寺」の最初の寺が建立されたのである。

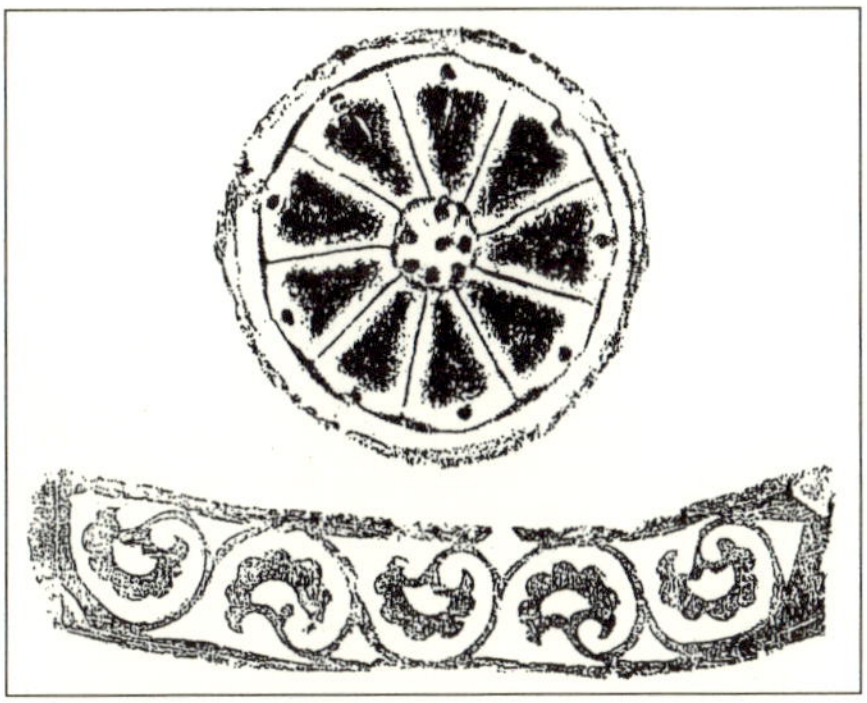

▲ 軒丸瓦・手彫忍冬文軒平瓦
（斑鳩町・若草伽藍）

この最初の寺にはいくつかの名がある。さきにふれた斑鳩寺、法隆寺の他に若草《わかくさ》伽藍の名でも呼ばれている。この寺が天智《てんじ》天皇九（六七〇）年に焼亡してしまったことに関しては、周知の事実であろう。太子建立の法隆寺、すなわち若草伽藍の跡は発掘調査によって、昭和十四（一九三九）年に確認された。それは塔と金堂とが南北に配置される四天王寺《してんのうじ》式伽藍配置をとるものであった。出土の瓦類からみても明らかに七世紀初頭に建立された寺院であった。

このことによって、約半世紀の間続いた法隆寺再建・非再建論争は再建されたということで、一応の終止符が打たれたのである。

昭和四十三・四十四年の両年度に行われた発掘調査によって、金堂と塔の造営順序が明らかになった。すなわち、土層の観察によって金堂基壇《きだん》の工事が先行したことが確認されたのである。また、塔心礎《とうしんそ》が地下深く据《す》えられる地下式ではないことも明らかになった。心礎上面が基壇上面とほぼ同じか、それよりやや高い位置にあったと推定されるのである。これは七世紀前半に営まれた寺院の心礎の位置としては、異色のものである。若草伽藍で、その創建時に忍冬文《にんどうもん》を施《ほどこ》した軒平瓦《のきひらがわら》が使われたことも特筆すべきことである。飛鳥寺以来、七世紀初頭に建立された寺院では軒平瓦が使われていない。これは、瓦生

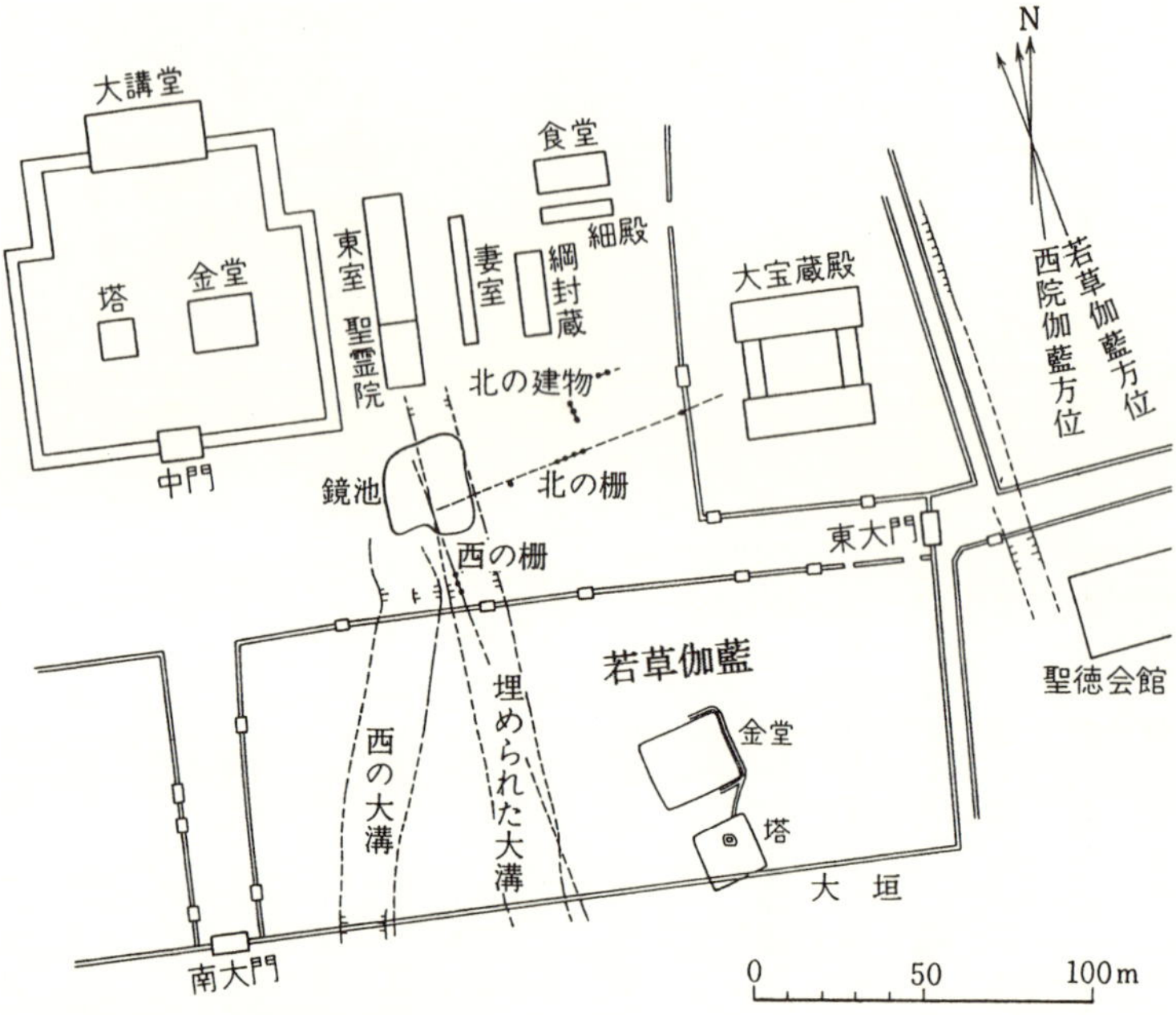

▲ 若草伽藍と西院伽藍の配置

産の技術を伝えてくれた百済に、文様を施した軒平瓦がなかったからである。若草伽藍の軒平瓦は、文様面に忍冬文を直接彫刻したもので、「手《て》彫《ぼり》忍冬文《にんとうもん》軒《のき》平瓦《ひらがわら》」と呼んでいる。

昭和五十三年度から進められた防災施設工事に伴う発掘調査では、寺域の西辺と北辺を区画する掘立柱柵が検出された。この成果によって、若草伽藍域の復元が可能になった。

平成十六年度の法隆寺南大門前面整備に伴う、斑鳩町教育委員会による発掘調査では、焼けた痕跡を示す壁画片が多数出土した(一一〇ページ)。若草伽藍においても、西院伽藍と同様に堂内荘厳《しょうごん》がきちんと行われていたことが明らかにされた。

■太子建立の七カ寺

創建法隆寺以外、太子が建立した寺院はどこであろうか。「太子建立七カ寺」を記す史料は『法隆寺伽藍縁起并《ならびに》流記《るき》資財帳』『上宮聖徳法王帝説《じょうぐうしょうとくほうおうていせつ》』『上宮聖徳太子伝補闕記《ほけつき》』『上宮皇太子菩薩伝《ぼさつ》』『聖徳太子伝私記』（以下それぞれ、『法隆寺資財帳』『法王帝説』『補闕記』『菩薩伝』『私記』と略す）である。

これらのうち年代の古いものは『法隆寺資財帳』『法王帝説』の一部であり、奈良時代に成立したものである。どちらの史料も太子薨後《こうご》百年を経過しており、史実を伝えているとは言えない。しかし、太子信仰の高まりの中での編纂《へんさん》であるので、まったく太子との関わりがないわけではない。直接のつながり、すなわち太子発願の寺としては、斑鳩では中宮寺《ちゅうぐうじ》であろう。

中宮寺の縁起はさほど明らかではないが、縁起の一つに太子の母、穴穂部間人皇后《あなほべのはしひとのひめみこ》追善のために聖徳太子が発願したというものがある。現在の中宮寺は法隆寺東院伽藍の東に接しているが、創建時の寺は約五百メートル東に建立された。一九六三年の発掘調査で、搭と金堂が南北に配置される四天王寺式伽藍配置であったことが確認された。建立以来改修工事があったようで、金堂基壇が鎌倉時代にも補修がなされていたことが明らかにされている。注目すべきは、心礎上面からガラス玉、金糸、金銅耳環《じかん》などを含む舎利《しゃり》荘厳具が発見されたことである。心礎には舎利孔《こう》が穿《うが》たれていないので、舎利は心柱のどこかに孔を穿って納められたか、あるいは相輪部に納められたものと考えられる。また荘厳具は心柱の基壇内の部分に小孔を穿って納められたのである。基壇内の心柱が次第に腐朽《ふきゅう》していく段階で、少しずつこぼれ落ち最後に心礎上面に散乱したものと考えられる。

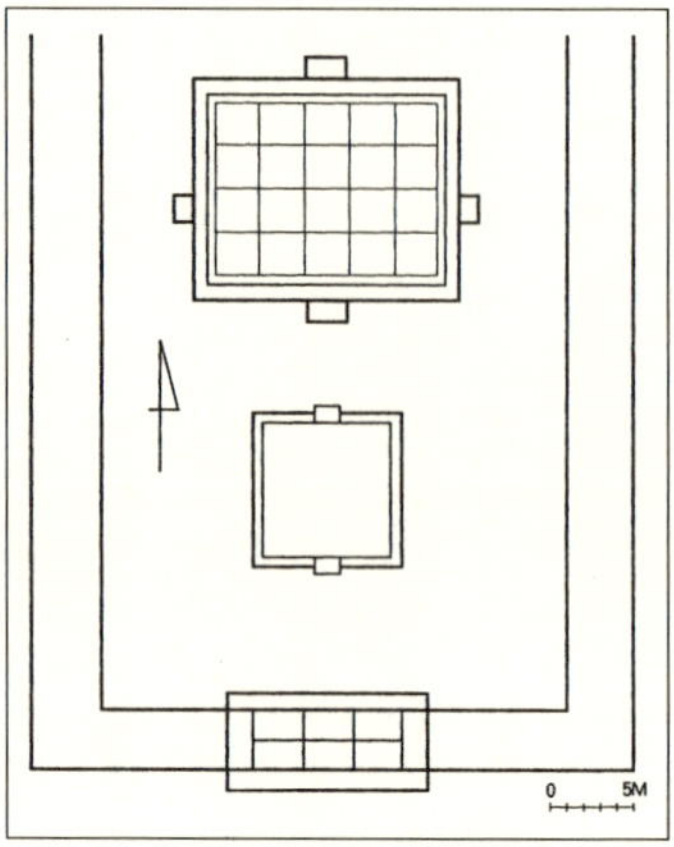

▲ 百済・扶蘇山廃寺伽藍配置

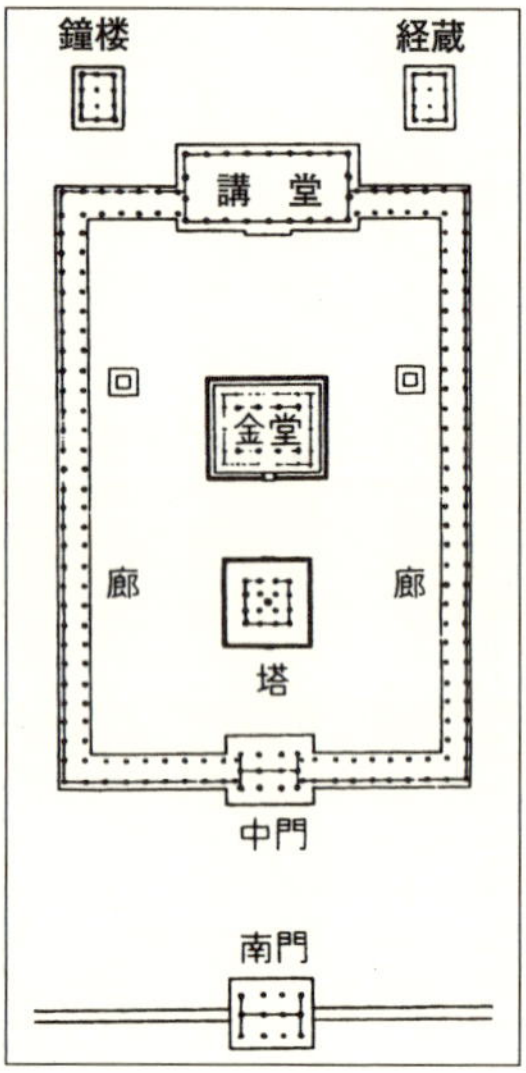

四天王寺伽藍配置 ▶

太子建立七カ寺として確実なものに、四天王寺(大阪市天王寺区)をあげることができる。四天王寺の縁起も複雑であるが、一般に知られているものは『書紀』に記されているものであろう。蘇我・物部の戦いがあった用明《ようめい》天皇二(五八七)年、太子が加わっていた蘇我氏側の戦いが不利になった際に、太子が白膠木《ぬりで》の木を削って四天王の像を作り、これを髪に挿《さ》して「戦いに勝利することができたならば、四天王の為に寺を建てよう」と誓ったとある。そして『書紀』には「乱平《たいら》ぎし後、摂津国《せっつのくに》に四天王寺を造る」とある。四天王寺の伽藍配置は百済の要素である。

四天王寺建立に関する多くの史料には「初め玉造《たまつくり》岸上に造り、後に荒陵《あらばか》に移した」という主旨の記事が見える。玉造の地は難波宮(大阪市中央区)が営まれた所であり、前期難波宮跡の下層から四天王寺創建時の軒丸瓦が出土していることに興味がひかれる。ここは古代の難波津に近い位置にあり、いわば要衝《ようしょう》の地である。そのような地に太子が注目して、四天王寺を建立したものとも考えられる。その後、大化の改新推進のために四天王寺を南の荒陵の地に移建し、難波宮が造営されたとは考えられないだろうか。

太子建立七カ寺とされる寺々

太子建立七カ寺を記したさきの史料では、『法隆寺資財帳』『法王帝説』『補闕記《ほけつき》』が共通して法隆寺、四天王寺、中宮寺、橘寺《たちばなでら》、蜂岳寺《はちおかでら》、池後《いけじり》(尼)寺、葛木《かつらぎ》(尼)寺をあげている。『菩薩伝』は池後寺、蜂岳寺に替えて大官寺《だいかん》、般若寺《はんにゃ》を入れ、『私記』は蜂岳寺に替えて定林寺《じょうりん》を入れている。これらの寺々は、太子信仰の高まりと共に太子建立の寺とされたのである。さきの史料で、共通する寺から見ていこう。

橘寺(奈良県高市郡《たかいち》明日香村)は太子誕生の地の寺ということで信仰の対象にもなっている。父の用明天皇は太子をたいへん愛しみ、宮殿の南上の大殿に住まわせたので、太子を上宮廐戸豊聡耳皇子《じょうぐうまやとのとよとみみのみこ》と呼ぶのだと記され、その地は今の橘尼寺のことであるという伝えもある。寺域内では発掘調査が数回行われており、東向きの四天王寺式伽藍配置であることが確認されている。東向きの伽藍配置という古代寺院はきわめて珍しく、全国でも数例しか見られない。塔心礎も他に類例に少ないものであり、円形の柱座の三方に半円形の副柱座が穿たれている。中宮寺と同様に地下式心礎であり、柱の根元を固定する施設として副柱を三方に立てたのである。この寺に関しては『書紀』天武天皇九(六八〇)年に橘寺の尼房十房が火災にあったとの記事がある。この記事によって橘寺が尼寺であることが明らかであること、この頃までに尼房も完成していたことが知られる。そして出土軒丸瓦に飛鳥寺創建時のものに酷似した

▲聖徳太子誕生の地と伝える橘寺（明日香村）

ものもあり、少なくとも七世紀前半に造営工事が始められていたことが明らかである。しかし、太子建立の寺には結びつかない。

蜂岳《はちおか》寺は広隆《こうりゅう》寺（京都市右京区太秦《うずまさ》）のことである。広隆寺に関しては、かねて山背《やましろ》の北野廃寺《きたのはいじ》との関連が問題視されている。それは北野廃寺が広隆寺の前身寺院という見方が存在することである。秦《はた》氏によって建立された北野廃寺が、ある時期に移建されて広隆寺になったとの考え方である。それとは別に、北野廃寺と広隆寺とは別個の寺院であるとの考え方が一方にある。北野廃寺では幾度か発掘調査が行われているが、検出された建物遺構が少なく、広隆寺での中心部の発掘調査も行われていない。このようなことから、両者の関係は明らかにされていない。しかし、両者とも秦氏にかかわりの深い寺であり、秦氏と聖徳太子との関係から太子建立七カ寺の一つにあげられたのであろう。

池後《いけじり》（尼）寺（斑鳩町）は太子が法華経《ほけきょう》を講じたとされる岡本宮の跡であると伝えられている。そのことから岡本寺の名もある。『私記』に見える「法起《ほうき》寺塔露盤《ろばん》銘文」には、太子が亡くなる間際に山背大兄王《やましろのおおえのおう》に遺言し、岡本宮の建物を喜捨《きしゃ》して寺とするよう願ったとある。したがって、太子発願に当たるとはいうものの、太子建立の寺とはならない。露盤銘文によると、舒明《じょめい》天皇十（六三八）年に福亮僧正《ふくりょうそうじょう》によって本尊の弥勒《みろく》像と金堂が建立された。そして天武《てんむ》天皇十三(六八四)年に恵施《えせ》僧正によって「堂塔」が建てられたとある。「堂塔」を「宝塔」の誤りとする見解も見られるが、金堂建立から塔の造営まで四十七年を要している。寺院造営事業に長い年月を要するとはいえ、これはいかにも長すぎる。このことに関しては、上宮王家滅亡という事態があったからと考えられる。皇極《こうぎょく》天皇二(六四三)年に、皇位継承をめぐって山背大兄王と確執《かくしつ》のあった蘇我入鹿《そがのいるか》は軍勢を差し向けて斑鳩宮を襲わせ、これを焼亡させた。いったん生駒山《いこまやま》に逃れた大兄王一族は、斑鳩寺に入って自経して果てたのである。これは法起寺の金堂を建立したと伝える六三八年の五年後のことである。おそらく、この事件のために法起寺の造営工事は中断したのであろう。

葛木《かつらぎ》(尼)寺は和田廃寺(奈良県橿原市《かしはら》)がそれであると考える向きが多い。それは『続日本紀《しょくにほんぎ》』光仁《こうにん》天皇即位前紀に、葛城寺が豊浦《とゆら》寺の西北または西に当たるような表現が見られることから、和田廃寺の位置がこれにふさわしいと考えられているからである。『法王帝説』には葛木寺を「葛木臣に賜《たま》う」という注釈が付けられている。太子と葛木(城)氏との関係は、用明天皇の妃が生んだ当麻王《たぎまのみこ》が、太子の異母弟に当たるという程度である。

▲ **中宮寺跡(斑鳩町)**　現中宮寺の東方約500メートルの地に創建時の中宮寺があった。現在は基壇が残るのみである。

『菩薩伝』にあげられている大官寺は大官大寺《だいかんだいじ》（奈良県明日香村）のことであろうが、この寺と太子との直接の関係は認められない。般若寺《はんにゃじ》に関しては、尼寺《にんじ》廃寺南遺跡（香芝市《かしばし》）の可能性もあるが、これもまた太子との関係は認められない。『私記』にあげられている定林寺《じょうりんじ》（〈跡〉明日香村）は七世紀初頭に建立された可能性を認めることができるが、太子との関係は明らかでない。

太子建立四十六カ寺

『書紀』の推古天皇三十二（六二四）年条に、「是の時に当りて、寺四十六所、僧八百十六人、尼九百六十九人、并て一千三百八十五人有り」とある。七世紀前半の第1四半期に四十六の寺がすでに建立されていたと記されている。そして『古今目録抄《こきんもくろくしょう》』『法空抄』『松誉抄』などには、太子建立の寺は四十六か寺と記されている。この記事には寺や僧侶の数が具体的に記されており注目すべきことであり、これらの数はほぼ信頼できるものと考えられる。推古朝の仏教政策の推進によって、寺や僧侶の数が増えたことを示しているのである。ただ、四十六の寺々がすべて飛鳥寺のような七堂伽藍が整った寺ばかりではなかったろう。一宇一院という寺が含まれていたとしても不思議ではない。たとえば司馬達等が坂田原に草堂を営んだというような、簡単なものもあったろうし、蘇我氏が飛鳥の向原《むくはら》の家を寺にしたり、宅の東に仏堂を建てたというような捨宅寺院《しゃたくじいん》もあったろう。

いずれにせよこの記事に示された数は、朝廷に報告されたものであり、とくに潤色されたものではない。僧尼に関しても同様である。正式な得度の制が整っていなかったこの時代、正式な僧尼とそうでない。

い者との区別はつけにくかった。本人からの僧侶である、尼僧であるとの返答にもとづいての報告だったのであろう。

このように寺や僧尼が増えたのは推古天皇二(五九四)年二月の三宝興隆《さんぽうこうりゅう》の詔《みことのり》によるものと考えられる。『法王帝説』には、太子と蘇我馬子が共に三宝を興隆したとある。『書紀』は天皇主導であるが、『法王帝説』にあるように、太子信仰にもとづく「太子建立四十六カ寺」成立の事情があろう。また、『書紀』には推古天皇十四(六〇六)年に太子が天皇の要請で「勝鬘経《しょうまんきょう》」を講じ、さらに岡本宮で「法華経」を講じたとある。このことに関しては不明な点が多いが、推古朝の仏法興隆の反映であろう。

平成十五年、帝塚山大学考古学研究所において「推古朝の四十六カ寺」のシンポジウムを開催したことがある。その際には七世紀第1四半期(六〇〇～六二五年)に建立され法灯《ほうとう》を今に伝えている寺、遺跡が確認されている寺を合わせて三十数か寺をあげることができた。すでに遺跡としても残っていない寺を含めれば推古朝の「四十六カ寺」は確かなものであったと考えられる(次表)。

寺名	所在地
飛鳥《あすか》寺	奈良県高市《たかいち》郡明日香《あすか》村飛鳥
豊浦《とゆら》寺	奈良県高市郡明日香村豊浦
坂田《さかた》寺	奈良県高市郡明日香村坂田
橘《たちばな》　寺	奈良県高市郡明日香村橘
奥山《おくやま》廃寺	奈良県高市郡明日香村奥山
檜隈《ひのくま》寺	奈良県高市郡明日香村檜前《ひのくま》
和田《わだ》廃寺	奈良県橿原《かしはら》市和田町
日向《にっこう》寺	奈良県橿原市南浦町
法隆《ほうりゅう》寺	奈良県生駒《いこま》郡斑鳩町法隆寺
法起《ほうき》寺	奈良県生駒郡斑鳩町岡本
中宮《ちゅうぐう》寺	奈良県生駒郡斑鳩町幸前町
平隆《へいりゅう》寺	奈良県生駒郡三郷《さんごう》町勢野《せや》東
西安《さいあん》寺	奈良県北葛城《きたかつらぎ》郡王寺《おうじ》町舟戸
片岡王《かたおかおう》寺	奈良県北葛城郡王寺町本町
長林《ちょうりん》寺	奈良県北葛城郡河合《かわい》町穴闇《なぐら》
只塚《ただづか》廃寺	奈良県葛城市染野字只塚
巨勢《こせ》寺	奈良県御所《ごせ》市古瀬字大口
願興《がんこう》寺	奈良県天理《てんり》市和爾町宮の前
比蘇《ひそ》寺	奈良県吉野郡大淀《おおよど》町比曽

て』帝塚山大学考古学研究所、2004年より作成）

海龍王寺《かいりゅうおうじ》前身寺院	奈良市法華寺町
横井《よこい》廃寺	奈良市藤原町横井
四天王《してんのう》寺	大阪市天王寺区元町
新堂《しんどう》廃寺	大阪府富田林《とんだばやし》市新堂
龍泉《りゅうせん》寺	大阪府富田林市龍泉
衣縫《いぬい》廃寺	大阪府藤井寺《ふじいでら》市国府衣縫
船橋《ふなはし》廃寺	大阪府藤井寺市船橋
高麗《こま》寺	京都府木津川《きづがわ》市上狛
北野《きたの》廃寺	京都市上京区北野町
広隆《こうりゅう》寺	京都市右京区太秦
久世《くぜ》廃寺	京都府城陽《じょうよう》市正道
鞆岡《ともおか》廃寺	京都府長岡京《ながおかきょう》市大字友岡
里《さと》廃寺	京都府相楽《そうらく》郡精華《せいか》町下狛里
正道《しょうどう》廃寺	京都府城陽市正道
衣川《きぬがわ》廃寺	大津市堅田衣川町西羅
前期穴太《あのう》廃寺	大津市穴太二丁目・唐崎四丁目
大別王《おおわけおう》寺	『日本書紀』敏達天皇六年条
大野丘北塔《おおののおかきたのとう》	『日本書紀』敏達天皇十四年条
石川精舎《いしかわしょうじゃ》	『日本書紀』敏達天皇十三年条

▲ 推古朝四十六カ寺の候補（シンポジウム報告書『推古朝の四十六か寺をめぐっ

①**法隆寺**　南大門の築地屏の南側（右）から創建法隆寺（斑鳩寺）の焼け跡のある壁画片が検出された（⇨p. 110）。

②**法起寺**　三重塔を望む。

③**平隆寺**　平群《へぐり》氏の氏寺とも考えられる。境内からは中宮寺と同形式の丸瓦（飛鳥時代前半）や法隆寺式軒瓦（飛鳥時代後半）が出土する。現融通念仏宗《ゆうづうねんぶつしゅう》。

④**西安寺**　現在は廃寺となり、寺域には舟戸神社が鎮座する。法隆寺式伽藍配置かと推定されている。

⑤**片岡王寺**　現在は放光寺《ほうこうじ》と称し、黄檗《おうばく》宗《しゅう》である。四天王寺式伽藍配置と推定され、斑鳩寺と同文様の軒丸瓦も採集されている。

⑥**長林寺**　現在は黄檗宗。法起寺式伽藍配置である。金堂跡が検出され「長倉寺」と刻んだ瓦も出土。本堂手前は三重塔と考えられる塔心礎（移動）である。

7

廐戸皇子の薨去《こうきょ》

京都教育大学名誉教授
和田　萃

廐戸《うまやと》皇子(五七四～六二二)の生涯をたどると、推古《すいこ》十三(六〇五)年十月の斑鳩宮《いかるがのみや》への移住を境として、大きく変化したようである。『日本書紀』に基づいて、その生涯を簡略に追い、斑鳩宮移住後の上宮《じょうぐう》王家や、南河内《みなみかわち》の磯長《しなが》墓について若干の検討を加えてみたい。なお以下、一部を除き廐戸皇子として記述を進める。聖徳太子という尊称は、廐戸皇子の薨去後に生じたことに基づく。

廐戸皇子の生涯

推古元(五九三)年四月、廐戸皇子は皇太子となり、推古天皇を補佐して万機《ばんき》を総覧《そうらん》(「政《まつりごと》を録摂《ふさねつかさど》る」)するようになった。同二年二月、推古天皇は廐戸皇子と蘇我大臣馬子《そがのおおおみのうまこ》に詔し、三宝興隆《さんぽうこうりゅう》を命じる。廐戸皇子は後に斑鳩寺(若草伽藍《わかくさがらん》)を造立し、また大臣馬子は崇峻《すしゅん》朝からすでに蘇我氏の氏寺《うじでら》である法興《ほうこう》寺(明日香村・元興《がんごう》寺。七世紀中頃から飛鳥《あすか》寺と称されるようになった)の造営を開始しており、推古四年十一月に堂宇《どうう》が完成、以後、諸仏像の製作や内陣の荘厳が進められたと想像され、推古十四年(「元興寺縁起」に引く「丈六《じょうろく》光銘」によれば推古十七年)に至って落成した。

推古九年十一月に新羅《しらぎ》征討軍が興されるが、同十年二月に廐戸皇子の弟の来目皇子《くめのみこ》を征大将軍に、また来目皇子薨去後は、異母弟の当麻皇子《たいまのみこ》を征新羅将軍に任命していることからみて、この遠征は廐戸皇子が推進したものと考えられる。推古十一年十二月の冠位《かんい》十二階や同十二年四月の憲法十七条は、廐戸皇子により制定された。前者については、従来の氏姓制度に依らない新たな官人登用を目指したものであるから、敏達《びだつ》即位とともに大臣に就任した蘇我大臣馬子によるものとは考えにくい。後者は廐戸皇子によって制定されたことが確実である。

憲法十七条の第八に、朝参についての規定が見え注目される。周知のように、推古八年の第一回遣隋使については「隋書《ずいしょ》」倭国伝《わこくでん》にのみ見え、『日本書紀』には記述がない。そのため、その発遣主体や『日本書紀』に見えない理由について、種々の議論がなされている。しかし憲法十七条第八に朝参《ちょうさん》が規定されていることは、第一回遣隋使による倭国の慣行(夜明け前に政務を終える)についての奏上《そうじょう》に対し、隋の文帝《ぶんてい》の批判がみえており、それを踏まえての朝参の採用であったと認めうる。したがって第一回遣隋使は、廐戸皇子による発遣であったとみてよい。『日本書紀』に記事がみえないのは、倭国の後進性を隠蔽《いんぺい》せんとした『日本書紀』編者らによって、意図的に除かれたものと考える。

推古九年二月から斑鳩宮の造営が開始され、同十三年九月に廐戸皇子は斑鳩宮に移った。近年の研究により、斑鳩地域では大規模な開発が行われたことが判明している。真北から西へ約二十一度振った方位、あるいはそれに直交する方位の道路・水路が敷設され、それらに基づいて斑鳩宮やその西方域に斑鳩寺(法隆寺の前身である若草伽藍)が造営された。また同時に、斑鳩と飛鳥を結ぶ直線道(筋違道《すじかい》・太子

▲保津・宮古遺跡で検出された筋違道の側溝（田原本町教育委員会提供）　幅3メートルほどの溝が検出された。筋違道の地割に一致し、道路西側の側溝と考えられる。

道）も敷設された（一一一ページ）。

筋違道は、現状では斑鳩町高安《たかやす》〜田原本町《たわらもと》保《ほ》津《つ》の間に残っているが、保津・宮古《みやこ》遺跡の第十四次調査で、さらに道路が東南に延びていたことが判明した。多《おお》神社（田原本町多に鎮座）の東方域に、筋違道と同方位の道路痕跡がわずかに残っていることから、田原本町保津〜多神社付近の間にも筋違道を想定することが可能である。推古九年五月の耳梨行宮《みみなしのかりみや》への行幸も、筋違道造営に関わる可能性が大きいので、耳成《みみなし》山西方の橿原《かしはら》市新賀《しんが》町付近まで延びていたと推定している。その先は、奈良時代の条里《じょうり》制地割の施行やそれ以前に行われた大藤原京の造営により、筋違道は削平されたと推測されるが、最終的には飛鳥の小墾田宮《おはりだのみや》（明日香村・雷丘《いかづちのおか》の東方域に想定）に至るまで、敷設されていたものと推定される。

■斑鳩移住後の廐戸皇子

『法王帝説』(『上宮聖徳法王帝説《じょうぐうしょうとくほうおうていせつ》』)や『上宮記』(『聖徳太子平氏伝雑勘文』に引く「上宮記下巻注」の逸文)によれば、廐戸皇子には、正妃の菟道貝鮹皇女《うじのかいだこのひめみこ》(敏達天皇皇女。母はその皇后であった推古天皇)のほか、菩岐々美郎女《ほききみのいらつめ》(膳臣傾子《かしわでのおみかたぶこ》の女)、刀自古郎女《とじこのいらつめ》(蘇我大臣馬子の女)、位奈部橘王《いなべのたちばなのおおきみ》(尾張《おわり》皇子の女。尾張皇子は敏達天皇皇子、母は推古天皇)の三人の妃がいた。廐戸皇子と正妃の菟道貝鮹皇女との間には子に恵まれなかったが、菩岐々美郎女は八人、刀自古郎女は四人、位奈部橘王は二人、計十四人の子女を儲けている。廐戸皇子は、四人の妃とその所生の子女らと共に、斑鳩の地に移り、妃たちはそれぞれ宮を営んだ。廐戸皇子の一族を上宮王家《じょうぐうおうけ》という。

廐戸皇子を中心とする上宮王家は、大王家に匹敵する勢力を有していた。大王家とは、敏達の皇子である押坂彦人大兄皇子《おしさかのひこひとのおおえのみこ》・難波皇子《なにわのみこ》・春日皇子《かすがのみこ》・大派皇子《おおまたのみこ》らの家系を指す。上宮王家は多くの王子女を要すとともに、水陸交通の要衝である斑鳩を本拠とし、その所領も西日本各地に所在したことから、財力に富む大勢力に成長した。上宮王家が飛鳥の地を離れて斑鳩に拠点を移したことを契機に、大王家との間に微妙な対立が生じ、延《ひ》いては廐戸皇子の政治的孤立化が進んだのではないだろうか。

初めにも述べたように、『日本書紀』による限りでは、上宮王家が斑鳩へ移って以後、廐戸皇子の姿はほとんど見えなくなる。わずかに以下の記事が見えるにすぎない。推古十四年七月、推古天皇の要請で勝鬘経《しょうまんきょう》を講じ(『法王帝説』では、推古六年のこととする)、また同年に斑鳩の岡本宮で法華経《ほけきょう》を講説した。天皇は大いに喜び、播磨国《はりまのくに》(兵庫県)の水田百町を廐戸皇子に賜ったので、廐戸皇子はそれを斑鳩寺に施入した。推古十五年二月には、廐戸皇子と蘇我大臣馬子は、百寮《ひゃくりょう》の人々を率いて神祇を祀った。推古二十一年十二月には、廐戸皇子は大和の片岡《かたおか》に遊行して飢えた人と出会い、その人物を真人《ひじり》(道家《どうけ》でいう神仙《しんせん》)であることを見顕したとみえるが、聖徳太子信仰に基づく伝承的記事にすぎない。推古二十八年には、大臣馬子と共に天皇記・国記・臣連伴造国造百八十部《おみむらじとものみやつこくにのみやつこももあまりやそとものを》并《あわせ》て公民等本記《おおみたからどもほんき》を録した。

この天皇記以下の史書を録したとの記事は、編纂が完成したことを示すのではなく、この年に編纂事業が開始されたことを意味する。同様の事例として、天武《てんむ》十年三月、天武天皇は川嶋《かわしまの》皇子《みこ》以下十二人に命じて、帝紀《ていき》および上古諸事を記定させたとみえるが、これも編纂開始を示している。ところで廐戸皇子は、その一、二年のうちに薨去したから、その事業には実質的にほとんど関与することなく、名目上の編纂責任者にすぎなかったと考えられる。そのように推測するのは、天皇記・国記に言及する、次の史料に基づく。

皇極《こうぎょく》四(六四五)年六月十二日に乙巳《いっし》の変が起き、当時、最高権力者であった蘇我臣入鹿《いるか》が飛鳥板蓋《あすかいたぶきの》宮《みや》で殺害された。翌十三日、入鹿の父、蘇我大臣蝦夷《えみし》は甘樫丘《あまかしのおか》にあった「上《うえ》の宮門《みかど》」に火を放ち、天皇記・国記・珍宝を火中に投じて自尽した。その際、王辰爾《おうじんに》の後裔である船史《ふねのふひと》恵尺《えさか》(恵釈とも。「船首《ふなのおびとの》王後墓誌《おうごのぼし》」にみえる王後の血族か)が火中に飛び込み、かろうじて国記を取り出して中大兄《なかのおおえの》皇子《みこ》に献じた。恵尺はなぜそうした行為を取ったのだろうか。天皇記・国記等の編纂実務に携わり、それらの価値を十分に認識していたからだと思われる。以下、憶測を重ねると、推古二十八年に開始された天皇記以下の史書の編纂事業は、廐戸皇子の薨去後、大臣馬子のもとで継続され、馬子の没後は大臣蝦夷がそれを継承し、蝦夷の邸宅内で行われていた可能性がある。そして当時、その実務に当たっていたのが、蘇我氏と深い関わりをもつ船氏出身の恵尺だったのでは、と考える。

もう少し廐戸皇子の姿を追ってみよう。上宮王家が斑鳩に拠点を移して後のことになるが、推古十六年四月に遣隋使小野妹子《おののいもこ》の一行が帰国した。その際、隋の使者斐世清《はいせいせい》らの一行も来日し、難波《なにわ》から大和《やまと》に至り、三輪山《みわやま》西南麓の海石榴市《つばいち》(桜井市粟殿《おうどの》付近に推定)のチマタ(衢)で、額田部臣比羅夫《ぬかたべのおみひらふ》の率いる飾騎《かざりうま》七十五匹に迎えられた。海石榴市のチマタでは、三輪山の麓を北に延びる山辺《やまのべ》の道、三輪山南側の初瀬《はつせ》谷を東にたどり、宇陀《うだ》(奈良県)・伊賀《いが》をへて伊勢《いせ》(以上三重県)へ至る道、西に延びて河内《かわち》(大阪府)と大和の国境の二上山《ふたがみやま》の麓へ至る道(推古二十一年に横大路《よこおおじ》として整備される)、西南に延びる紀路《きじ》が交わる地点であったことから、チマタ(道と道とが交わる所)と称された。また、すぐ近くに初瀬川(河川法では大和川本流)が西北方向へ流れ、河港があった。

斐世清らの一行は、難波から河内湖や旧大和川を遡り、いったん、陸路で龍田《たつた》山を越えた後、斑鳩付近から川舟で大和川を遡り、海石榴市の河港に至ったかと推定される。そこから山田道をとり、飛鳥の小墾田宮《おはりだのみや》に到った。小墾田宮における斐世清の国書捧呈《ほうてい》の次第や、参列した皇子・諸王・諸臣らの姿は詳しく記述されているが、廐戸皇子の姿はない。推古十八年十月に新羅・任那《みまな》の使者らが海石榴市で迎えられ、小墾田宮で使いの旨を奏上した折の記述も詳しいが、ここでも廐戸皇子の姿はみえない。皇太子だったからと言えなくもないが、推古天皇が女帝であったから、なおのこと、皇太子の廐戸皇子が倭国の実質的な指導者として、その場に姿を現わすべきだったと思う。

推古二十年二月、欽明《きんめい》天皇の皇太夫人であった堅塩媛《きたしひめ》（蘇我大臣稲目《いなめ》の女）を、欽明の檜隈大陵《ひのくまのおおみささぎ》に改葬した。その際、すぐ北の軽《かる》（橿原市大軽《おおかる》町の一帯）のチマタで大規模な誄《しのびごと》儀礼が行われ、まず最初に阿倍内臣鳥《あべのうちのおみとり》が推古天皇（欽明天皇皇女。母は堅塩媛）の追悼《ついとう》の辞を誄し、次いで皇子たちが順次、誄を奉った。諸皇子には、堅塩媛所生の皇子のほか、その子で即位した用明《ようめい》・推古の皇子など、蘇我氏の血筋を引く皇子が誄したのだろう。当時の身分からすれば、まず皇太子の廐戸皇子が最初に誄すべきかと思われるが、その姿はみえない。

以上の検討を踏まえると、斑鳩移住後の廐戸皇子は公的な場に姿を現しておらず、推古朝における政治の総覧者としての姿を欠き、仏教経典の研究や仏教信仰に沈潜していたとの印象を受ける。その理由が奈辺にあったのか不明であるが、政治的には岳父《がくふ》でもあった蘇我大臣馬子との対立が、その背景にあったかと思われる。

■廐戸皇子の薨去と磯長《しなが》墓

廐戸皇子は、推古三十年（壬午《じんご》年。六二二年）二月二十二日に薨じた。「天寿国繍帳銘《てんじゅこくしゅうちょうめい》」「法隆寺金堂釈迦如来像光背銘《こうはいめい》」『法王帝説』など、いずれも同年二月二十二日薨去と記す。もう少し詳しく述べると、法隆寺金堂釈迦如来像光背銘と『法王帝説』では、「法興《ほうこう》元世一年（世は卅の誤り）歳次辛巳《しんし》（推古二十九年十二月」に、鬼前大后《かむさきのおおきさき》（廐戸皇子の母、穴穂部間人皇女《あなほべはしひとのひめみこ》）が薨じ、明年（壬午年）正月二十一日に上宮法王（廐戸皇子）が重態となった。干食《かしわで》王后（膳《かしわで》大后。菩岐々美郎女《ほききみのいらつめ》）は看護に努めたが、王后もまた床につくようになって二月二十一日に亡くなり、翌二十二日に法王も薨じたとする。天寿国繍帳銘では、廐戸皇子と妃の菩岐々美郎女の入滅日時については同様であるが、穴穂部間人皇女の薨去年月を欠く。

法興年号は私年号で、前記の事例と『伊予《いよ》国風土記』逸文にのみ見える。法隆寺金堂釈迦如来像光背銘では、辛巳年を法興卅一年とするから、法興元年は崇峻《すしゅん》四(五九一)年となるが、三宝興隆の画期となった年とする記事はない。銘文には、上宮法王の用語がみえるから、廐戸皇子薨去後に生じた私年号だろう。あるいは法興寺(飛鳥寺)との関わりで生じた私年号かもしれない。

ところが『日本書紀』では、推古二十九(辛巳年)年二月五日の夜半に、廐戸皇子は斑鳩宮で薨じたとする。穴穂部間人皇女や菩岐々美郎女についての言及はない。『日本書紀』と類似する史料に、『聖徳太子伝暦』がある。推古二十九年春二月に、斑鳩宮にあった太子は妃と共に遷化したとする。日時は記さない。『聖徳太子伝暦』については、延喜十七(九一七)年九月に藤原兼輔《ふじわらのかねすけ》が撰録したとされるが、法隆寺僧・顕真《けんしん》の『聖徳太子伝古今目録抄』(『聖徳太子伝私記』)の記載に基づき、現行本の成立を正暦《しょうりゃく》三(九九二)年とする説が有力化している。いずれにしても『聖徳太子伝暦』は『日本書紀』に依拠するところ、多大であるから、廐戸皇子の薨去を推古二十九年二月とする根拠に乏しい。顕真は廐戸皇子の入滅した年齢を「五十歳、或四十九歳、或五十一歳」とし、そうした相違の起因を、誕生した日が正月朔一日あるいは正月一日立春節だったからと説くが、苦しい説明である。

法隆寺では、古来、聖徳太子の命日にあたる二月二十二日に聖霊会《しょうりょうえ》が行われてきた。そうしたことからも廐戸皇子の薨去日は、推古三十(壬午年)年二月二十二日だったと確言できる。

現在、大阪府南河内郡太子町太子《たいし》の叡福《えいふく》寺の寺域内に、聖徳太子(廐戸皇子)の磯長《しなが》墓(叡福寺北古墳)がある。丘陵の南斜面に築かれた径約五〇メートルの円墳。南北の径はやや短い。南面する横穴式石室があり、かつては開口していたので、平安時代以来の記録や明治初年に宮内省の役人が入室した際の実見記などにより、玄室《げんしつ》内部の規模や状況をうかがうことができる(たなかしげひさ「聖徳太子磯長山本陵の古記」森　浩一編『論集　終末期古墳』所収、塙書房、一九七三年)。

石室は切石《きりいし》積みで全長十三メートル。玄室《げんしつ》は長さ五・四メートル、幅・高さは共に三メートルで、奥に石棺一基、東西の側壁に沿って、石の棺台にのる夾紵棺《きょうちょかん》二基がある。三骨一廟《さんこついちびょう》墓の形式をとり、廐戸皇子と前後して亡くなった母の穴穂部間人皇女・妃の菩岐々美郎女を合葬したものとされる。奥の石棺は廐戸皇子の母の穴穂部間人皇女、手前東側の夾紵棺は廐戸皇子、西側のそれは妃の菩岐々美郎女と伝える。考古学的には、天智陵や天武・持統陵などとともに、被葬者のほぼ確実な事例として挙げられることが多い。

しかし磯長墓については、問題がないわけではない。近年、今尾文昭《いまおふみあき》氏により、その墳形や立地、横穴式石室の編年観、夾紵棺の採用などについて、考古学的な検討が加えられ、その年代は七世紀第Ⅱ四半期から第Ⅲ四半期——六二五～六七五年——とされている(今尾文昭「天皇陵古墳解説」の「叡福寺北古墳」による。森　浩一編『天皇陵古墳』大巧社、一九九六年)。私見では、石室・石棺の寸法は三十センチ弱を一尺としており、今尾氏の推測を裏付けるように思う。玄室に安置されている石棺と二つの夾紵棺には

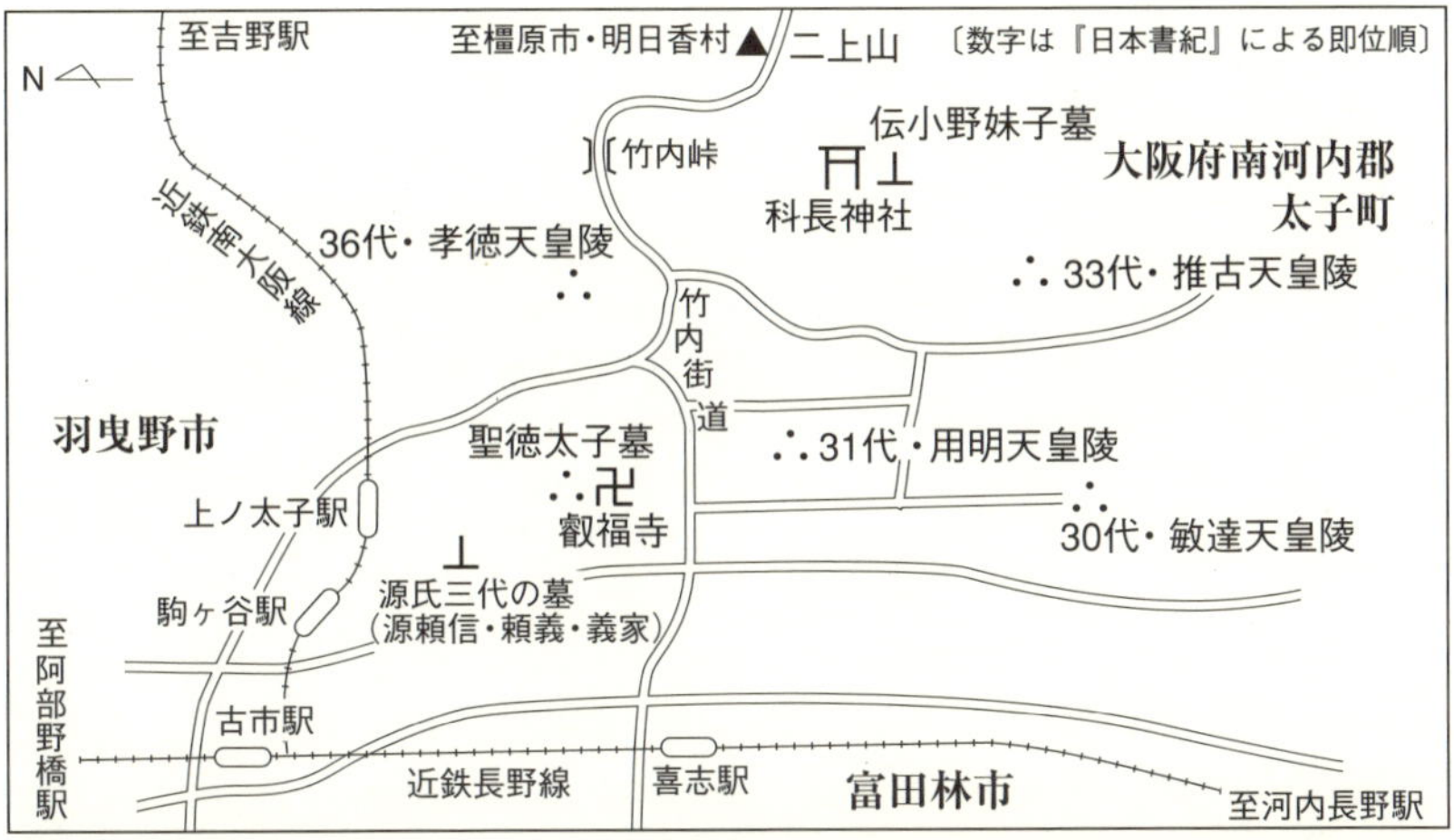

▲ 聖徳太子墓付近の陵墓　二上山の麓、聖徳太子墓の付近には敏達・用明・推古・孝徳の各天皇陵もつくられている。これら王陵墓の点在するさまが、あたかも「梅の花の五弁に似た梅鉢紋《うめばちもん》のようである」ので、江戸時代以降、梅鉢御陵ともよばれた。

▲ 叡福寺と聖徳太子磯長墓(大阪府南河内郡太子町。宮内庁許可済・太子町立竹内街道歴史資料館提供。上方の森が宮内庁治定の聖徳太子墓)

▲ 聖徳太子磯長墓(宮内庁許可済・太子町立竹内街道歴史資料館提供)

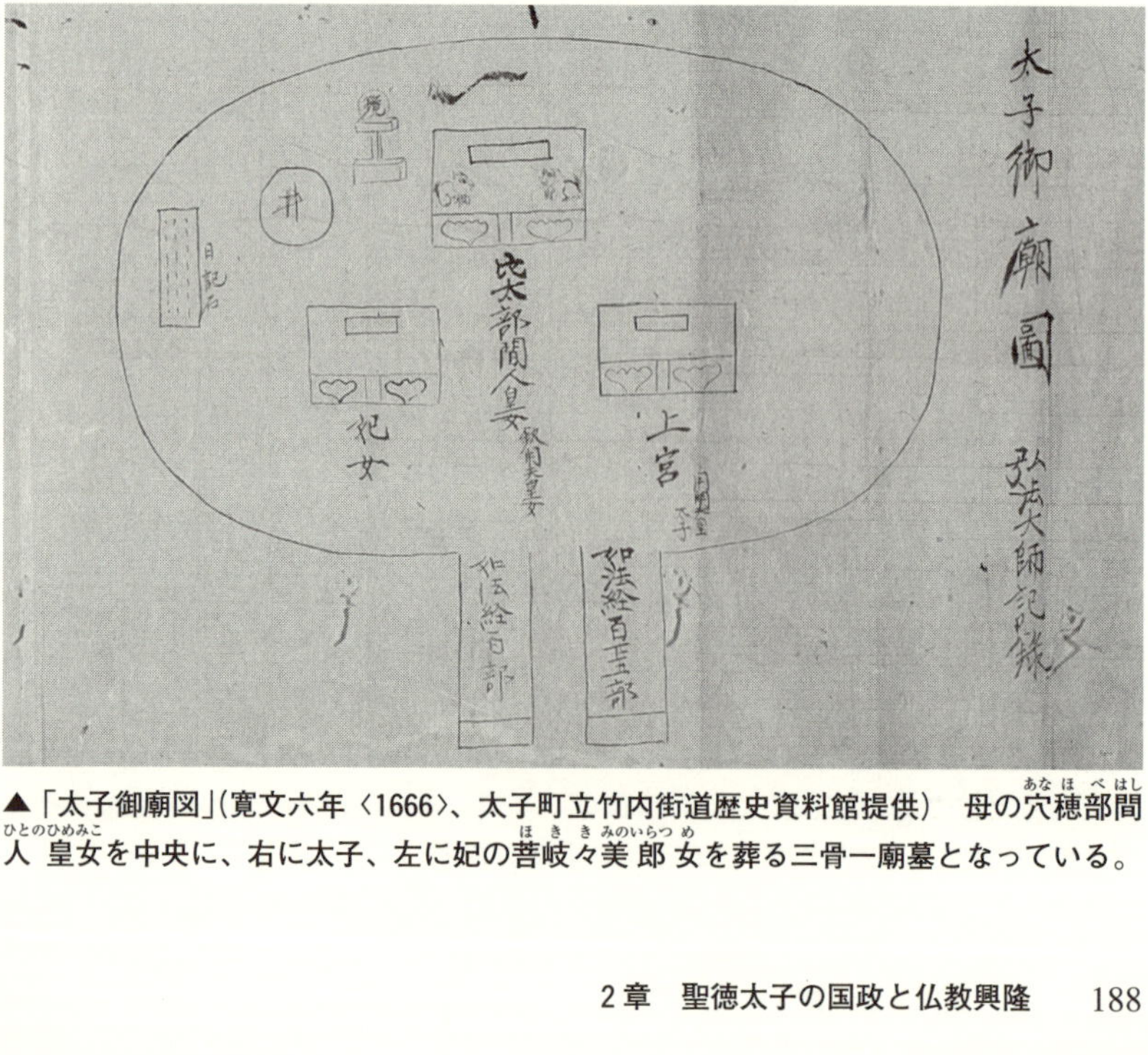

▲「太子御廟図」(寛文六年〈1666〉、太子町立竹内街道歴史資料館提供)　母の穴穂部間《あなほべはし》人皇女《ひとのひめみこ》を中央に、右に太子、左に妃の菩岐々美郎女《ほききみのいらつめ》を葬る三骨一廟墓となっている。

年代差があるように思われ、同時埋葬とは考えにくいのではないだろうか。

また、廐戸皇子に関する基本的史料である天寿国繡帳銘や法隆寺金堂釈迦如来像光背銘では、その墓の所在地に言及していない。

家永三郎《いえながさぶろう》氏の研究によると、『法王帝説』では太子墓に関して、「壬午年二月二十二日薨逝成」と記し、「……墓川内志奈我岡成」と分註を付けるほか、欽明・敏達・用明・崇峻・推古の治天下の年数、崩御年、山陵の所在地も記していることから、これらは帝紀に基づく記載であり、家永説では、太子墓治定の成立年代の下限を「大宝」とする（家永三郎『上宮聖徳法王帝説の研究〈増訂版〉』三省堂、一九七〇年）。

『日本書紀』に依拠することの多い『聖徳太子伝暦』では、太子が生前に土師連《はじのむらじ》に命じて科長《しなが》墓を造らせたとし、辛巳《しんし》年二月に太子と妃が遷化した後、雙棺《そうかん》を造って大輿《おおこし》の上に置き、科長墓に葬り、直ちに墓内に置いて南の墜門を閉じたとする。母后の穴穂部間人皇女については言及していない。『聖徳太子伝古今目録抄』には、墓所についての記載はみえない。

以上の検討に従えば、廐戸皇子に関する史料で磯長墓に言及するのはごくわずかで、『法王帝説』に引く帝紀部分のみである。『聖徳太子伝暦』にみえる科長墓は伝承の域を出ない。

磯長墓が現状に近い形で整備された時期を考える際、持統五（六九一）年十月の詔が注目される。「先皇の陵戸《りょうこ》（当時は陵守）には五戸以上、自余《じょ》の王たちで功ある者には三戸を置き、もし陵戸が不足する場合は百姓を宛てよ」とする。今尾氏の指摘とも、ほぼ合致する時期である。少し後の大宝令《たいほうりょう》の「別記」には、「川内国」の常陵守および墓守として八四戸があげられ（大宝令の「別記」に、「川内国」の常陵守および墓守として八四戸をあげている。『令集解《りょうのしゅうげ》』の職員令諸陵司《しょりょうし》条に引用する大宝令の注釈書「古記」による）、ほぼ確実に磯長墓も含まれていた。

さきに述べたように磯長墓は三骨一廟の形式をとる。延喜諸陵墓式《えんぎしょりょうぼしき》には、聖徳太子の磯長墓とともに、大和国平群《へぐり》郡に間人《はしひと》女王の龍田《たつた》清水墓もみえる。「女王」と見えるので問題を残しているが、「間人」と称された女性は、用明天皇々后の穴穂部間人皇女と、舒明《じょめい》天皇の皇女で孝徳《こうとく》天皇の皇后となった間人皇女のみである。天智六年二月に間人皇女は母の斉明《さいめい》天皇と合葬されたから、除外できる。延喜式段階においても、龍田清水墓が穴穂部間人皇女の墓であったとすれば、磯長墓は三骨一廟墓の形式となるのは、それ以後のこととなり、よりいっそう混迷の度を深めることになる。正暦《しょうりゃく》三（九九二）年に成書化された『聖徳太子伝暦』に、太子と妃の二人が科長墓に葬られたとするのは、案外、当時の磯長墓の状況を踏まえている可能性がある。いずれにしても磯長墓については、今後のさらなる研究の深化を待たねばならない。

3章

聖徳太子の仏教美術と建築

1

聖徳太子と仏教美術

早稲田大学教授
大橋　一章

飛鳥時代の仏教受容期に仏教を真に理解して、仏教をわが国に定着させようとした人物は聖徳太子であろうか。太子と仏教美術といえば、まず太子が自ら斑鳩《いかるが》の地に発願した法隆寺をあげなければならない。この小論では太子が仏教に目覚め、法隆寺の発願を決意し、造営にあたって蘇我馬子《そがのうまこ》から工人たちの提供を受ける経緯について、さらに太子の発病と死に際し、三人の后《きさき》がつくった仏教美術について言及してみたい。

薬師《やくし》銘と法隆寺の建立

近代国家として登場した明治政府は廃仏毀釈《はいぶつきしゃく》の中、明治五年(一八七二)に近畿地方を中心とした古社寺の宝物調査を実施した。この調査はわが国初の文化財調査というべきもので、幕末にイギリスに渡り近代国家のミュージアムを実見していた町田《まちだ》久成《ひさなり》(一八三八～九七、東京国立博物館初代館長)、もと京都東寺《とうじ》の公人であった蜷川式胤《にながわのりたね》(一八二九～八二)、カメラマンの横山松三郎《よこやままつさぶろう》(一八三二～八四)、油絵の高橋由一《たかはしゆいち》(一八二八～九四)などが参加していた。

蜷川は『奈良の筋道』という書物の中で、法隆寺について「此《この》寺ノ建物、太子ノ時ノママニシテ、実ニ驚ク建前ニテ、太子ノ時、三韓国より大工ヲヨセテ習ヒシヨリ、今ニ大工ノ道行レ、太子ノ為《た》メニ日本も開化セリ」と記している。この記述は、当時の法隆寺僧たちが法隆寺の建物は聖徳太子の時代、つまり聖徳太子が建てた時のままで今に至っていると主張しているのである。法隆寺は聖徳太子が建てた、つまり発願した寺院であるという寺伝がいつの時代からかはっきりしないが、すくなくとも中世以来近代に至るまでつづいていたのである。

明治三十八年(一九〇五)二月、法隆寺西院の金堂・五重塔・中門・回廊《かいろう》の建築をめぐる再建非再建論争がはじまるが、やがて法隆寺研究は法隆寺の創建の問題へと展開する。すなわち、金堂内に安置されている釈迦三尊《しゃかさんぞん》像と薬師《やくし》像が取り上げられ、この二つの仏像と山内の若草伽藍《わかくさがらん》・現西院伽藍の二つを対応させて、法隆寺と斑鳩寺を別寺とする法隆寺二寺説が登場する。現在この法隆寺二寺説は認められないが、薬師像の光背銘文《こうはいめいぶん》には次のように書かれている。

池邊大宮治天下天皇大御身勞賜時歳
次丙午年召於大王天皇与太子而誓願賜我大
御病太平欲坐故將造寺藥師像作仕奉詔然
當時崩賜造不堪者小治田大宮治天下大王天
皇及東宮聖王大命受賜而歳次丁卯年仕奉

これによると、丙午年《へいご》(用明《ようめい》元年・五八六)に用明天皇が病気平癒《へいゆ》のために寺と薬師像の造立を誓願し、造寺造仏を推古《すいこ》天皇と聖徳太子に託したが、果たされずに用明天皇は崩御《ほうぎょ》した。その後、推古天皇と太子がこれらを丁卯年《ていぼう》(推古十五年・六〇七)に完成させた。ここには法隆寺の名は見えないが、薬師像とともに書かれている「寺」はいうまでもなく法隆寺のことである。薬師銘によるかぎり、法隆寺の発願者は病気平癒を祈願した用明天皇ということになる。もっとも、用明天皇は推古天皇と太子に薬師像と法隆寺の造立を託《たく》した直後に崩御しているため、太子は推古天皇とともに法隆寺の造寺造仏の推進者ということはできよう。

この薬師銘は法隆寺の創立に関する史料では、現存するものとしてはもっとも古いが、天平十九年(七四七)の『法隆寺伽藍縁起《がらんえんぎ》并《ならびに》流記資財帳《るきしざいちょう》』は、法隆寺の草創《そうそう》について薬師銘を参照して記している。

このように、薬師銘は聖徳太子を法隆寺の発願者とは記さないのである。そればかりか、薬師銘には不審な点が多い。かつて、福山敏男氏は「法隆寺の金石文に関する二三の問題」(『夢殿』一三)で、薬師銘は天武《てんむ》・持統《じとう》朝に天皇勅願《ちょくがん》の薬師寺が造営されつつあったころ、またはそれ以降の構作とした。また、大西修也氏は「再建法隆寺と薬師銘成立の過程」(『仏教芸術』一三三)で、薬師銘の成立は天智九年(六七〇)の法隆寺焼失後の再建を切望していたころで、再建費用の援助を時の皇室と国家に求めるために、法隆寺が当初から勅願寺であったということを造作したのだという。

福山・大西両氏は、薬師銘が法隆寺の勅願寺たるを強調せんとしていることを疑っており、こうした見解は大いに評価すべきであろう。したがって、薬師銘において法隆寺が天皇の発願による勅願寺だと記したり、法隆寺の造立に天皇がかかわっているように記す部分は、銘文作者の造作であるから削除しなければならない。そうすると、法隆寺の発願者である用明天皇が消え、同じく太子とともに、法隆寺の造寺造仏の推進者とされている推古天皇も消える。薬師銘が造作した用明・推古両天皇を除くと、法隆寺の創建に関わった人物としては聖徳太子だけがのこる。

　こうしてみると、法隆寺の発願・造立者は聖徳太子だったということが見えてくるのである。つまり、薬師銘から天皇との関わりを示す部分を削除すると、薬師銘は法隆寺聖徳太子建立説を伝えるもっとも古い文献史料ということになる。

　次に、用明天皇が法隆寺の発願者ではなくなると、薬師銘が発願年とする丙午《へいご》年も架空のものとなろう。当時のわが国の造寺造仏の実態からすると、法隆寺丙午年(用明元年・五八六)発願は不可能な情況であった。わが国における本格伽藍《がらん》の第一号は飛鳥寺(明日香村)で、用明二年(五八七)に発願されており、飛鳥寺の造営と同時進行で本格伽藍第二号の寺院、つまり法隆寺を発願造立できる情況ではなかったのである。

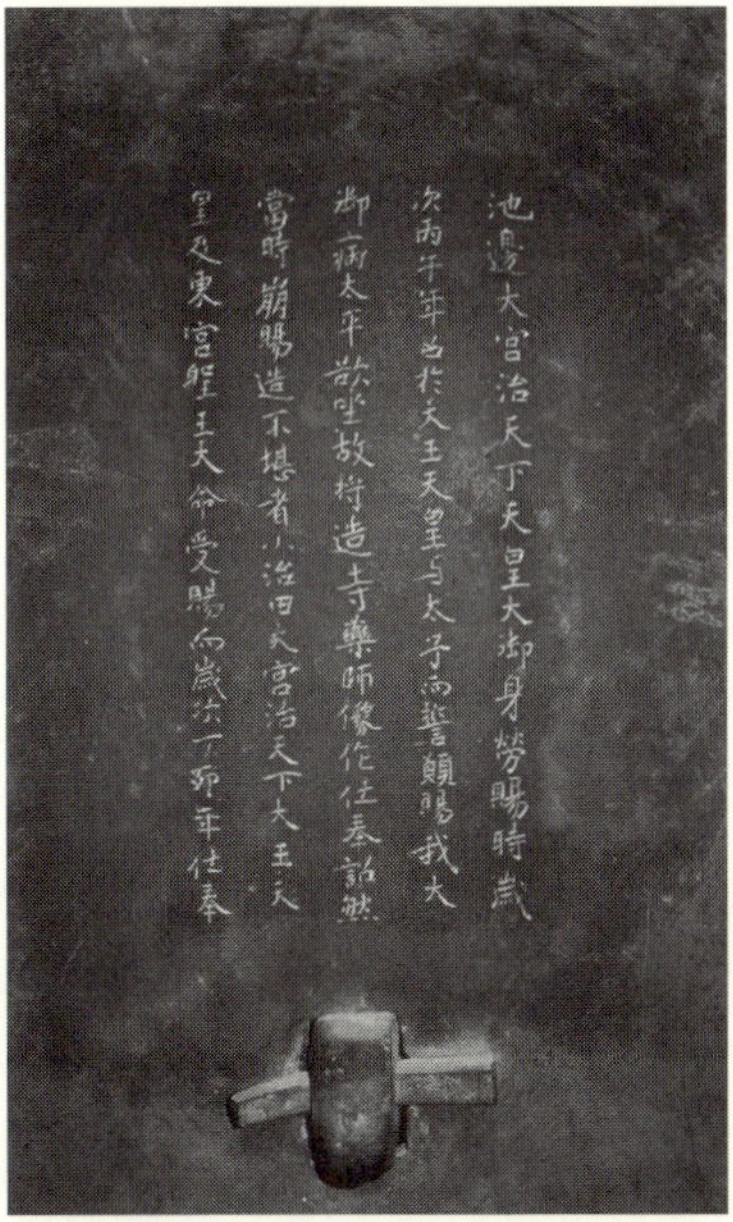

▲薬師像の光背銘文(法隆寺蔵、奈良国立博物館提供)

　というのも、欽明《きんめい》朝に百済《くだら》から仏教が伝えられるまでわが古代人は仏教を知らず、ましてや彩色鮮やかな巨大木造建築や金色燦然《さんぜん》と耀く丈六《じょうろく》金銅仏を擁した本格伽藍の仏教寺院など、誰一人見たことがなかった。仏教寺院は中国文明の粋たる絵画・彫刻・工芸・建築・土木・鋳造技法などで包み込まれたハイカルチャーの結晶で、こうした中国仏教文明は五・六世紀の東アジアの先端文明であった。見たこともない高度な文化文明を、わが古代人だけでつくり出すことは不可能であった。

そこで、わが国に仏教を伝えた百済は、そのアフターケアとして敏達《びだつ》六年(五七七)に造仏工(仏師)と造寺工(寺師)を派遣してきた。このときの百済の工人の来日は、わが国においても本格伽藍の仏教寺院を建立するための日本人の工人を育成することが目的であった。そして、十年後の用明二年(五八七)に飛鳥寺は発願された。これは、十年の歳月をかけて百済の工人のもとで育成されていたわが見習い工人たちがやっと一人前の造仏工と造寺工に成長すればこそ、つまり工人の確保に目処《めど》がつけばこそ、蘇我馬子はわが国初の本格伽藍の飛鳥寺建立を発願したのである。わが国の工人を一人前にしても、それでもまだ造寺工は足りなかったようで、発願と同時に造寺工の招聘《しょうへい》を百済に要請している。

私見によると、飛鳥寺は用明二年の発願から回廊内の仏塔と三つの金堂と本尊を完成させるのに二十年以上も要しているが、これは堂塔を一つずつ、それも一つに平均四年ほどかけて順次建立していったからである。このように、本格伽藍の造営が長期間にわたって行われたのは、何よりも堂塔が巨大建築で、無数の部材からなっており、そのうえ工人数にかぎりがあったからである。つまり、飛鳥寺の造営最中に、つぎなる本格寺院の造営などできるはずがなかったのである。であればこそ、飛鳥寺と同時期の丙午《へいご》年に法隆寺を発願したという薬師銘が事実でないことはいうまでもなかろう。
そうすると、薬師銘が法隆寺の完成年とする丁卯《ていぼう》年(推古十五年・六〇七)も同じく信じることはできない。それでは、この丁卯年は何によったのであろうか。町田甲一氏は『古寺辿歴』(保育社、一九八二年)の中で、薬師銘に丁卯年が漫然と何の根拠もなしに持ち出されることはないから、丁卯年は法隆寺の完成年ではなく、実は発願年ではないかといわれた。

先述のように、上代寺院の造営では堂塔一宇《いちう》を建てるのに平均四年ほどかけていて、飛鳥寺は用明二年(五八七)の発願後、推古十七年の鞍作鳥《くらつくりのとり》による丈六の金銅釈迦三尊像が完成するまでに回廊内の仏塔と三金堂は完成していた。つまり、推古十五年の丁卯年は、飛鳥寺から見ると発願以来二十年を経て、回廊内の造寺造仏の完成を二年後に控えた時期にあたり、造営工事は峠を越していたのである。換言すれば、これまで飛鳥寺造営に従事していた工人たちの一部を振り分け、第二の本格伽藍の造営が可能になっていたのである。

敏達六年に来日した百済の工人のもとで、十年の歳月をかけて育成された日本人工人の正確な数はわからないが、当初はすくなくとも本格伽藍を造営可能の人数はいたと思われる。このとき一人前になった日本人工人は、いわばわが造仏工・造寺工の第一世代ということになるが、二十年にわたる飛鳥寺回廊内の造寺造仏を通して、おそらく第二世代の日本人工人も誕生していたのであろう。工人数は造寺造仏が盛んになるほど、増えていったのである。

聖徳太子と法隆寺

飛鳥寺の造寺造仏が峠を越した丁卯年《ていぼう》(推古十五年・六〇七)、それまで待ちに待った聖徳太子はわが国第二の本格伽藍の寺院として法隆寺を発願したのである。推古九年(六〇一)、このとき太子は二十七歳。以降、斑鳩宮に住むことになるが、馬子の飛鳥寺の造営経過をにらみながら、自らの寺院として法隆寺の建立を斑鳩宮の近くの若草伽藍の地に計画したのである。

欽明朝《きんめい》に百済から伝えられた仏教は実は中国仏教で、その中国仏教は、東アジアにおける先端的な文明であることにいち早く気がついたのは蘇我馬子であった。しかも、東アジアの一員になるためには中国仏教を受容しなければならないことにも気がついていた。馬子は、中国文明の結晶ともいうべき本格伽藍をわが国にも建立すべく、百済の工人に日本人工人を育成させ、飛鳥寺を発願、建立したのである。馬子は、仏教到来時における仏教受容の先駆者《せんく》であり、さらにいえば先駆的な政治家でもあった。

馬子は、太子の大叔父にあたり親子以上の年齢差があったため、馬子の先駆的な仏教受容時に太子はあまりに若すぎた。つまり、太子は馬子とともに仏教受容をはじめることはできなかったのである。太子が仏教の高遠な哲学と普遍性、そして、東アジアの先端的な文明であることを理解するのは飛鳥寺の発願後のことと思われる。それは太子が、飛鳥寺の工事現場で繰り広げられている巨大木造建築の建立と丈六金銅仏の制作を実見したころであろう。それまで日本人の誰一人も見たことのなかった中国伝統建築と大鋳造像は、まさに文明そのものであった。

飛鳥寺の仏塔が建ちはじめた建築現場に立った太子は、そのころ十七歳前後であったと思われるが、目のあたりにした東アジアの最先端文明であった中国仏教寺院の偉大さに感動したことはいうまでもなかろう。この飛鳥寺の工事現場における中国仏教のいわばハード面との遭遇《そうぐう》が、その後太子を中国仏教へのめりこませ瞠目《どうもく》すべき経典理解者へと成長させたのである。私は、太子を飛鳥寺の工事現場に誘い出したのは馬子で、馬子は太子が仏教の真の理解者となり中国仏教を受容することで、わが国が東アジアの一員となることを望んでいたのではないかと考えている。

太子は、すみやかに中国仏教のソフト面を理解するために、中国語の学習から始めた。というのも、当時の東アジアの仏教経典は中国語に翻訳された漢訳経典が唯一のテキストであった。朝鮮三国やわが国では文字を発明できなかったため、経典の翻訳はできず、中国仏教を受容しようとすれば中国語に通じなければならなかったからである。太子はもっと若くして中国語を学んでいたかもしれないが、先述のように、私は飛鳥寺の工事現場で中国仏教文明に接したあとの十七歳前後ではなかったかと想像している。

従来、太子のカリスマ的な伝説の中に一度に十人の訴えを聞くことができた云々や、太子の名として「豊聰耳《とよとみみ》」の語があるが、これは耳がよいということで、今風にいえば語学の天才であったと思われる。太子はいち早く中国語をマスターして経典を読解し、注釈書まで物にしたのである。語学の天才といえば、もう一人弘法大師空海《こうぼうだいしくうかい》がいるが、二人の中国語の天才は中国仏教受容期の初期の天才が太子、そして晩期の天才が空海だったのである。

さて、話がそれたのでもとに戻すと、薬師銘の作者は丁卯年を何によって知り得たか。私は、天智九年(六七〇)に法隆寺が焼失した当時、法隆寺に伝わる古記録中に、たとえば「丁卯《ていぼう》年、建法隆寺」のごとく書かれていたものから、丁卯年を知った可能性が強いと考えている。この漢文表記だけでは「建」が「建つ」なのか「建った」なのかは不明で、前者ならば法隆寺が建ちはじめる、つまり工事のスタートとなるが、後者では工事の完成となる。薬師銘の作者は、完成と解したのであろう。このような経緯があって、丁卯年に法隆寺の造寺造仏が完成という薬師銘が成立したと推測している。

飛鳥寺の工事が峠を迎えるころには、すでに太子は法隆寺に対する構想を終えていたと思われる。伽藍配置としては、一塔三金堂という建物の多い飛鳥寺に倣《なら》うことなく、一塔一金堂が南北に並ぶ大陸伝来のいわゆる四天王寺式伽藍配置を採用することにした。飛鳥時代寺院の伽藍配置は、法隆寺のそれが標準モデルとなり、四天王寺(大阪市)や中宮寺《ちゅうぐうじ》(斑鳩町)などに継承されていく。若草伽藍の創建法隆寺と飛鳥寺の発掘調査によると、両者の金堂の大きさはほぼ同規模というから、私は法隆寺の金堂にも飛鳥寺と同じく、鞍作鳥が丈六金銅仏をつくったと推定している。

太子の法隆寺の堂塔や仏像をつくる造営集団は、すでに述べたように飛鳥寺の造営集団から選ばれて編成されたものであった。これはわが国初の寺院造営集団を独占していた蘇我馬子が、馬子につづく仏教受容の後継者として太子に分け与えたものであった。

創建法隆寺は、丁卯年(推古十五年・六〇七)に太子によって発願されたあとは、まず若草の地の整地がはじまり、伽藍配置に則した堂塔の位置を確認し、版築工法による基壇《きだん》の造成、礎石の据え付けなどの土木工事を実施し、これに平行してヒノキ材の調達・乾燥・木造りなどを終えるまでに五年ほどかかったとすると、最初の建物の柱が建つのは推古二十年（六一二）ごろであろう。おそらく、南に位置する仏塔つまり五重塔から建てはじめ、推古二十三年（六一五）には完成し、さらに推古二十四年（六一六）から二十七年（六一九）にかけて金堂が建てられたのであろう。金堂の完成にあわせて、金堂安置の創建法隆寺の本尊である丈六金堂仏も完成していた。創建法隆寺では、このあと講堂と中門・回廊の工事を完成させるには八年はかかったであろうから、法隆寺の完成は推古三十五年（六二七）ごろになったと思われる。

太子は推古三十年二月二十二日に薨去《こうきょ》するが、自ら発願した法隆寺の五重塔と金堂、そして本尊は確実に見ていた。中国仏教文明の結晶たる法隆寺を、近くの斑鳩宮から朝に夕に見ることができたのは幸せであった。

三人の后と仏教美術

推古三十年（六二二）正月、聖徳太子は発病する。その一か月前の十二月、太子の母が亡くなっていた。法隆寺金堂の本尊釈迦三尊像の光背銘文には、太子の発病と薨去について次のように記されている（一三三ページ）。

法興元世一年歳次辛巳十二月鬼
前太后崩明年正月廿二日上宮法
皇枕病弗悆干食王后仍以勞疾並

著於床時王后王子等及與諸臣深
懷愁毒共相發願仰依三寶當造釋
像尺寸王身蒙此願力轉病延壽安
住世間若是定業以背世者往登浄
土早昇妙果二月廿一日癸酉王后
即世翌日法皇登遐癸未年三月中
如願敬造釋迦尊像并俠侍及莊嚴
具竟乘斯微福信道知識現在安隠
出生入死随奉三主紹隆三寶遂共
彼堓普遍六道法界含識得脱苦縁
同趣菩提使司馬鞍首止利佛師造

▲ 金堂釈迦三尊像(法隆寺蔵)

この銘文の語句の切り方や読み方については古来諸説があるが、釈迦銘には発願年・発願者・尊像名・願意・完成年月・願文・仏像制作者名などが記されていて、造像銘の記載形式としてはもっとも完備している。そのうえ四六駢儷体《べんれいたい》の洗練された文体は、とても漢文表記とは思えない稚拙で短文の多いわが六・七世紀の造像銘の中では特筆すべきものである。

この釈迦銘の内容を要約すると、法興元三十一年(推古二十九・六二一)十二月に聖徳太子の母の間人《はしひと》皇后が亡くなり、その翌年、つまり推古三十年（六二二）の正月に太子夫妻が発病した。そこで、残された王后・王子、おそらく刀自古郎女《とじこのいらつめ》と山背大兄王《やましろのおおえのおう》たちが病気平癒を祈って太子等身の釈迦像の制作を発願した。しかし二月二十一日に王后が、翌二十二日に太子が亡くなった。翌、推古三十一年（六二三）三月中に釈迦像と両脇侍《わきじ》、さらに荘厳具《しょうごんぐ》を完成させた。そして作者は鞍作止利《くらつくりのとり》だというのである。

この釈迦三尊像は飛鳥彫刻を代表する名品であり、同時に現法隆寺、つまり再建法隆寺の本尊として伝来している。しかしながら、太子発願の若草伽藍に建っていた創建法隆寺の本尊ではないのである。なぜなら、釈迦三尊像はあくまで太子の病気平癒のために残された后や王子たちが発願者となり、推古三十年正月から十四か月でつくられた仏像なのである。創建法隆寺は、先述のごとく推古二十七年ごろには金堂とその本尊はすでに完成していたから、釈迦三尊がその本尊になり得る余地はないのである。完成した釈迦三尊像は、銘文にも「若《も》し是れ定業にして以て世に背《そむ》きたまはば、往《ゆ》きて浄土に登り、早く妙果《みょうか》に昇らせたまはむことを」とあるように、太子の病気平癒が適わないときは浄土往生を望んでいるのだから、発願者たちは身近な所において日夜礼拝を繰り返したかったにちがいない。太子后の刀自古郎女と山背大兄王の住んでいた斑鳩宮内に安置されたのであろう。

太子の病気平癒を祈願してつくられた仏像として釈迦三尊像があげられるが、実はもう一つ仏像がつくられていた。私は、最近「救世観音像の原所在とその後の安置場所」（『早稲田大学大学院文学研究科紀要』五二、二〇〇七年）を発表したが、救世《くぜ》観音像がその仏像である。

この仏像は、長期間にわたって上宮王院《じょうぐうおういん》夢殿の秘仏として伝来し、明治十七年（一八八四）の夏に政

▲ 救世観音立像（法隆寺蔵、奈良国立博物館提供）

府の古社寺調査に参加したアーネスト・フェノロサ（一八五三〜一九〇八）と岡倉天心《おかくらてんしん》（一八六三〜一九一三）が寺僧を説き伏せ、木綿で包まれていたこの像を白日《はくじつ》のもとに曝《さら》したことはあまりに有名である。クスノキの一木で丸彫りされ、仕上げに金箔《きんぱく》を押しているが、長期間秘仏であったため、保存状態はきわめて良好である。この像の見せる神秘的な表情や裳裾《もすそ》の両端を左右に広げて正面観を強調する造形は、先述の釈迦三尊像に代表される止《と》利《り》式仏像に共通し、先学の見解も飛鳥仏ということで一致してきた。

ところがである。上宮王院の創立は奈良時代で、私見によると、夢殿は天平《てんぴょう》八、九年（七三六、七）から天平十一年（七三九）にかけて建立されているのである。換言すれば、奈良時代に建てられた夢殿に、飛鳥時代につくられた救世観音像が安置されているのである。すると、救世観音像は夢殿に移されるまでどこにあったのか、大いに気になるのだが、この点に関する明快な説明を聞いたことがない。

これについて言及したのが先の拙論である。先述のように、救世観音像は飛鳥仏、それも止利式仏像と解することで先学たちの見解は一致してきた。止利式仏像は、鞍作止利の活躍時期である七世紀前半の推古朝に盛行した。つまり、聖徳太子の時代である。天平宝字《ほうじ》五年（七六二）の『法隆寺縁起幷資財帳』（『東院資財帳』）は、夢殿本尊のことを「上宮王等身観世音菩薩木像壹躯金箔押」と記している。つまり太子の身の丈《たけ》に合わせてつくった木彫の観音像というのが、上宮王院建立後の奈良時代法隆寺における認識だったのである。

　ところで、太子の病気平癒を祈ってつくられたのが先述の太子等身の釈迦三尊像で、発願者は太子の后の刀自古郎女《とじこのいらつめ》と山背大兄であった。太子があまりにはやく亡くなったため、当初の病気平癒から浄土に往生せんことを願って、つまり目的を変更して太子の死の翌年の推古三十一年に完成させている。一方、太子の死後太子后の一人橘大女郎《たちばなのおおいらつめ》は太子の冥福《めいふく》を祈り、太子が天寿《てんじゅ》国に往生した状《すがた》を見たいと願ってつくったのが天寿国繍帳《しゅうちょう》である。

　釈迦三尊像や天寿国繍帳は太子の発病や死にあたり、太子に対する深い情愛と太子生前の経典理解の深さや菩薩《ぼさつ》道の実践にまで及んだことに対する畏敬《いけい》の念から、近親者それも妻たちによってつくられたものである。そうすると、太子時代につくられ、太子等身の観音像という伝説を持つ救世観音像も、制作時期は太子の死に際してということになろう。それでは、発願者は誰なのか。

　さて、太子には子をもうけた后が三人いた。膳部加多夫古《かしわでのかたぶこ》の女《むすめ》菩岐岐美郎女《ほききみのいらつめ》、蘇我馬子の女刀自古郎女《とじこのいらつめ》、そして尾治《おはり》王の女橘大女郎である。『日本書紀』によると、敏達・推古両天皇の間に生まれた菟《う》道貝鮹皇女《じのかいたこのひめみこ》という后もいたが、子はいなかったようである。菩岐岐美郎女は太子とともに発病し、そして亡くなった。刀自古郎女は釈迦三尊を発願し、橘大女郎は天寿国繍帳を発願した。してみれば、救世観音像をつくった近親者たる后は菟道貝鮹皇女をおいてほかにはあるまい。

このように、私は、救世観音像の発願者に太子の后としてはもっとも年長者と思われる菟道貝鮹皇女を想定したのである。菟道貝鮹皇女は、完成した太子等身の観音像を自ら住んでいた宮殿内に安置し、朝に日《け》に太子を偲《しの》びながら礼拝していたであろうことは想像に難くない。

以上、太子の三人の后たちが発願してつくった釈迦三尊像や救世観音像、天寿国繡帳には太子の姿形がキーワードになっているようである。前二者の仏像彫刻では釈迦と観音を太子の等身像としてつくり、天寿国繡帳では天寿国に往生した太子の姿を刺繡で描き出しているのである。そこには三人の后たちの、太子の姿・形を太子の死後も目のあたりにしたいという強い意志を見て取れるのである。

私は、三人の后の太子に対する深い情愛と太子の仏教帰依《きえ》を畏敬する感情が、太子の等身像の制作や、太子が天寿国に往生した状を描き出さしめたのであろうと考えている。

おわりに

わが国の仏教受容期における先駆的な受容者は、蘇我馬子であった。馬子は、聖徳太子の賢明さを幼いときから認めていたのであればこそ、太子を仏教受容の後継者とするべく自ら発願した飛鳥寺の工事現場に誘い出したのである。目の前で繰り広げられる東アジアの先端文明であった中国仏教寺院の工事現場のありさまは太子を感動させ、中国仏教へのめり込ませたのである。

その結果、太子は仏教の真の理解者となり、丁卯《ていぼう》年(推古十五年・六〇七)に自らの寺院法隆寺を斑鳩宮の近くの若草の地に発願した。その造営集団は、馬子から提供された飛鳥寺造営集団の工人たちによって組織された。太子の生前、五重塔と金堂、そして本尊は完成していたが、法隆寺の完成は推古三十五年（六二七）ごろであった。

太子の発病や死に際してつくられた釈迦三尊像や救世観音像さらに天寿国繡帳は三人の后がなくなり、宮殿が廃絶すると、太子発願の法隆寺にあつめられたが、天智九年（六七〇）の法隆寺の火災では幸運にも助かった。再建法隆寺が再建費用を求めて、太子発願寺院から太子信仰の寺へ大きく旋回《せんかい》すると、釈迦三尊像は再建法隆寺の本尊として再建された金堂の中の間に、救世観音像は同じく金堂西の間に安置された。また、天寿国繡帳は法隆寺の蔵の中に収納された。救世観音像は法隆寺の太子信仰の総仕上げとして上宮王院が計画され、天平十一年（七三九）に夢殿が完成すると、金堂西の間から移された。空《から》になった西の間の台座には、鎌倉時代に今の阿弥陀仏がつくられるまで数体の小金銅仏等が並べられていたのである。

2

捨身飼虎図《しゃしんしこず》にみる釈迦《しゃか》と聖徳太子

宗教学者
山折 哲雄

釈迦の伝記には諸説があるが、十六歳で結婚して二十九歳で出家をし、三十五歳で悟《さと》りを啓《ひら》いたということになっている。結婚し、やがて子供が生まれるが、第一子ラーフラの誕生がいつかという伝承も様々でよくはわからない。そのことより問題は、生まれてきた第一子に「ラーフラ」という名前を付けたということではないだろうか。実はこのラーフラには「悪魔《あくま》」という意味がある。親は、子供になぜ悪魔と名付けたのか。

■「悟《さと》り」への道の中での釈迦の子捨て

「ラーフラ」という言葉はサンスクリット語でもヒンズー語でも辞書における本来の意味は、日蝕《にっしょく》、月蝕の「蝕」ということになっている。つまり太陽や月の輝きを奪う天体現象で、それがラーフラという第一の意味である。やがて、太陽や月の輝きを奪う行為は悪魔のごとき行為であるというところから第二の意味「悪魔」となった。

釈迦が自分の子供に「悪魔」という名前を付けたこと、これを後の完成された仏教の立場から振り返るとどういうことになるか。子供は男女の愛欲による結果であるので、釈迦と妻の耶輸陀羅《やしょーだら》との間に生まれたのは罪の子、それで「悪魔」と名づけられたのだろうと解釈することもできる。しかし、後世の理想化された仏教の立場というのは、釈迦が子供をつくった時の人間的な苦しみ、悩み、あるいはかれの欲望やエゴイズムといった問題をほとんど考えに入れていない。女性を好きになるとか、性欲が高まるなど、そこには人間釈迦としての苦悩、悲しみというものがあったはずである。これまでは、そういう青春時代の釈迦をリアルに見る視点がきわめて希薄だったのではないか。後知恵の客観的な視線で、子供は愛欲の結晶であると論じている。

伝承をみると、釈迦は子供が生まれたのとほとんど同時に「家出」を決意している。さきに、二十九歳で出家をしたといったが、従来、仏教の歴史を研究する人々は、二十九歳の時妻子を捨てて出て行ったこの行為を出家と言い習わし、世俗の世界を否定した出家、すなわち悟った者が歩む行為と解釈してきたようだ。しかし実際は、二十九歳で妻と子供を一方的に捨てて家を出ていったのだから、単なる「家出」というべきではないか。現在のわれわれが抱えている悩みと同じように、家族の煩《わずら》わしさや子供ができてその子を育てなければならないことに不安感を抱いて家を出たのではないか。自分にはもっとやりたいことがある、と思っていたにちがいない。それで妻子を捨て、一方的に家を出て行ったのだ。

つまり、息子ラーフラは、父親によって二度裏切られたのである。はじめは悪魔という名前を付けられたことによって、そして第二は、家出によって捨てられたことで裏切られたのだ。

二十九歳で勝手に家を出ていった男が、のちに解釈されているような悟りの境地に達しているはずはない。仏教の二五〇〇年の歴史は、ひたすら釈迦(釈尊《しゃくそん》)を理想化し神格化するためにのみエネルギーを大量に費やしてきたようにみえる。それにたいして、人間釈迦の立場に立ってあらためて仏教を考え直してみることが、いま大切なことではないだろうか。

四つのライフステージ

二十九歳で妻を捨て子供を捨てて、遍歴放浪の旅に出て行った釈迦、彼は何を考えていたのだろうか。釈迦が誕生した当時、今から二五〇〇年前のインドでは、ヒンズー教やバラモン教が栄えていた。このヒンズー教やバラモン教の考え方をまとめた『マヌの法典』というテキストの中に、人生の過ごし方の理想が説かれている。これは紀元前後のころにまとめられた人生論で、そこでは、人間の一生は四つのライフステージを経てこの世を去るのが理想的であるとしている。

▲ インド・カンダーラ仏の釈迦

まず、第一段階が「学生期」。師匠について学び、禁欲的な生活を送る、という現代の小学校から高校ぐらいまでの段階である。それが終わると、社会に出て「家住期」に入る。結婚して子供を育て、そして家業に就く。家長としての行き方を考える段階である。ところがこの第二の家住期が終わったあと、子供も育てあげ、経済的に安定した段階で、今度はそれまでできなかったことや自由を求めるための第三のライフステージが用意してある。もちろんこれは、男が中心の人生観であるが、家長は家を離れ遍歴放浪の旅に出て、そこで自分のやりたかったことをやる。音楽の世界を楽しんだり、あるいは森に入って静かに一人瞑想《めいそう》したり、霊場を巡り歩く。お金がなくなれば乞食《こつじき》をしてもいい。インドではそうした第三のライフステージを楽しみながら旅をしたり、乞食の生活をする人がけっこういる。日本でも平安時代にできた『今昔物語《こんじゃくものがたり》』などで「聖《ひじり》」は比叡《ひえい》山や高野《こうや》山で学問や修行をしたあと、人知れず市中に入って、遍路《へんろ》の生活をしながら乞食の行《ぎょう》をするという生き方が語られている。これは仏教の本来の考え方からくるものであり、釈迦の時代にすでにあったということだ。

それがヒンズー教やバラモン教でいう「林住期」という第三のライフステージである。インド人の感覚では、その林住期で俗の世界と聖の世界を行ったり戻ったりしながら、身心の健康を回復することができると考える。そしてその中のほんの一握りの人間がつぎの段階に入っていく。この第三の林住期ではその多くは勝手気ままに自由時間を過ごして、ふたたび自分の家に帰ってくるが、そのうちの少数の人間だけがやがて最終のライフステージ「遊行期」に入っていく。この段階ではもう家庭には帰らず、俗世を離れ、いろんな縁を断ち切って巡礼《じゅんれい》の生活に入る。聖として生きるのである。悩みある人と語り合い、その魂の看取《みと》りをしたり、自分の体験を語って聞かせたりする。聖者の生活である。

すべての人間がこの四つの段階を生きることはできないが、その中で特に第三の林住期というのが面白い。一生懸命働いて家族を養い、お金を貯め、そしてそのときがきたら、わがまま勝手な時間を楽しみ、本当にやりたいことをやってみる、そういう時期を設定しているところが、何とも味があるではないか。これは、自分の可能性に賭《か》けてみたいという人間の欲望の現れだとも思う。

釈迦の場合は十六歳で結婚するまでが第一の学生期、結婚して子供のラーフラが生まれるまでが第二の家住期、そして、妻子を捨てたのは、俗世との関わりを温存しながら自分だけは自由な時間を楽しみたいという、第三の林住期にさしかかるころだったのではないか。つまり、そういう欲望を断ち切れないでいる時期だったのだと思う。子供が生まれ、このまま家庭に埋没したら自分のやりたいことができなくなる、そういうエゴイズムの中で思い惑いながら釈迦は家を出ていったのではないか。つまり第三林住期を求めての遍歴遊行の旅のはじまりだった。その意味では、まだ悟ってはいない、たんなる「家出」の段階だったと思うのである。

母なる大地と釈迦の「悟り」

仏教といえども、インドの伝統の中から生み出されたものだったことはいうまでもない。それ以前のヒンズー教の思想や生き方と無関係に成立したわけではないということだ。釈迦は、生まれてすぐ「天上天下唯我独尊《ゆいがどくそん》」と言ったというが、その釈迦を生み出した母体はインドの大地そのものである。そのインドの大地が作り上げたともいえる人生観は、釈迦といえども大事にしなければならなかった。その影響をつよく受けていたに違いない、というのが私の前提である。

こうして彼は、この人生観でいう第三林住期ともいうべき時期に、各地を転々と遍歴しながら、修行をつんでいったのだと思う。そして三十五歳の時、すでに家出してから六年が経っていたが、ガンジス河中流域のブッダガヤにやってくる。人間関係の煩《わずら》わしさから自分ひとりだけ自由になりたいというエゴイズムも、まだ残されていたに違いない。妻と子供を捨てたままの状態だったといっていい。多くの人はその精神的な負担に耐えかねて家庭に戻るが、釈迦はそうではなかった。親を捨て子供を捨て妻を捨ててきた自分のことを、じっと見つめる時間がやってきていたはずだからである。究極的には、自分自身を捨てなければならないという気持ちがしだいに高まってきていたのではないだろうか。時が熟していたのである。それが三十五歳のブッダガヤの体験につながったのではないかと思う。

自分をも捨てると決意し、そのための方法がはっきりした段階で、彼は第四ステージに入っていったのだろう。もう共同体には帰らない、妻のところにも帰らない。行き交《か》うすべての人々の魂との出会いを大切にするようになる。魂の看取り手としての使命を自覚したのである。

二十九歳で家を出たときは、単純なエゴイストの家出であった。子捨て妻捨ての行為であった。とすると、その後の六年間の遍歴の生活は、妻や子供からの恨みや非難、そしておそらく憎しみを自分の身に引き受けなければならない六年間であったかもしれない。いや、そうであったに違いないと思う。これまで捨てに捨ててきた自分の行為に対していったいどのようにして償《つぐな》うか、それが釈迦の最大の苦しみの種《たね》だったと私は思う。大自然の母なる大地で、坐禅《ざぜん》をくみ、禅定《ぜんじょう》に入り、最終的に究極の行為である自己を捨てるという地点までいって、そこではじめて、煩悩《ぼんのう》から脱出する道筋、すなわち「悟り」を開いたのである。

ラーフラの青春——端境期《はざかい》の少年の心理

さて、残されたラーフラの運命はどうだったのか。成長するにつれて、父親に対する恨みの気持ちがおそらく増大していったに違いない。自分に「悪魔」という名前を付けて出て行った父親である。そういう父親を一度や二度は殺したいと思ったこともあっただろう。二度も自分を捨てて出て行った父親に対して、その子供が殺意を抱いたとしても不思議ではない。それが、ラーフラの青春を覆《おお》う影の部分だったと想像することができる。

わが国で最近の親殺しなど、少年犯罪を引き起こした子供たちの年齢をみると、だいたい十歳から十四歳ぐらいに集中していることがわかる。この時期は子供が大人になる端境期で、第二次性徴期ともよばれ、性的な発達がみられ、心理的にも不安定な時期であるといわれている。古来、子供が大人になる段階で、社会は子供たちを大人にするために鍛《きた》えたり、しつけたりするための様々な装置を開発してきたが、しかし私たちの今日の社会は、その重要な子供たちの端境期を、単に小学校から中・高校へと移行するときの学習時間としかとらえていない、そういう社会のシステムをつくってしまったと思う。

たとえば、『源氏物語』で主人公の光源氏が葵《あおい》の上《うえ》と結婚したのは十二歳で、今でいえば小学校六年生である。この時、光源氏は元服《げんぷく》して結婚しているのであるから、彼は性的飢餓《きが》感を体験することがなかった。性的自覚が起こりはじめた時に女性をあてがわれ、ほとんど性的不満を感じることなく成長している。こうして『源氏物語』では、性的欲求が稀薄《きはく》になっている閉鎖空間が用意されていて、そこでの女性関係が描かれている。光源氏の「ドンファンぶり」もそのような環境を母体にしている。これは平安時代の貴族社会では当たり前のことだった。では、この『源氏物語』における十二歳の年齢とは、いったいどういう年齢だったのか。元服という儀式によって、子供から大人に変わるという社会的認識があった。その社会的認識の背後に横たわっているものが性的欲求をどのようにコントロールし、社会的にどう調整するか、という問題だったのではないか。

また、三島由紀夫の小説『午後の曳航《えいこう》』は、艶《つや》やかな若い母親が再婚し、それに怒った息子が母親殺しをするという物語だが、その息子の年齢が十二歳。三島由紀夫はちゃんとそのあたりのことを心得ていて、殺人を実行に移す前に、刑法四十一条「十四歳に満たざる者の行為は之を罰せず」を朗読する場面がでてくる。刑法自身が子供から大人への区切りを示していたということもあるが、文学作品はそのあたりの時代の動きを敏感に反映しているといえるかもしれない。

一九九七年に起こった神戸連続児童殺傷事件の加害少年も十四歳で、その後、柳美里《ゆうみり》は『ゴールドラッシュ』という小説で、主人公の少年が父親をゴルフクラブで殺す場面を描いたが、その少年が十三歳であった。森鷗外の『山椒大夫《さんしょうだゆう》』では安寿《あんじゅ》が十四歳、厨子王《ずしおう》が十二歳。樋口一葉の『たけくらべ』でも龍華寺《りゅうげじ》の信如《しんにょ》という少年が十五歳、娘と女郎《じょろう》を兼ねる主人公の女性が十三歳だった。谷崎潤一郎の『少年』でも十三歳の転校生が驚くべき力を発揮するし、シェイクスピアの『ロミオとジュリエット』でもジュリエットが十二歳。マーク・トウェインの『ハックルベリー・フィンの冒険』のハック少年が十二歳。こうして考えてみると、エネルギーという点でも、世界に対する構え方にしても、まさに少年が大人になる端境期の重要な時点がこの十〜十四歳の時期であることがわかる。

仏弟子になったラーフラ

ここでふたたび、釈迦とラーフラ親子の問題にもどろう。不思議なことに、いつのまにか、ラーフラは釈迦の弟子になっていた。釈迦が妻子を捨て、遍歴放浪の第三林住期を生きている時に、親に殺意を抱いたとさえ考えられるほど悩んだであろうラーフラが、いつのまにか仏弟子になっていた。実は、ここに仏教の救い、ということに関する重大な秘密が隠されていると私は思う。

悪魔ラーフラが、いかにして仏弟子羅喉羅《らごら》に人格転換を遂《と》げたのかという問題である。これはこれからの若い世代の教育において、われわれがどういうことを考えないといけないのか、という問題にもつながっている。ところが、それをわかりやすく説いてくれるものがわれわれの眼前にほとんどのこされてはいない。

インド仏教のサンスクリット原典が中国語に翻訳されるときに、ラーフラという悪魔を意味する言葉がどのような言葉に移されたか。「悪魔」と訳す人はいなかった。日蝕《にっしょく》の「蝕」と訳す人もいなかった。意味をとって訳すととんでもないことになる。ラーフラの第一の意味、第二の意味がわかるように訳すと、仏陀《ぶった》の伝承そのものが汚《けが》されることになる。そういう意識が潜在化していたのではないか。だから音《おん》をそのまま移した。「音訳」したのである。それが「羅喉羅」である。阿羅漢《あらかん》とか波羅蜜《はらみつ》とかいうようにインドの原語をそのまま漢字の音に写しただけのことで、訳しにくい言葉、訳してはいけない言葉、秘密にしておかなければならない言葉、それを翻訳者は音訳の形にしたのである。ラーフラの場合は単純に音で羅喉羅とした。仏教の歴史二五〇〇年の底に流れる反省と苦汁《くじゅう》のあとをそこに認めることができるだろう。

さて、なぜラーフラは仏弟子になったのか。なることができたのか。この問いを解く鍵は「十大弟子」にあると私は考えている。のちの伝承ではあるが、釈迦が悟ったあと、仏教教団が作られ、一人ひとりの弟子を教化していく物語ができあがっていく。この何百人もの弟子の中から、典型的な十人が選ばれて十大弟子のパターンができあがったのである。どうして悪魔ラーフラが仏弟子羅喉羅になったのかという謎解きの問題を、この「十大弟子」の物語の中から解くことができないかと私は考えるようになったのである。

まだ仮説の段階であるが、この謎解きを進めてみよう。さて、十大弟子の名前を順番に見ていくと、まず第一の舎利弗《しゃりほつ》は、智慧《ちえ》が優れて「智慧第一」。第二が目連《もくれん》、鬼道に落ちた母親を供養して救った「神通第一」。第三が摩訶迦葉《まかかしょう》、どんな厳しい修行でも自らすすんでやる「頭陀《ずだ》第一」。第四が阿那律《あなりつ》、釈迦の前で居眠りしてて叱責をうけ、眠らず勉強して視力を失ったが、そのためにかえって真理を見ることができた「天眼第一」。第五が須菩提《しゅぼだい》、空《くう》という意味を一番深く理解した「解空《げくう》第一」。第六が富楼那《ふるな》、これは説法が優れた「説法第一」。第七が迦旃延《かせんねん》、これは議論好きで、議論すればこの人に勝つ人がなかった「議論第一」。第八が優波離《うばり》、戒律《かいりつ》をよく守り「持律第一」。この通り、ここまでの八人はそれぞれが一芸に秀でた弟子たちである。ところが第九と第十になって趣が違ってくる。第九に釈迦の息子、羅喉羅が出てくるが、彼は何が優れていたかというと、ひたすら学ぶ弟子として「学習第一」といわれる。そして最後の第十が阿難《あなん》、人の言うことを聞いて、聞いて、聞くことに徹する「多聞《たもん》第一」とされている。

私はこの「多聞第一」の阿難が、羅睺羅《らごら》と並んで配置されていることに特別な意味が隠されているのではないか、とふと思うようになった。もしかすると、羅睺羅の、父親に対する恨みや不平不満や非難、中傷の言葉、時には殺意をもらす口唇を、黙って聞いていたのが、十番目の弟子阿難尊者だったのではないか。聞いて聞いて聞くことに徹する阿難は、現代の言葉でいうとカウンセラーにあたり、魂の看取り手であったということだ。精神科医といってもいいかもしれない。宗教家の最も大切な資質が、悩みを聞いて、聞いて聞くことに徹することにあるとするなら、十大弟子の中では、一番若いけれどもこの阿難こそが重要な役割を演じていたということになる。釈迦が八十歳で最期を迎えるときの物語が『大パリニッパーナ経』(大涅槃教《だいねはんきょう》)だが、そこにもやはり阿難がじつに印象的な姿で登場する。二十年以上にわたって、晩年の釈迦の秘書の役割をはたしたのがこの阿難であった。

京都市上京《かみぎょう》区にある千本釈迦堂《せんぼんしゃかどう》(大報恩寺《だいほうおんじ》)には、釈迦と十大弟子の像が祀《まつ》られている。かれらはそれぞれ絶叫《ぜっきょう》したり、怒ったり悩んだり、緊張したりしている顔で立ち並んでいる。鬼のような顔やいかつい顔などもある。どれも一癖《ひとくせ》も二癖もある顔をしているが、その中で阿難尊者だけが柔和なやさしい顔をしている。それをみても、阿難だけは特別な存在だったのかもしれないと思わせる。人の愚痴《ぐち》を聞いて聞いて、聞くことができた阿難が、ラーフラの話を聞いてしだいに仏弟子の世界に導いていた光景が自然に浮かぶ。釈迦はそのラーフラと阿難の関係を、あるスタンスをおいてじっと見ていたのではないか。釈迦は、自分の手で直接息子を導くことを避けていた。そして、それがかれの教育上の理想のやり方であったのかもしれない。そのために阿難が特別な役割を果たすようになった。なぜ、そのような役割を阿難ははたすことができたのか。釈迦自身はエゴイスティックな苦しみから家を出て、息子を捨てたという負担を負いつづけていた。その過程で釈迦は最終的に自分自身を捨てる、というところに辿《たど》り着く。それ以外に道はなかった。それが、悟りにいたる究極の目標となった。その時はじめて、そのことの真の意味をラーフラに伝えることができた人物が阿難だったのではないかと私は思う。それを聞いたラーフラは、阿難の言うままに仏弟子の生活に入ることをみずから納得したのではないだろうか。ラーフラのいうことを静かに聞いている阿難、それをじっと見つめている釈迦。聞くこと、見ることの二つの契機、これこそが、仏教における教化の重要な要因になっていたものではないか。そして、おそらくこのような師と弟子の場面が、今日の日本の教育において一番欠けているものではないだろうか。

■聖徳太子の継承した釈迦の思想とは

さて、その釈迦の根本的な考え方、仏教の中核的思想が中国を経てわが国にどういうふうにして入ってきたかというのがつぎの問題である。釈迦の修行や思想のエッセンスを伝えているものの一つが、法隆寺の「玉虫厨子《たまむしのずし》」である。端的にいえば、その玉虫厨子に描かれている仏教絵画であるが、そこに聖徳太子の仏教理解をうかがわせる世界が表現されている。

玉虫厨子の須弥壇《しゅみだん》の側壁に二つの絵が描かれている。一つは「捨身飼虎図《しゃしんしこず》」で、サッタ太子が飢えた七匹の虎に自分を犠牲にして食べさせる話である。もう一つが「施身聞偈図《せしんもんげず》」で、仏教の尊い教えを聞

▲ 玉虫厨子（法隆寺蔵、奈良国立博物館提供）　下段須弥座《しゅみざ》に「捨身飼虎図」などが描かれている。

くためには自分の身を犠牲にしてもいいという考えを表現したものだ（二三五ページ）。みられる通り、両方ともテーマは「犠牲」である。その主人公すなわち釈迦が、この世に現れる以前、つまり前世の話という形をとっている。『ジャータカ』（釈迦の前世物語）などに語られている話だ。犠牲の人生を積み重ねることによって、釈迦という聖者がこの世に現れてきたという伝承物語の形にしたのである。

「捨身飼虎図」の表現手法は三段構成（同時同図法）になっていて、主人公は摩訶薩埵《まかさった》太子（釈迦の前世）である。まず上段は、岩山の上で上半身もろ肌脱ぎになっていざ身を投げ出そうという場面。中段は、逆さに身を投げて、上半身を反《そ》らしている姿。そして、下段は太子が地上に横たわって、それに飢えた母虎と七匹の飢えた子虎が食らいついている場面である。今、実物の厨子は、剥落《はくらく》し退色しているが、上段、中段は美しい絵ではあっても、下段は正視に耐えられないような残酷な場面である。

さて、仏教はこんな残酷な絵をなぜ生みださなければならなかったのか。仏絵師は、なぜこんな絵を描いたのか。釈迦は自分を犠牲にせよ、と説いているが、なぜ、それほどまでに残酷な犠牲のあり方を主張しなければならなかったのか、という疑問が私の念頭に蘇るようになった。それは仏教の本来の思想だったのだろうか、——そういう疑問がつぎからつぎへとだんだんつのってきたのである。

■シルクロードの捨身飼虎図

捨身飼虎図の源流は中国にある。北京《ペキン》近くの雲崗石窟《うんこうせっくつ》の千仏堂に、その捨身飼虎が壁画として描かれている。さらに西の敦煌《とんこう》には捨身飼虎の壁画が二十数点近くある。その西方のトルファンの石窟にも、そしてキジールにもある。つまり、北緯四〇度線のシルクロード線上に点々と存在する大石窟寺院の壁画に、捨身飼虎図《しゃしんしこ》が描かれていることに注意しよう。

中国の唐代の僧玄奘《げんじょう》は、そのルートを辿ってインドに行った。ギリシャ文明、キリスト教文明、それにインド文明が出会った文明の十字路、それがシルクロードであり、北緯四〇度線と重なっているのである。仏教の東方伝播において、北緯四〇度線というのが非常に重要な幹線道路であったことがわかる。それでは、その北緯四〇度線に点在する代表的な石窟寺院に、捨身飼虎図がどのように描かれているのか、それを実際にこの目で確かめてみようと、私は今から十年前に敦煌に行った。敦煌には、素晴らしい石窟がたくさんそのままの姿で残されているからだ。四世紀から十世紀まで全盛期の唐の時代の逸品、名品が壁画に描かれ、石像の形で彫り出されていた。この敦煌で見た石窟の中の捨身飼虎図は、みな同じパターンだった。しかし、形はあの法隆寺の玉虫厨子とまったく同じでも、七匹の虎が太子のからだを食べているときの残酷さ、悲惨さということになると、法隆寺のものとは比べ物にならないくらいリアルに描かれている。また中国に出かけていく前に写真集で見ただけであったが、キジールやトルファンの壁画に描かれる捨身飼虎図では、上段、中段はそのままきれいに残されているのに、下段だけ泥で塗りつぶしているものが数点あった。これは中央アジアや中国の人々も、さすがにこの凄惨《せいさん》な場面を正面から見ることができず、泥で塗りつぶしてしまったのではないだろうか。私はそう想像したのである。仏教絵画であっても、仏教徒にとっては見るに耐えない悲惨な光景だったのであろう。

キリストの十字架図と捨身飼虎図

この捨身飼虎図には、もしかすると他の文明の影響が及んでいるのではないか、と考えるようになったのがそのためである。まず、十字架に架かって死ぬイエスの凄惨な姿を思い浮かんできた。キリスト教の影響ではないかと考えてみるようになったのである。知られているようにキリスト教文明は、ガンダーラ地方を中心に仏教に大きな影響を与えている。その影響の痕跡《こんせき》が捨身飼虎図に現れているのではないかと思ったのだ。そのことを立証するものはあまりないが、中央アジアの仏教芸術に詳しい名古屋大学の宮地昭氏に聞いたとき、「実はガンダーラ地方にも、タリバンの根拠地のそばのペシャワール近くに古い捨身飼虎の線刻画がある。その地の岸壁に漫画チックな線描で、明らかに捨身飼虎図が描かれている」と教えてもらった。仏教がインドから中央アジアに伝えられていく過程で、当然、西からやってきたギリシャ文明とかキリスト教文明とそこで出会っている。そういう背景が考えられるわけだ。まさに文明の十字架である。

この捨身飼虎の話は、もともとインドの『ジャータカ』物語にあるのだが、それを絵画化するときに、キリスト教的なイメージが加わったのではないかと、一応そう解釈してみたのである。

捨身飼虎図の源流

しかしその後、玉虫厨子について本格的な研究をされた上原和氏の著作に接する機会があり、それにあらためて目を開かれた。上原氏によると、捨身飼虎というモチーフの成立に、中央アジアで南下してきた北方狩猟民族による影響が考えられるのではないか、という。

狩猟民族は、ヒツジやヤギや馬を飼い、動物とともに生活している。さらにその動物を解体して、皮、骨、肉のすべてを生活のために利用して生きている。人間は動物を殺して食べて、乳を搾《しぼ》って飲むが、逆に、当然のように動物も人間を襲ってくる。動物によって殺されることを覚悟するのが狩猟社会の定めでもあり、そのため人間と動物はその点で平等、対等の関係に立っている。ギブアンドテイクの関係である。その狩猟民の文化が捨身飼虎図に影響を与えていないか。摩訶薩埵《まかさった》太子の犠牲物語は単に精神的、理念的なものを物語の形にしたのではないであろう。実際に動物のために食べられるという体験を、当然のこととした狩猟民の記憶によって、ああいう形になったと推測できるからである。

■輪廻転生《りんねてんしょう》にみる平等的感覚

こうしてもしも捨身飼虎図が、狩猟民族の生活経験から何らかの影響を受けたとすると、仏教世界でもそういった狩猟民の感覚が表現されることになったということになるのかもしれない。そしてそのことが、仏教の輪廻転生説とも響き合っているのではないか、と私は考えるようになった。

たとえば、進化論では、人間とサルのあいだに進化という名の格差の基準が設けられているが、しかし仏教の輪廻転生説では、人間とサルはむしろ輪廻の輪でつながっている。それは、狩猟民族の生活そのものの姿を反映しているといってもいい。そしてそこから、人間と動物の関係に必然的にみられる食物連鎖という考え方が生まれたのではないか。つまり強い動物が弱い動物を食べ、鳥が虫を食べ、さらに虫はもっと小さな虫を食べて、その全体が循環していずれかの段階で人間も食われる。この食うか食われるかの連鎖の関係がどこまでもつづいていくというのが食物連鎖の生態系である。こうした食物連鎖の感覚が、輪廻転生という仏教の根本的な考え方と共鳴現象をおこして、捨身飼虎図のようなアイデアが生まれたのではないだろうか。そして、その底に流れていたのが狩猟民的感覚だったということになる。

玉虫厨子に描かれた捨身飼虎図というのは、一面では、釈迦が修行時代に妻を捨て、子を捨て、究極的に自己を捨てなければならないと思った時に現れた自己犠牲の思想であった。その犠牲の行為によって、虎の子供たち（＝ラーフラ）を救済する物語がつむぎ出されることにつながったということができるかもしれない。釈迦が自己を捨て去り、そのときラーフラが新しい生命をえて、仏弟子羅睺羅《らごら》が誕生したのである。捨身飼虎図の源流をたどっていくと、そこにはキリスト教の影響、北方狩猟民の影響、その両者の衝突による爪跡がみえてくるのであるが、どちらかというと食物連鎖の中で生きる人間の感性、つまり狩猟民的な感覚がこの絵の中にはより強く現れているのではないだろうか。それが仏教の過激な平等思想の、もう一つの具現化だったのだと思う。

3 玉虫厨子 再考

成城大学名誉教授
上原　和

昭和四十四年（一九六九）の十二月に、私は、思いがけなく、法隆寺当局と岩波書店編集部との御好意で、三日間にわたって、法隆寺大宝蔵殿にある玉虫厨子《たまむしのずし》と橘《たちばな》夫人厨子との解体調査に参加する機会にめぐまれた。それまでにも、玉虫厨子については二回、橘夫人についても一回、それぞれ寺の許可をえて実地に調査をしている。しかし、解体調査ははじめてであり、ましてや、写真撮影用のライトのなかに浮び上る玉虫厨子を見るのは、私にとってはこれからさき二度とあるとは思えない千載一遇《せんざいいちぐう》もいうべき貴重な経験であった。

光のなかによみがえった玉虫厨子

眩《まば》ゆいばかりの照明のなかに浮び上った玉虫厨子（二二〇ページ写真）の全像の、光輝く華麗さというものを終生忘れることはないだろう。それは、いつもの幽暗な翳《かげり》のただよう陳列ケースの中で、蒼古《そうこ》な、閑寂《かんじゃく》なたたずまいを見せていたときとは、うって変った華やかさであり、溢《あふ》れるばかりの生気であった。華麗さは、宮殿と須弥座《しゅみざ》とのぐるりに描かれた漆絵《うるしえ》の、その色漆の輝きにきわまり、生気は、にわかに蘇る厨子の全体に溢《あふ》れた。私は、ありし日の玉虫厨子の華麗さを想像せずにはいられなかった。今は錆《さ》びてしまった厨子の縁飾りの金銅製の透《すか》し飾金具は、すべて黄金色に輝き、その金銅の透しの間からは、金具の下に伏せてある玉虫の赤緑色の羽が艶《つや》めき、そして、なによりも本尊の金銅像の居《い》ます宮殿の扉のうちからは、宮殿の内壁と扉の裏一面に、いや天井裏にまでくまなく貼りつけてある万余の千仏像押出し金銅板の、燦然《さんぜん》とした黄金色が、輝き流れたに相違ないのである。厨子の木地《きじ》に塗られた黒漆も、透漆《すきうるし》も、彩画・彩文のための鮮やかな色漆も、すべては、艶《つや》やかな光沢《こうたく》をみせていた。なお、透漆といったが、いつも黒漆としか見えなかった色漆絵の描かれている羽目板の木地も、明るいライトのもとでは、透漆の塗られている木地の柾目《まさめ》が透けて見えるのである。このように、造顕された当時の玉虫厨子を目《ま》のあたりにすると、玉虫厨子はまさしく光沢の芸術にほかならない。それは、光の遍《へん》満《まん》する天上の光明世界を、厨子みずからが表現しえていたともいえる。日頃私たちが、ガラスのケース越しに見る、古色に錆びた、色の沈める玉虫厨子とは、なんという大きな開きがあることであろうか。

ありし日の姿によみがえった玉虫厨子といえば、このときの解体調査で、その華麗さに瞠目《どうもく》する思いをしたのは、軒廻りの彩色であった。錣葺《しころぶき》の屋根をもった玉虫厨子の庇《ひさし》は長く、そのために軒は思いきり深いが、繊細な細身の丸垂木《まるたるき》が平行に並ぶ軒裏に、朱《しゅ》の漆が一面に塗られていた痕跡が今もなお鮮やかに残っており、またゆるやかに身を反《そ》らせて軒裏を走り下りてくる細い垂木の列も、すべて朱一色なのである。その朱一色が、裳裾《もすそ》の紅《べに》の裏地にも似て、宮殿の庇の軒裏を一面に彩《いろど》っている。

加えて、尾垂木《おだるき》も、尾垂木を支えている斗栱《ときょう》も、黒漆の地にひときわ鮮やかに朱の細い輪郭《りんかく》線で縁どられる。朱線が、軒廻りの空間を、平行、斜行、交錯して走っていく。そして、朱は、斗栱の刳形《くりかた》の内側にもひそやかに塗られている。また、尾垂木の先端には環《かん》がついていた。おそらく金銅製の小さな風鐸《ふうたく》がきらびやかに吊《つる》されていたか、あるいは、絹の色とりどりの幡《ばん》が吹流《ふきながし》のように垂《た》れて、飜《ひるがえ》っていたのであろう。私のまぶたの裏に復原された朱の漆塗りの軒裏、そして、その軒裏にゆるやかに平行して流れる、朱塗りの細い反身の丸垂木の列、それらの彩色の華麗さと流れる線の繊細さに、私は、艶《えん》なるものをおぼえて、この厨子が、どう見ても女人の念持仏《ねんじぶつ》のように思われてくるのであった。

そのとき私の念頭には、この厨子を「推古天皇ノ御物ナリ」とする法隆寺の寺伝が、しきりに思い出されてならなかった。厨子は、女帝の念持仏としていかにもふさわしいものに思われた。

ちなみに、玉虫厨子を、推古天皇御物とする寺伝は、かなり古くからのものと思われるが、文献のうえでは、鎌倉時代に、法隆寺の僧顕真《けんしん》によって撰述された『聖徳太子伝私記』の上に現れるのが初見で、当時の法隆寺金堂内の諸尊像について記録してある条のなかに、

次ニ東ノ戸ニ向ヒテ、厨子有リ。推古天皇御厨子ナリ。其ノ形腰細ナリ。玉虫ノ羽ヲ以テ、銅ヲ以テ彫リ透カセシ唐草ノ下ニ之ヲ臥《ふ》ス。其ノ内ニ金銅阿弥陀三尊御ス。其ヲ盗人取ル。光二ツ許《ばか》リ残ル所トナル。（原文漢文・傍点筆者）

と見えている。続いて、顕真は、さらに橘《たちばな》夫人厨子についても、次のように記している。

次ニ西戸ノ方ニ厨子有リ。黒漆ノ須弥坐ナリ。光明《こうみょう》皇后之母、橘大夫人ノ造ル所ナリ。内ニ弥陀三尊在リ。金銅ヲ以テ地ヲ敷キ波文ヲ作ル。中ニ蓮花《れんげ》三本生《お》ヒ、其ノ上ニ三尊ヲ坐ラ令《し》ム。

なお、顕真はこれらの記載にところどころ細注を加えているのであるが、玉虫厨子についての彼のコメントのなかで、とりわけ注目されるのは、「此ハ橘寺滅滅之時、送ラレシ所ノ者ナリ」という一行である。顕真は玉虫厨子を橘寺(明日香村)からの移坐と目しているのである。もっとも玉虫厨子を橘寺からの移坐とみるのは顕真ひとりの考えというよりは、玉虫厨子を推古天皇御厨子とみるのと同様に、やはり法隆寺に伝わる寺伝とみるべきかもしれない。ただ、移坐された時期を、橘寺滅滅之時—藤原時代末の承暦《しょうりゃく》年間に橘寺はいちじるしく衰退している—とみたのは、顕真の思い違いのようである。

なぜならば、中世の法隆寺文書である『金堂日記』の、承暦二年(一〇七八)十月八日の「金堂仏像等目録」には、末寺の橘寺から、このとき移坐されたのは四十九体の小金銅仏像とあり、同目録には、すでにこれら橘寺からの小金銅仏を納めた大厨子とは別に、それ以前からあった玉虫・橘夫人両厨子をさしているものとみられる、

後東厨子堂内金銅小仏三尊

西厨子同阿弥陀三尊

という記載が見られるので、玉虫厨子

▲橘夫人厨子(法隆寺蔵、奈良国立博物館提供)

が橘寺滅滅之時、四十九体の小金銅仏像と一緒に橘寺から移坐されたものでないことだけは確かである。やはり、顕真の錯覚であろう。玉虫厨子の伝来について、かねてより橘寺から移坐されたものという寺伝が伝えられていたので、こうした錯誤が生じたといえよう。なおここで橘寺といえば、『聖徳太子伝私記』よりも十数年前に、顕真によって撰述された『太子伝古今目録抄』の菩提寺、すなわち橘尼寺の条に、次のような記載が見られる。

推古天皇宮ナリ。聖徳太子厨子仏像ヲ建立ス。南仏頭山《ぶっとうざん》有リ。太子勝鬘経《しょうまんぎょう》講讃之時、蓮花雨《ふり》シ地ナリ。

もともと橘尼寺は、用明《ようめい》天皇の橘宮の所在地で、宮の南の仏頭山の麓に廐戸皇子の宮殿があったので上宮王と呼ばれた。推古女帝に対する廐戸皇子の勝鬘経進講が、すでに「記紀」以前に撰述された『上宮聖徳法王帝説』に、戊子《ぼし》年(推古六年)四月十五日に小治田《おはりだ》天皇が上宮王に請いて勝鬘経を講《と》か令《し》めた旨の記載が見られる。ここでは、橘尼寺を、「推古天皇宮ナリ、聖徳太子厨子仏像ヲ建立ス」という一条に注目しておきたい。顕真のいうこの厨子仏像を、推古天皇による聖徳太子奉為《おんため》の玉虫厨子に擬して考えることはできないであろうか。

ところで、『金堂日記』や『聖徳太子伝私記』の記載をみて、容易に気づくのは、これら玉虫・橘夫人両厨子が、法隆寺金堂内で、後東の厨子、西の厨子、あるいは東の戸に向いて、西の戸の方に、というふうに、相対照する一対《いっつい》のものとして記述されていることである。玉虫厨子を東の間の薬師本尊の後の東側に置き、橘夫人厨子をその西側に置くのは、前者の本尊がもともと釈迦像であり、後者が阿弥陀像だからであろう。いうまでもなく、東は釈迦仏の浄土、西は阿弥陀仏の浄土である。

なお、顕真は玉虫厨子の本尊について、当時の流説そのままに、はじめ阿弥陀三尊が置かれていたが盗人に取られて、今は光背《こうはい》二つが残るばかりである、と記している。しかし、この厨子の本尊が釈迦仏であったことは、宮殿背面の壁に釈迦仏の浄土である「霊山会《りょうぜんえ》」図、すなわち王舎城《おうしゃじょう》の霊鷲山《りょうじゅせん》における釈迦仏の説法図が描かれていることからも、また釈尊の前生の物語である本生図が、須弥座《しゅみざ》の左右壁画に描かれていることからも、容易に察せられるところである。

こうして、釈迦仏と阿弥陀仏という異った本尊をもつこれら二つの厨子を、あたかも一対ででもあるかのように、並記する記述の仕方は、すでに天平《てんぴょう》十九年(七四七)の『法隆寺伽藍縁起并流記資材帳《がらんえんぎならびにるきしざいちょう》』に見られる。すなわち、

宮殿像弐具　一具金渥押出千仏像
　　　　　　一具金渥銅像

という表記に見られる。ここで、宮殿像というのは、いうまでもなく宮殿を象《かたど》った仏龕《ぶつがん》という意味である。宮殿像弐具のうちの、金渥《こんでい》、すなわち金銅の押出千仏像と記された一具を、玉虫厨子に擬するのは、まさしく宮殿形をしたその仏龕といい、宮殿の内壁・内側の扉、いや屋根裏にまでくまなく貼られていた痕跡を残す金銅押出千仏像の荘厳《しょうごん》によって、もはや疑いえないところである。これに対して、はたして宮殿像一具金渥銅像が、橘夫人厨子をさしているのであろうか、という疑問が生ずるかもしれない。少くとも、あの形は、現状を見るかぎり箱型厨子としか呼べない。

ところが、玉虫厨子に引き続いて、橘夫人厨子を解体調査した結果、意外なことが発見された。それ

は、橘夫人厨子の波文のある台座の表面の四隅から、かつてそこに柱が立てられていたことを証する八角形の枘穴《ほぞあな》の痕跡が現れたのである。ということは、造像当時の橘夫人厨子は、今日見るような、扉のついた箱型の龕《がん》をもたず、台座の上の四隅に柱をたてて、その上に覆斗《ふくと》形の天蓋《てんがい》を承《う》けている、まったくの吹き放ちのままの帳房《ちょうぼう》坐《ざ》牀《しょう》形龕であったことになる。それが、橘夫人厨子の復原形であり、まさしく宮殿内の帳房坐牀を模した宮殿像なのである。

　そこで、造像当初の吹き放ちの状態を再現するために天蓋も箱型の龕もいっさい取り払ってもらった。すると、台座上の蓮池から生えた茎《くき》の上に乗ったままの阿弥陀三尊も後屏《こうへい》も、たちまち光芒《こうぼう》のなかに全容を現し、とりわけ、ライトを浴びてくっきりとその輪郭を浮び上らせている、往生《おうじょう》者の浮遊する蓮池のレリーフをもつ後屏のシルエットの鮮やかさは、はっと息をのむほど鮮烈で印象的であった。私には、玉虫厨子が、一具金埿押出千仏像と記されているのに対して、橘夫人厨子が、一具金埿銅像と記された理由が、たちまちに理解されるように思った。

　さて、このように見てくると、天平十九年の『法隆寺伽藍縁起幷流記資材帳』に記されている宮殿像弐具は、玉虫・橘夫人両厨子を指すものとして、まず間違いないものとみられる。そこで次は、どのような経過をへて、天武《てんむ》朝再建の法隆寺金堂に施入されることになるかが問題となるわけである。橘夫人厨子については、何よりも厨子内の阿弥陀三尊像とその後屏などの表現様式から推して、明らかに白鳳《はくほう》末から天平初期にかけての造像であり、さらに後補の箱型の扉の彩画が天平に入ってからのものであることは確実なので、藤原《ふじわらの》不《ふ》比《ひ》等《と》の妃となった橘三千代《みちよ》の寄進という寺伝も大いにありえよう。しかし、玉虫厨子については、その作期にすら定説がなく、その推測は容易ではない。しかし、私の脳裏には、いつ頃からか、次のような考えがひそみはじめている。

それは、玉虫厨子は、やはり法隆寺の寺伝にいうように推古天皇御物であり、推古女帝遺愛の念持仏ではなかったかという思いである。廐戸《うまやと》皇子の薨後《こうご》、その追善のために、推古女帝の念持仏として造像されたもので、女帝の崩御後は橘尼寺に施入され、さらに法隆寺金堂の再建とともに、推古・廐戸由縁《ゆかり》の遺品として、法隆寺金堂に移坐されたとみるのである。眩《まば》ゆいライトにくまなく照し出された玉虫厨子宮殿の、女人好みのその艶やかな朱漆塗りの軒裏を見て以来、いよいよその思いは募るのである。

推古三十年(六二二)二月二十二日、廐戸皇子の薨後、気性が激しく、怜悧《れいり》にして美貌《びぼう》の推古女帝の心のうちにも、老いの孤独がしのびはじめはしなかったか。寂寥《せきりょう》の日々、甥《おい》の廐戸皇子を追慕して、暮《ぼ》夜《や》ひそかに枕を涙で濡らすことはなかったであろうか。廐戸皇子の薨後五年の推古三十四年(六二六)には、蘇我馬子《そがのうまこ》も没している。ひとり残された推古女帝の、孤独の深まりゆく無明の心に、ありし日の廐戸皇子の講経の日々が時として鮮烈に、時として遥かに想い起され、釈尊帰依の想いを深めはしなかったであろうか。推古女帝が崩じたのは、馬子の没した二年後の推古三十六年(六二八)のことである。

こうして玉虫厨子は、夫の廐戸皇子と一日違いで崩じた妃の膳大郎女《かしわでのおおいらつめ》の娘の春米女王《つきしねのみこ》やその夫の山背大兄王《やましろのおおえのみこ》らによって造像された廐戸皇子等身の釈迦三尊像や、最年少の橘大郎女《おおいらつめ》妃の哀切《あいせつ》な廐戸皇子思慕によってつくられた天寿国繡帳《てんじゅこくしゅうちょう》と同じように、叔母の推古女帝によって、廐戸皇子追善のために、造像された厨子とみるのである。推古女帝は、この厨子を念持仏として、孤独の日々の慰めとしてはいなかったか。私の眼には、玉虫厨子の前に拝跪《はいき》する老いたる推古女帝の姿が、まざまざと浮んでくる。合掌《がっしょう》する彼女のまなざしは、須弥座正面の、散華《さんげ》・焚香《ふんこう》・献物の「供養図」に導かれて、厨子宮殿内の尊像にそそがれる。推古女帝は、黄金に輝くその釈迦如来の尊顔に、いまは亡き廏戸皇子の貌《かお》を重ねてはいなかったであろうか。

玉虫厨子が釈迦信仰によるものであることは、宮殿の背面図に、鷲《わし》を象《かたど》った霊鷲山《りょうじゅせん》が描かれ、釈迦仏の浄土の表現である「霊山会」図が現されていることで十分に察せられよう。須弥座の左右側面の二つの本生《ほんしょう》図(釈尊の前生物語の絵解き)が描かれている、その二つの本生図の「捨身飼虎《しゃしんしこ》」「施身聞偈《せしんもんげ》」両図を見ていると、私には、それが生前の廏戸皇子の信仰告白のように思われて、図のなかの釈迦前生の菩薩《ぼさつ》たちの姿に、廏戸皇子その人の姿を見る思いがしてならないのである。

玉虫厨子の二つの本生図

昭和二十九年(一九五四)の夏、青春彷徨《ほうこう》の果てともいうべき二十代の終りの或る日、私はふと手にした春山武松著『日本上代繪畫史』(昭和二十四年、朝日新聞社刊)の口絵のなかで、玉虫厨子の須弥座の向かって右側面に描かれている「捨身飼虎本生」図のグラビアを見て、釈尊《しゃくそん》前生の薩埵《さった》太子が、竹林を彷徨する餓《う》えた母子の虎にわが身を与えるべく崖の上から投身する姿の、その従容《しょうよう》として死につく太子のもの静かな佇《たたず》まいに、いいようもなく心惹《ひ》かれ、胸が熱くなるのをおぼえずにはいられなかった。それが私と玉虫厨子との、いわば出会いであった。それは、私にとっては、廏戸皇子との出会いをも意

▲ 施身聞偈図（奈良国立博物館提供）

▲ 捨身飼虎図（奈良国立博物館提供）

味していたように思われる。上衣を脱ぎ、それを崖の上の樹枝に懸《か》け、たちまち身を翻《ひるが》えして薄明の虚空間を堕《お》ちていく薩埵太子の捨身の姿の上に、いつしか私は、廐戸皇子の姿を重ねていたのである。また、その本の見開きの次の頁には、須弥座の向かって左側面の「施身聞偈本生」図が掲げられていたが、そのときにはほとんど関心をおぼえなかった。

ちなみに、釈尊に関する物語には、前生の物語と、今生の物語との二種類があり、後者は、釈尊その人の誕生より出家、成道、入滅に至る釈尊一代記としての、いわゆる仏伝である。それに対して、釈尊がさとりをひらいて、ブッダになりえたのは、前生において、さまざまな人間や鳥獣に生まれて、すでに大いなる善根を積んだその因縁《いんねん》によるものであるという輪廻転生《りんねてんしょう》的な考えから、釈尊の前生の因縁を説く寓意《ぐうい》的な説話が、インドや北西インドにおいて限りなく生まれてくることになった。これが本生《ほんしょう》物語jataka《ジャータカ》であり、その数は、優に五百を超えているという。そうした釈尊の本生を、絵画や彫刻のうえに現したものが本生図であり、仏伝図とともに、インドや南海や西域《せいいき》など汎《はん》仏教美術圏において熱狂的な盛行をみるのであるが、中国では、西域の庫車《くちゃ》の諸石窟や敦煌莫高窟《とんこうばっこうくつ》を別とすれば、仏伝図に比べて本生図の遺例の数は少く、また日本では、玉虫厨子の本生図がほとんど唯一の例といえる。

　さて、玉虫厨子の本生図のうち、「捨身飼虎」図についてであるが、この本生は、摩訶薩埵《まかさった》本生として、『金光明経《こんこうみょうきょう》』捨身品《しゃしんほん》のほか数種の経典に収められており、数多い本生物語のなかでも最も有名なものの一つである。すなわち、釈尊は、前生において摩訶羅陀《まからだ》王の王子摩訶薩埵として生まれ、ある日、兄王子の二人とともに竹林に入り、母子の虎が飢餓のために死に瀕《ひん》しているのを見てこれを憐《あわ》れみ、崖から身を投げてその餌食となる、というのが、その本生のクライマックス・シーンである。

　これに対して、「施身聞偈」図は、雪山波羅門《ばらもん》本生といい、『大般若涅槃経《だいはんにゃねはんきょう》』聖行品にその出拠が見出される。やはり、釈尊が前生に波羅門の修行僧として雪山（ヒマラヤ山、いまのカシミール地方か）に住して苦行していたときに、帝釈天《たいしゃくてん》がその志操を試みるために、わが身を人肉を食《く》らう羅刹《らせつ》に変じ、波羅門僧のいる近くで、韻文《いんぶん》の四行の詩句である偈《げ》の前半の「諸行無常是生滅法《しょぎょうむじょうぜしょうめっぽう》」の二句を誦じた。波羅門は歓喜して羅刹にその後半の偈の朗誦を乞《こ》い、その代償としてわが身を羅刹に与えることを約し、後半の「生滅滅已《しょうめつめつい》寂滅為楽《じゃくめついらく》」の二句を聞くことができたので、それを路傍の岩壁、あるいは樹木の幹にまで書きとめて、高い樹の上にのぼり、樹上から虚空に投身する。その瞬間、樹下の羅刹は、身を帝釈天に復して堕ちてくる波羅門の身体をいだきとめるのである。

ところで、こうした摩訶薩埵本生と雪山波羅門本生のクライマックス・シーンが、玉虫厨子の「捨身飼虎」図では、上衣を脱いで樹皮にかける崖の上の王子、虚空を堕ちていく投身の王子、墜死した王子の身体を食らう母虎と七子、というふうに、また「施身聞偈」図では、波羅門と羅刹との出会い、羅刹に乞うて一命と引きかえに聞いた偈を岩壁に書きとめる波羅門、そして、崖上から投身する波羅門と羅刹から身を現した帝釈天、という具合に、時間の異った三情景が、枠によって区切られることなしに、同一画面のなかで、展開されていくのである。

私は、こうした、いわば一図多景式とでもいうべき表現法を、昭和四十四年(一九六九)十二月から翌年一月にかけてのインドの佛跡をめぐる旅で、いたるところで仏塔の欄楯《らんじゅん》(玉垣)の柱と貫《ぬき》に装された高浮彫の本生図や仏伝図に数多く見てきた。わけても、カルカッタの博物館で、紀元前二世紀のバールフット出土の欄楯の上の鹿本生図の前では、河で溺れていた男を救ったばかりに、その住処《すみか》を密告されて危うく殺されそうになる心優しい鹿王の、大きく見開かれた悲しみに満ちた眼と、画面の全体に漂うアルカイックな、素朴な情感に心惹かれて、容易に立ち去ることはできなかった。今もなお、そのメダイヨンが、なつかしく想い出されるのであるが、この鹿本生図が、玉虫厨子の場合と同じ一図三景式であった。そうした本生・仏伝の両図における一図多景式の表現法は、流沙のシルク・ロードを通って中国にも伝わる。それゆえ、私は、玉虫厨子の一図多景式自体を、ことさらに特異なものとは思わない。むしろ、私が注目するのは、インドで見た一図多景式の本生図や仏伝図が、古くは紀元前二世紀のバールフットの欄楯《らんじゅん》のものから、六世紀前後のアジャンター石窟の壁画のものに至るまで、その一図多景の表現方式の配置とその時間的展開に、なんら構図上の秩序が見られないのに対して、玉虫厨子の場合は、「捨身飼虎《しゃしんしこ》」「施身聞偈《せしんもんげ》」両図に、きわめて明確な、しかも両者がまったく相一致する、構図上の秩序が見られる点である。すなわち、須弥座の左右の羽目板に描かれた二つの本生図は、いずれも、その縦長い画面の左半分には、骨片状の岩板を積み累《かさ》ねて大きくC字形の弧をえがく山岳が描かれ、下から上へ向う動勢《ムーブマン》が強くうながされることになる。それに対して、画面の右半分はまったくの虚空空間であり、両者のいずれもクライマックス・シーンである主人公の崖の上からの投身によって、動勢は上から下へと向い、左手のC字形の積み重ねから始まった画面全体の動勢は、楕円《だえん》をえがいて完結する。薩《さっ》埵《た》王子、あるいは波羅門《ばらもん》の登場する三情景は、時計の針と同じ方向にめぐるこの楕円の動勢のうえに配され、物語は、円環的に展開し、終結する。このように、きわめて明確な構図上の秩序をもっているということが、玉虫厨子の両本生図の場合の大きな特徴である。

　加えて、インドの本生図・仏伝図では、一図多景式であれ、あるいは、一図一景式の場合であれ、画面の空間を、透間なくびっしりと人や物で埋め尽くす濃密な空間填充《てんじゅう》の表現法が大きな特徴となっているが、玉虫厨子のこの両図の場合は、空間填充とはまったく反対に、虚の空間の表現が見られる。なによりも強く心惹《ひ》かれ、胸を打たれるのは、やはり「捨身飼虎」「施身聞偈」両図に共通して見られる、崖の上からの投身のシーンである。構図上の共通性に加えて、劇的クライマックス・シーンを表すメイン・モチーフの完全な一致をここに見るのであるが、興味をおぼえるのは、これら二つの投身の姿の、落下の緩急、姿勢、体の向きが、まったく対照的に、描きわけられていることである。

前者では、投身の薩埵王子は、長く差し出した手を合掌し、両足は合せて伸ばして裳裾《もすそ》が乱れぬように踝《くるぶし》ではさみ、その乱れのない裳裾や腰帯を悠揚《ゆうよう》となびかせながら、まことに優雅に、きわめて静かに、虚空を墜落してくる。顔もおだやかで、頭上の双髻《そうけい》にも乱れはない。従容として死につく者の姿である。これに対し後者では、波羅門は、髪をふり乱し、両手を大きくひろげ、強く片足を屈し、全身気魄《きはく》に満ちてすさまじい勢いで落下してくる。形相《ぎょうそう》はきびしく、ただならぬものを感じさせる。凄絶として死につく姿である。なお、前者では、面《おもて》をあげた薩埵王子の顔は内向きであるが、波羅門では外向きである。そうした顔の向き一つにも、それぞれの投身者の内的表現が心こまかに描きわけられている。

このように見てくると、これら二つの本生図は、その依拠する経典を異にするとはいえ、それらの主題は、それぞれ別々に選ばれたのではなく、明らかに、意図的に、この二つの本生図が選ばれたことが理解される。そして、その意図された共通の主題が、まさしく捨身以外のなにものでないことを、領《りょう》解《げ》するのである。虚空を墜ちていく主人公たちの捨身の姿が、なによりもそれを劇的に語っている。釈尊前生の数ある菩薩行のなかから、捨身を主題とするこれら二つの本生が選ばれたということは、それは単なる釈尊の前生物語の絵解きというよりは、むしろ、これらの本生を選んだ供養者自身の内的な信仰告白と見なすほうがよいように思われる。前生の釈尊その人の捨身の菩薩行に倣《なら》おうとする、すなわち釈尊に対する無限の憧憬《しょうけい》と絶対の帰依《きえ》が、これら二つの本生を選ばせたものと、私には思われてならない。私の眼には、推古女帝の前で『勝鬘経』を講讃した若き日の廐戸皇子の姿が、また亡き皇子を追慕する老いたる女帝の姿が、彷彿《ほうふつ》として現れてくる。

■玉虫厨子と法隆寺金堂の建築及び絵画の源流をもとめて――敦煌莫高窟《とんこうばっこうくつ》への旅

はじめて敦煌を訪れたのは、文化大革命という名の内乱が終わって三年目の、昭和五十四年(一九七九)の四月上旬のことで、今日のように西安《せいあん》や蘭州《らんしゅう》から敦煌への旅客機も高層のホテルもなかった。

敦煌へは、蘭州からウルムチ行きの列車に乗って、左手に白雪を戴く祁連《きれん》山脈を遙かに望みながら、私たち仏教美術研究家訪中団の一行八名は、一昼夜かかって柳園《りゅうえん》まで行き、そこから、バスでゴビ砂漠を三時間走って、ようやくオアシスのなかの敦煌県城の招待所へたどりついた。招待所には白い漆喰《しっくい》壁《かべ》の平屋が数棟並び、夕暮の庭に咲く杏《あんず》の白い花が印象的であった。遙けくも来つるものかな、という感慨が胸に溢れた。四日間の滞在中、一日に使える水は洗面器に一杯だけで、毎朝その水で顔を洗い口も漱《すす》ぎ、夕方には身体を拭くと、捨てずに庭の草木に撒いた。

莫高窟へは、二十キロの道のりを午前と午後通った。バスの右手に見える鳴沙山《めいしゃざん》の砂丘が朝夕の光をうけて、絹のレースのようなやわらかな陰翳《いんえい》をつくっていた。安西《あんせい》に向う道の途中で右手に折れると、やはり右手には鳴沙山の砂丘、左手には三危山《さんきざん》の山なみが遠く砂漠のかなたに連なっていた。ときおり竜巻が砂漠のなかを走って行った。やがて右手の前方に乾いた河が現れ、対岸の鳴沙山の尽きる切り立った黄土色の断崖にいくつもの洞口が見えはじめ、ようやく緑のポプラの林の上に浮ぶように、断崖を背にして甍《いらか》の高楼が見えてくる。莫高窟の大仏殿である。私たちは橋を渡り莫高窟のすぐ手前の右手にある白壁の平屋の敦煌文物研究所を表敬訪問し、所員の熱烈な歓迎をうけた。常書鴻《じょうしょけい》所長は、蘭州へ出張中であった。

蒋毅明《しょうきめい》女史の案内で、莫高窟の諸窟を時代順に見学した。最初に入った窟は北涼《ほくりょう》の第二七五窟で、正面の西域風の弥勒交脚《みろくこうきゃく》菩薩像の前で、東大寺の平岡常海師の先導で私たちは『般若心経』を唱えた。莫高窟における私の目的は二つあった。一つは玉虫厨子の「捨身飼虎」図との源流を求めてであるが、さらにもう一つは、同じように入母《いりも》屋《や》造でありながら、あたかも兜《かぶと》の両肩を覆《おお》う錣《しころ》のように、屋根の母屋と庇との間に段落のある玉虫厨子の錣葺《しころぶき》の屋根と、法隆寺金堂の屋根のよう

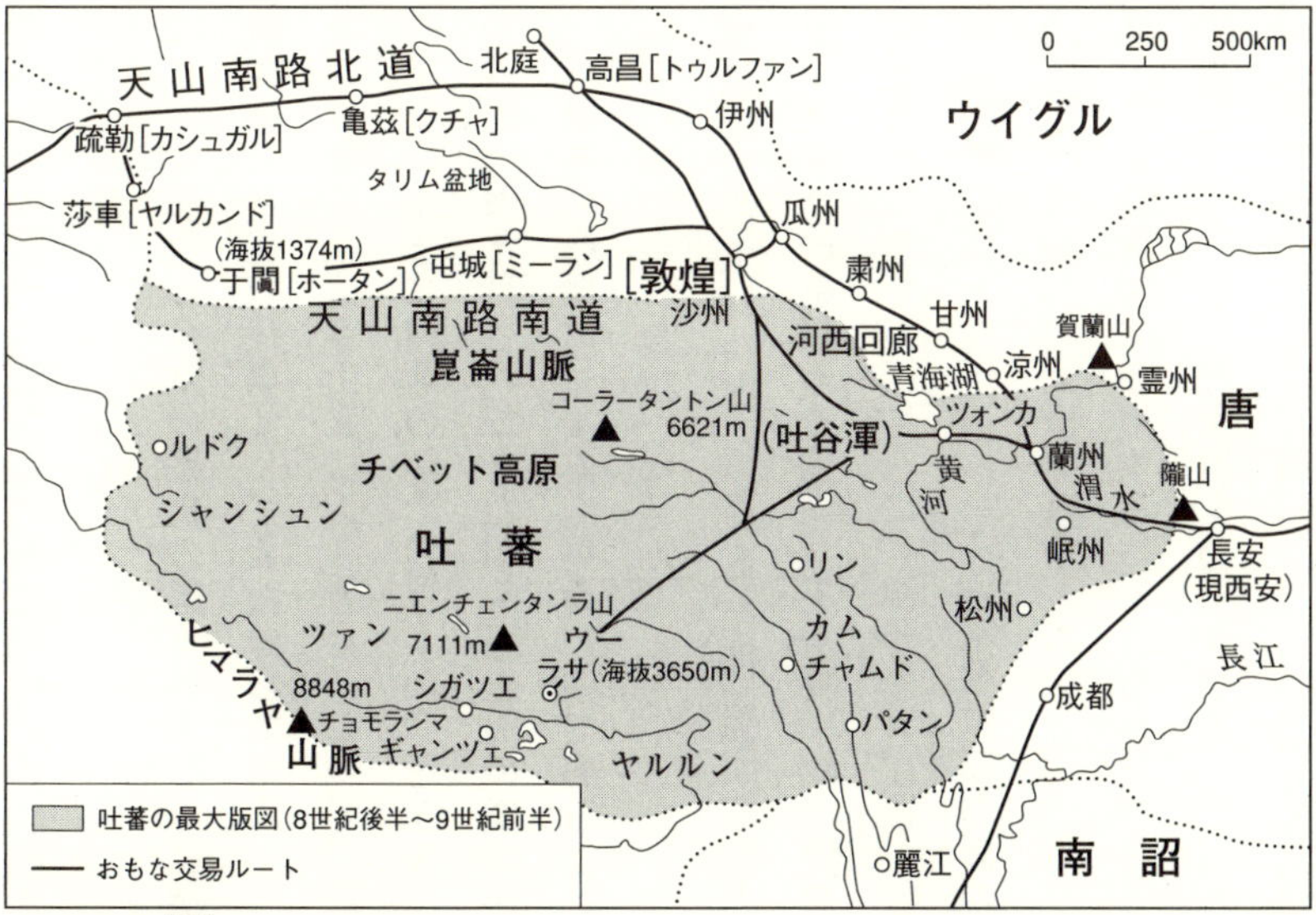

▲ 唐代・吐蕃《とばん》における敦煌への道

に段落がなく、一気に反《そ》り上っている屋根が、莫高窟ではいつの時代に現れるのか、自分の眼で確かめておきたかったのである。

それというのも、昭和三十二年（一九五七）の春に、はじめて法隆寺金堂の屋根の撓《たわ》みの美しさに深い感動をおぼえ、爾来《じらい》、玉虫厨子と法隆寺金堂との比較研究を、畢生《ひっせい》の仕事としてきたからである。

前述したように、その三年前の昭和二十九年（一九五四）の夏に私は春山武松氏の著書によって、思いがけず玉虫厨子の「捨身飼虎」図に出会い、感動さめやまないままに同著の〈玉虫厨子〉の章を読み、春山氏の玉虫厨子絵の諸図相の解釈、わけても旧来「舎利供養《しゃりくよう》」図と目されてきた須弥座正面の空間が、遠近ではなく、上下に展開されていることを指摘され、宮殿内の尊像に対する「供養」図であるという新説を提起された、その着眼の斬新さに、私は触発されずにはいられなかった。

それまで美学と西洋美術史を専門としてきた私は、はじめて法華経などの諸経典を渉猟《しょうりょう》するとともに、中国美術の図版をめくりながら、夏休みの二か月をかけて百枚を超える論文「玉虫厨子絵の主題に関する疑義」を一気に書き上げて、在任中の宮崎大学の紀要に寄稿した。さらに、翌年十月には、慶應義塾大学三田校舎の演説館（重要文化財）で催された第六回美学全国大会において、「宗教画における空間表現の問題―玉虫厨子絵の主題に関する疑義をめぐって―」と題して研究発表をした。

この時の上京が機縁となって、私は開設二年目の成城大学文藝学部に転出することになった。そして昭和三十二年（一九五七）三月の春休みに、第一回生の学生たちとともに大和路をめぐり歩くことになり、幸いにも斑鳩の法隆寺では、昭和九年（一九三四）以来の大修理が完成して、昭和二十九年（一九五四）十一月三日に落慶供養《らっけいくよう》が営なまれたという、新装なった金堂と五重塔を仰ぎ見ることができた。西院伽藍では、金堂を出て講堂の西寄りの階段を上りながらふと後ろを振り返った時、近くからはよく見えなかった金堂の入母屋造の屋根が、斜め正面にその全貌を現し、軒先から大棟へ向って大きく撓《たわ》んだ屋根が、あたかも天を指して昇っていく龍のように勢いよく反り上り上っていくのを見て、心が震えるような感動をおぼえずにはいられなかった。私は、学生たちに大声で「あれを見給え」と叫んだ。

次いで私たちは、大宝蔵殿で百済観音像を見上げたあと、玉虫厨子の前に立った。いま見てきたばかりの金堂の屋根と玉虫厨子の屋根との間に、なんと大きな相異があることか。双方ともに入母屋造とはいえ、玉虫厨子の屋根の流れは穏やかで、母屋と庇《ひさし》との間には段落があった。両者の間には、静と動、直線と曲線、下降と上昇という明瞭な対立があった。いや屋根ばかりではない。前者の角柱と後者の胴膨《エンタシス》らみの円柱との間にも、直線と曲線という対立が見られた。玉虫厨子と法隆寺金堂との間には、入母屋造という構造上の型式《type》を同じくしながらも、表現上の様式《style》の違いは歴然としていた。それは、まさしく時代様式の相異ではないのか。宝蔵殿に続いて訪ねた中宮寺《ちゅうぐうじ》でも、推古三十年(六二二)の厩戸皇子薨後に橘大郎女《たちばなのおおいらつめ》妃によって献じられた「天寿国繡帳《てんじゅこくしゅうちょう》」の鐘楼図の入母屋造には、明瞭に錣葺《しころぶき》の段落線が見られた。玉虫厨子が飛鳥時代の様式であることは、もはや自明のことといえよう。

では、玉虫厨子と大きく表現様式を異にする法隆寺金堂はいつの時代の建築様式なのか。私には、昭和二十三年(一九四八)八月、九州大学で美学専攻の大学特別研究生であった時に、はじめて友人と法隆寺を訪ねたときのことが思い起こされてくるのであった。西院伽藍内には人影はなく、金堂も五重塔も修理のために解体され、初層のみがトタン屋根で覆われていた。ちょうど昼時で、金堂内から壁画を模写していた画家の方々が休憩をしに出てこられたので、私は身分と氏名を告げて堂内に入れて戴いた。

そのときに蛍光灯下で対面した仏・菩薩の豊頬の丸顔が、なんと初々しかったことか。わけても真赤な色をした、大輪の薔薇《ばら》と見紛《みまご》う大輪の蓮華《れんげ》の枝を手に持った、半跏《はんか》の菩薩の胸元や指先のなんと艶《なま》めかしく、リアルであったことか。金堂が電気座布団からの失火で炎上したのは、五か月後の昭和二十四年（一九四九）一月二十六日の早暁のことであった。金堂壁画が唐風を示していることは、すでにいわれていた。当然のことながら、今日の法隆寺金堂の建築様式も、同じように初唐の作風を伝える白鳳時代の様式ではないのか。明治以来、法隆寺金堂を飛鳥時代の様式と目してきた学説に挑戦すべく、私は翻《ほん》然《ぜん》として筆をとり、七年後の昭和三十九年（一九六四）に、処女論集『玉虫厨子の研究―飛鳥・白鳳美術様式史論』（日本学術振興会）を上梓した。その後、私は、インド、南北朝鮮、中国各地、ギリシャ以東のシルクロードを歩いたが、敦煌だけが私の見果てぬ夢であった。

敦煌への初旅に携えた私の小型のスケッチ帳には、南朝の影響が濃厚な西魏《さいぎ》第二八五窟の南壁の「五百人盗賊」図と記された頁に、入母屋造の錣葺《しころぶき》の屋根が素早くスケッチされており、「段落線はないが屋根瓦の線で描きわけている」と傍書している。続いて北周《ほくしゅう》第二九六窟の頁には、二頁にわたって藻《そう》井《せい》（井桁《いげた》の形をした天井）の周りの「善事太子本生」図と、南側の腰壁に描かれた「五百人盗賊」図とに、錣葺の段落線が引かれた入母屋造の屋根のスケッチが見られる。そのスケッチの傍らに、案内者の蔣《しょう》毅明《きめい》女史が、歇山頂《けつさんちょう》という入母屋造の中国名も書き添えてくれた。そして、蔣さんは私のスケッチを指さしながら、このように段落がある場合には、有段式または二段式というのだと教えてくれた。

そうした有段式歇山頂に対して、法隆寺金堂の屋根に見られたような、天を指して反り上る撓《たわ》みの強烈な歇山頂が現れるのは初唐に入ってからであった。太宗《たいそう》の貞観《じょうがん》十六年(六四二)の銘文のある第二二〇窟の、南壁「阿弥陀浄土変相」図の正面上方の宮殿と宝池の左右の楼閣《ろうかく》の屋根に、撓みの強い、有段式でない歇山頂が、はっきり認められた。また、中央の阿弥陀三尊をはじめ画面いっぱいに溢《あふ》れる仏・菩薩・供養者たちの肌を露わにした豊満な姿がなんと艶かしく、リアルであったことか。私は、四十五年前に蛍光灯下で見たありし日の法隆寺金堂壁画を思い起こさずにはいられなかった。

▲ 初唐220窟南壁「阿弥陀浄土変相」図部分　正面上方は段落のない歇山頂。中央は阿弥陀三尊(『中国石窟敦煌莫高窟 3』平凡社より)

敦煌を離れる日の午後、蘭州から戻られた常《じょう》 書《しょ》鴻《けい》所長にお目にかかったとき、最初に私に尋ねられたのは、焼損した法隆寺金堂壁画のことであり、現在法隆寺に保存されている「飛天」

▲ 北周第296窟「善事太子本生」図の中の二段式歇山頂(著者撮影)

▲ 北魏第254窟「薩埵太子本生」図(著者撮影)

図の安否であった。
　さて、次いで莫高窟における「捨身飼虎」図の検証についてであるが、最初に見た北魏第二五四窟の前室南壁に「降魔変相」図と左右並んで描かれていた「薩埵太子本生」図の、喉《のど》を竹先で突き、虚空に身を投げて横たわっている太子に、白い眼を剥《さ》いて食いついている母虎の凄《すさ》まじい形相は、今もなお忘れられない。崖の上から三人の兄弟が餓虎《がこ》を見る場面から、太子の亡骸《なきがら》を収めて起塔する場面まで、区切りなく円環的に一つの画面に収めたこの本生図は、絵巻物風に物語りが展開していく北周から隋にかけてのほかの六例に比べて、すこぶる異色であった。

　ところで、この敦煌への初旅から今日まで、私の莫高窟訪問はいつの間にか十数回を数え

▲ 中唐第231窟『賢愚経』「摩訶薩埵以身施虎品」(著者撮影)　ここでは子虎の数は6頭である。

る。なかでも、圧巻は、北京で天安門事件のあった三か月後の平成元年（一九八九）の九月に、一般の旅行が禁止になっていたために観光客がまったく絶えていた莫高窟《ばっこうくつ》で、七日間にわたって北魏《ほくぎ》から北宋《ほくそう》にいたる全二十四窟の「薩埵本生」図に現れる子虎の数を調査したときである。玉虫厨子や北魏・北周の諸窟では七頭であった子虎が、図版で見ると、なぜか中唐以降の諸窟では六頭・五頭や四頭となっているので、その理由を文書で敦煌《とんこう》研究院に問い合せると、画家の自由でしょうという返事であった。そこで、早速現地に出かけたのである。幸いにも、当時の段文傑《だんぶんけつ》院長が私に中国人研究者と同等の資格を与えて下さったので、『敦煌莫高窟内容総録』（一九八二年刊）に記載されていた二十窟二十四図のすべてを調査することができた。

もともと莫高窟における中唐期は、吐蕃《とばん》（チベット）による沙州《しゃしゅう》支配時代であり、画風とともに依拠経典も一変し、梵語《ぼんご》に倣《なら》った西蔵経典の『金光明経』「捨身品」と『賢愚経』「摩訶薩埵以身施虎品」に拠ったために生じた子虎の数の異変であり、北涼《ほくりょう》の曇無讖《どんむせん》の『金光明経』「捨身品」の漢訳では、梵語の五頭が七頭と誤訳されていたのである。また、屏風絵などに見られる物語の展開も、西蔵語の横文字と同じように左から右へと進行していた。

この時の調査を、私は「敦煌莫高窟に見られる『摩訶薩埵本生』図の諸相」と題して、一九九四年八月、敦煌研究院で開催された敦煌学国際学会で発表した。

吐蕃文化に大きく眼を開かれた私は、早速にも翌年チベットを訪れ、聖徳太子とほぼ同時代に十六条法を制定した文明開化の父ソンツエン・ガンボの夏の白い雲が流れる奥津城《おくつき》の前に立った。

結び

玉虫厨子は、現在、平成十年（一九九八）に落慶《らっけい》した大宝蔵院西宝蔵の奥の陳列ケースに安置されている。宮殿ならびに須弥座《しゅみざ》の絵をガラス越しに近々と拝観することができるが、すこぶる残念なことに、須弥座正面図の脇には今日もなお「舎利供養」図という立札が見られる。

しかし、厨子の前に跪《ひざまず》いて合掌するとき、この須弥座正面図が宮殿内の尊像、すなわち創建時における廐戸皇子奉為《おんため》の釈迦三尊像に対する「供養」図であることは容易に理解される。画面は上から下へと、すなわち虚空から地上へと、散華《さんげ》・焚香《ふんこう》・財物の三つの二等辺三角形状の供養形式が見られる。「舎利供養」図と見誤ったのは、地上の供養台の合子《ごうす》（金、銀、珊瑚《さんご》・瑪瑙《めのう》などの財宝を盛った蓋付きの平らな容器）を、舎利壷と勘違いしたためである。私の処女論集『玉虫厨子の研究』所収の「供養」図説が学界の定説となって半世紀近くになるにもかかわらず、である。

なお、現在、照明が厨子の上方に取付けられているために、軒回りが暗く、法隆寺の寺伝に推古天皇御物とあるように、女人の持仏としていかにもふさわしい、朱塗りの艶やかな軒裏が見えないのは残念である。いつの日か玉虫厨子が甦《よみがえ》らんことを、願ってやまない。

本稿前半は、旧著『斑鳩の白い道のうえに──聖徳太子論』「第五章2捨身飼虎──よみがえる玉虫厨子」（朝日新聞社、一九七五年）を改稿し、後半は一九七九年以後の十数回に及ぶ敦煌莫高窟調査における新知見を加えた、現在における私の玉虫厨子考の到達点を示したものである。

4 創建斑鳩寺と再建法隆寺

奈良文化財研究所元所長
鈴木　嘉吉

明治三十八（一九〇五）年、関野《せきの》貞《ただし》が「法隆寺金堂塔婆《とうば》及中門非再建論」という論文を発表した。これがいわゆる法隆寺の再建・非再建論争のきっかけである。関野は古社寺保存法に基づく奈良県の初代技師で、法起寺《ほうきじ》三重塔や唐招提寺《とうしょうだいじ》金堂・薬師寺《やくしじ》東塔などいくつかの修理の監督をした後、東京帝国大学に戻り、論文発表当時は助教授であった。その論文では、金堂・五重塔・中門は非再建で、聖徳太子が建てたままだといい、美術史学者の平子《ひらこ》鐸嶺《たくれい》もこれに同意見であった。対して、歴史学者の喜田《きだ》貞吉《さだきち》は、天智《てんじ》九（六七〇）年に法隆寺が焼けたという『日本書紀』の記事に間違いないという再建論を主張した。本稿ではこの問題に対して、近年の研究成果を含めながら私見を述べてみたい。

■法隆寺と薬師寺

現在、世界で残っている最古の木造建造物は法隆寺で、それに続く建築としては薬師寺（奈良市）の東塔がある。はじめに、その法隆寺と薬師寺の組物を比べてみよう（図1・図2）。法隆寺では雲斗《くもと》雲肘木《くもひじき》という一種の持送りで出桁《でげた》を前へ差し出しているのに対して、薬師寺の方は斗栱《ときょう》といって、通肘木《とおしひじき》を含む斗《ます》と肘木（栱）の組み合わせで構成し、肘木の上に斗を置き、また次のものを積み重ねて一手ずつ前へ出している。

横方向でも、法隆寺の方は肘木の上に雲斗という手を開いたような形の物があり、上の通肘木を支え

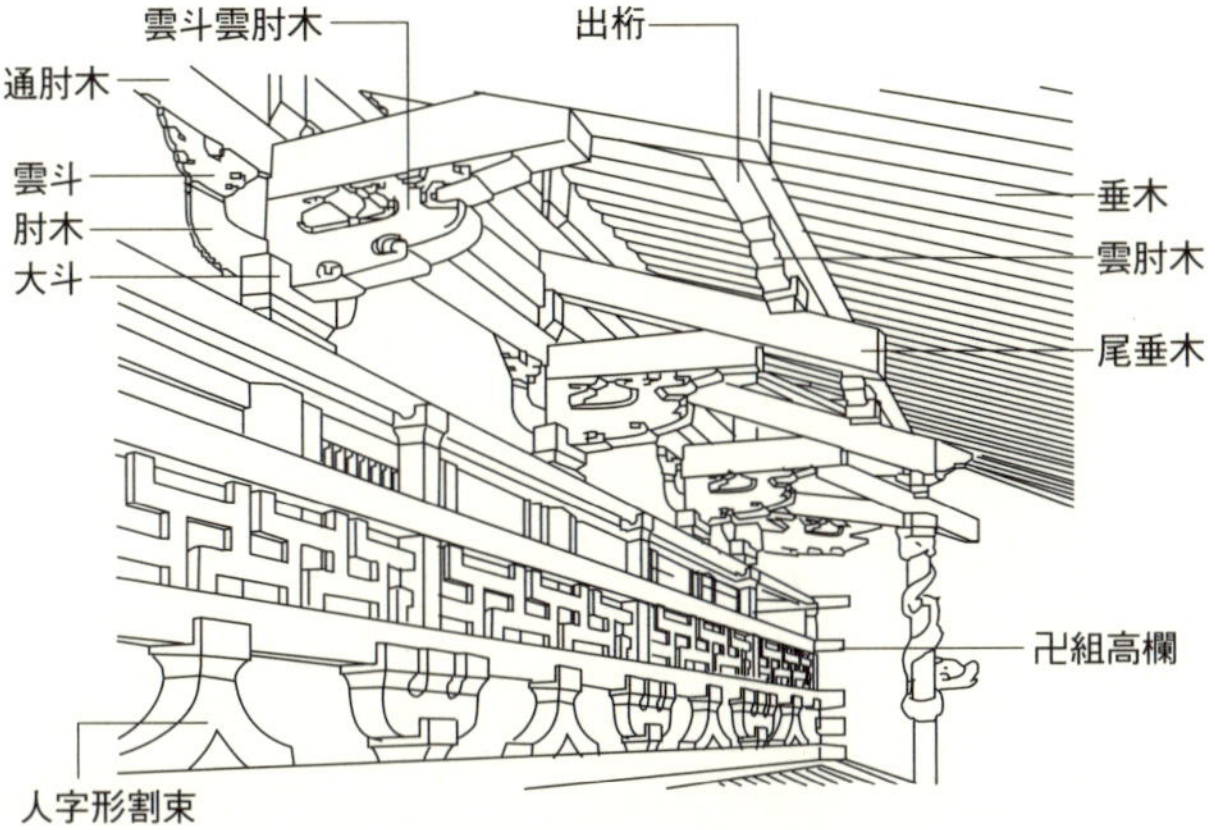

▲ 図１　飛鳥様式の雲斗雲肘木組物（法隆寺金堂）

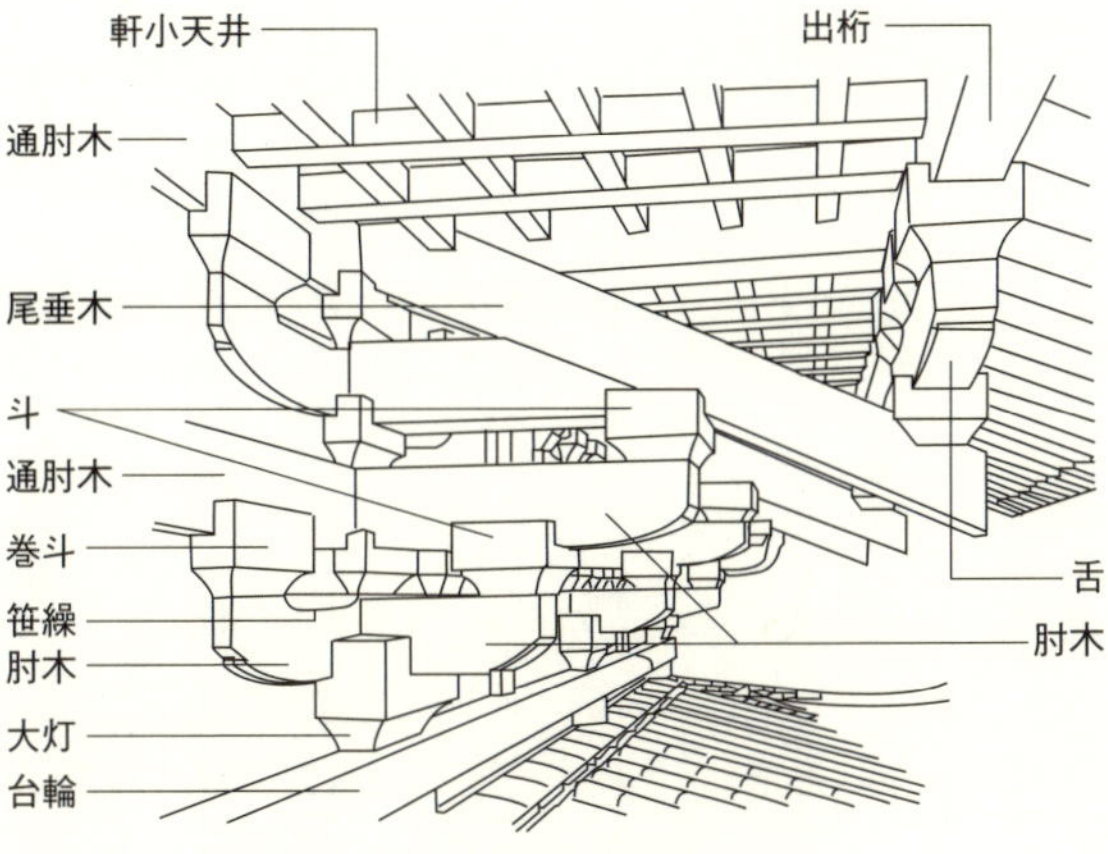

▲ 図２　白鳳様式の三手先組物（薬師寺東塔）

ている。また、前に出てくる材と横に通っている材が背違いになって積み重なっている。一方、薬師寺は前に出る材と軸部を固めている材が同じ高さで組合い、それを三ツ斗《みつと》で支えているので見た目も整然としている。軒天井も法隆寺にはない。このような法隆寺と薬師寺の様式の違いは何だろうか。

結論からいうと、明治以来、建築史学者は法隆寺は飛鳥《あすか》時代のものであり、それに対して、薬師寺は白鳳《はくほう》時代のものであるからだと考えてきた。

実は、現在奈良の西ノ京に建っている薬師寺の東塔は、『扶桑略記《ふそうりゃくき》』などによると天平《てんぴょう》二(七三〇)年に造ったとされる。これはもう奈良時代である。しかし、建物は藤原京(橿原市《かしはらし》)に最初につくられた薬師寺の姿を、そっくりそのまま平城京で再現したもので、その様式を受けついだ。薬師寺は、初め天《てん》武《む》天皇が皇后《こうごう》(後の持統《じとう》天皇)の病の平癒《へいゆ》を祈って発願し、天武没後、持統が夫の菩提《ぼだい》を弔《とむら》うために建てた寺である。この天武朝くらいからを白鳳時代といい、美術史では中国の文化がストレートに日本に入ってきて、白鳳文化が花開いた時代である。

一方、時代を遡る《さかのぼ》飛鳥時代では、中国の文化、なかでも古い文化が朝鮮半島を通って、途中の国々で少しずつ形を変えながら、日本に伝えられたのであった。そういうふうに考えると、法隆寺は飛鳥様式なので、あのような古めかしいかっこうをしている。そのため、斑鳩《いかるが》の法輪寺《ほうりんじ》や法起寺《ほうきじ》を最後にその様式は途絶えてしまった。それに対して、白鳳様式である薬師寺の肘木や斗の形式は、天平時代に伝わり、唐招提寺金堂、東大寺法華堂、法隆寺夢殿などにそのまま引き継がれている。そして、この天平建築は時代が下がっても日本建築の手本とされ、和様《わよう》と呼ばれる建築様式となった。

法隆寺の源流は高句麗《こうくり》か百済《くだら》か

さて、薬師寺の建築様式の源は中国の唐《とう》である。では、法隆寺の源はどこで、それがいつ日本に入ってきたのだろうか。中国にもとになる同じような建築が残ってさえいれば、その答えは簡単に得られる。しかし、法隆寺が世界最古の木造建築といわれることからわかるように、おおもとの中国には木造建築の古いものがない。現在中国に残っている一番古い木造建築物は、中国仏教の聖地の一つ、山西省《さんせい》の五台山《ごだいさん》の麓《ふもと》にある南禅寺大殿という小さいお堂で、唐の建中《けんちゅう》三(七八二)年に建てられた。日本では奈良時代から平安時代に入る頃であり、それ以前の建物は残っていないのである。

こうして中国に古い様式の建築が残っていないことから、法隆寺の源流についてはさまざまな議論がある。とくに、朝鮮半島の南の百済《くだら》を経由して入ったのか、北の高句麗《こうくり》を経由して入ったのかという議論である。この百済か高句麗かというとき、明らかなのは百済の影響である。日本で最初の寺は蘇我馬子が造った飛鳥寺(法興寺《ほうこう》・元興寺《がんごう》)である。『日本書紀』や「元興寺露盤銘《ろばんめい》」によると、崇峻《すしゅん》元(五八八)年、百済から舎利《しゃり》と一緒に寺工《てらだくみ》・瓦工《かわら》・露盤師や画工などの技術者が渡来し、日本で最初の本格的な造寺が行われた。こうして百済からの工人による寺院建築がはじまるまでは、日本では掘立て柱の建物だけで、屋根も萱《かや》など植物で葺《ふ》いていた。礎石《そせき》を置いて柱を立て、組物を用いて軒を大きく広げ、屋根には瓦を葺くのは仏教建築が初めてであった。この飛鳥寺以後、しばらくは百済からの影響があり、飛鳥寺と同系の工人の手で聖徳太子が法隆寺を建立したとするのは素直な考えであろう。

当時の朝鮮半島は高句麗、百済、新羅《しらぎ》が争う三国時代で、百済は北の高句麗へ入れず、海を渡って南へ行くことになるので、百済の影響というなら、そのもとは中国でも南朝であると考えられる。

三十年くらい前、韓国で、百済の聖明《せいめい》王の父・武寧《ぶねい》王の陵墓《りょうぼ》という古墳が発掘された。瓦を焼いたレンガで壁を作ってある立派な墓で、こういう墓は中国では北朝にはなく南朝だけにある。そういうことからしても、南朝の文化が百済を通じて日本にやって来たに違いない。関野貞も百済の影響、そして源流は南朝にあるという説であった。

一方、高句麗源流説であるが、鴨緑江《おうりょくこう》の周辺に壁画を持った高句麗の古墳群があり、天井を支える柱や組物が描かれている。図3を見てわかるように、柱の上(斗の下)に平らな板がある。これは皿斗《さらと》、皿板といい、肘木《ひじき》の端にも平板があり斗が乗る。法隆寺にも、これと同じように大斗の下に皿斗がある。また、中国大同《だいどう》の雲崗石窟《うんこうせっくつ》や高句麗古墳には法隆寺の人字形割束《わりつか》と同じようなものがある。このように、高句麗もしくは中国北朝文化の影響も否定できない。法隆寺を最初に飛鳥建築に位置づけた伊東忠太は北朝説をとった。

法隆寺の組物で特徴的なのは、柱の上に乗った大斗《だいと》の上に肘木があって、その両端に斗ではなく三角形に上が開いた雲斗が二つ乗っていることである。たぶん、これは上を支える二つの斗・双斗《そうと》の変形で、法隆寺の雲斗や雲肘木は双斗の系統を引くものらしい。双斗という形式は中国では古く漢の時代に行われていて、四川《しせん》省の石造物の斗栱(図4)を見るとわかるように、肘木が曲がって上を支えている。これが源流であろうと思われる。しかし、中国の例は二世紀ごろの古い時代のもので、あまりにも年代が離れすぎていて、それがどう変化して法隆寺のようになるかというと、なかなかそこまで系統づける資料がない。戦後、北朝鮮で発見された安岳三号墳（三五七年）も双斗が使われ（図5）、肘木の下に舌《ぜつ》という出っ張りが付いている。これが何であるのかわからないが、法隆寺のものにも舌がある。このように類似性はいくつか指摘できるが、ではその源が百済か高句麗かということになると、現在でもはっきりとはわからないのである。

図3　高句麗壁画古墳の柱・斗栱図

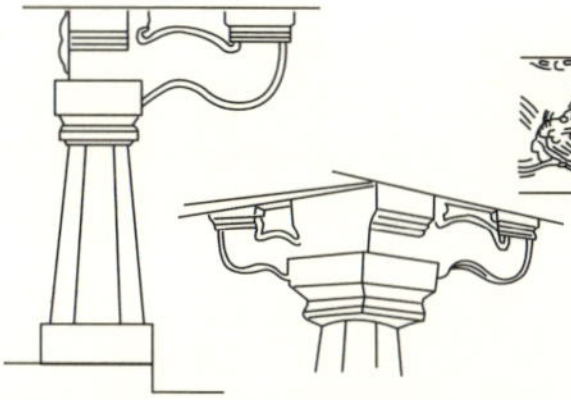
図4　四川彭山530号崖墓石柱斗栱

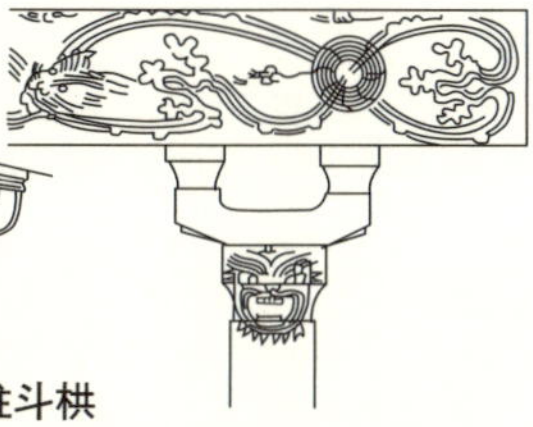
図5　安岳3号墳石造双斗

伝来時期の手がかりとなる山田寺と玉虫厨子

これまでみてきたように、法隆寺の建築様式は中国でも古い様式である。その古い様式がいつ日本に来たのだろうか。再建・非再建論争の間、基本的に建築史学者は、古い様式は飛鳥時代の初めに入って来たと考えてきた。歴史学者との論争がいろいろあって建物の年代に疑問が出てきても、聖徳太子の時代には、そういう様式が輸入されたと考えてきたのである。

ところが戦後、飛鳥時代の建築が法隆寺

の様式だけではないことがだんだんわかってきた。昭和三十二(一九五七)年の飛鳥寺の発掘調査では、中金堂と東西金堂と金堂が三つ発見されたが、中金堂の建築様式と東西金堂の建築様式とはまったく違うのである。飛鳥寺は、ごく単純に百済の工人が新しい技術を持ってきて造ったと考えていたのだが、同時に二つか三つの種類の建築様式を持って来たらしいのである。

そして、昭和五十一(一九七六)年から平成八(一九九六)年まで行われた山田寺(桜井市山田)の発掘によって、飛鳥時代の初めに法隆寺の建築様式が輸入されたという建築史家の認識が少しずつ変わってきた。山田寺の柱の位置を比べてみると(図6)、法隆寺金堂や川原寺(高市《たかいち》郡明日香村)金堂は内陣まわりの柱と同じ柱筋に外陣の柱があるのに、山田寺は内陣の正面が三間、側面が二間になっていて、外陣も三間と二間である。普通なら正面三、側面二なら、外陣はそこに付くので五×四になるわけだが、山田寺は三間×二間とそのままになっている。ありがたいことに山田寺というのは建立経過の記録があって、『上宮聖徳法王帝説』の裏書で舒明《じょめい》天皇十三(六四一)年に造営を始め、皇極《こうぎょく》二(六四三)年に金堂を建てたことがわかるのである。

さて、この山田寺の柱の位置と法隆寺に伝わる玉虫厨子《たまむしのずし》の柱の位置を比べると、この二つは同心円的性質をもつ点で共通していて、玉虫厨子では真中の組物が開いて放射状になっている。組物を斜めにするのは玉虫厨子が工芸品だからという考え方もあるが、山田寺の金堂は非常に大きくて礎石から基壇《きだん》の端までが広いので、組物を使って深い軒《のき》を支えるということが当然考えられる。そのためには、かなり前に持ち出す組物を作る必要があるし、その組物自体が放射状に配列される。後の時代の普通の仏堂

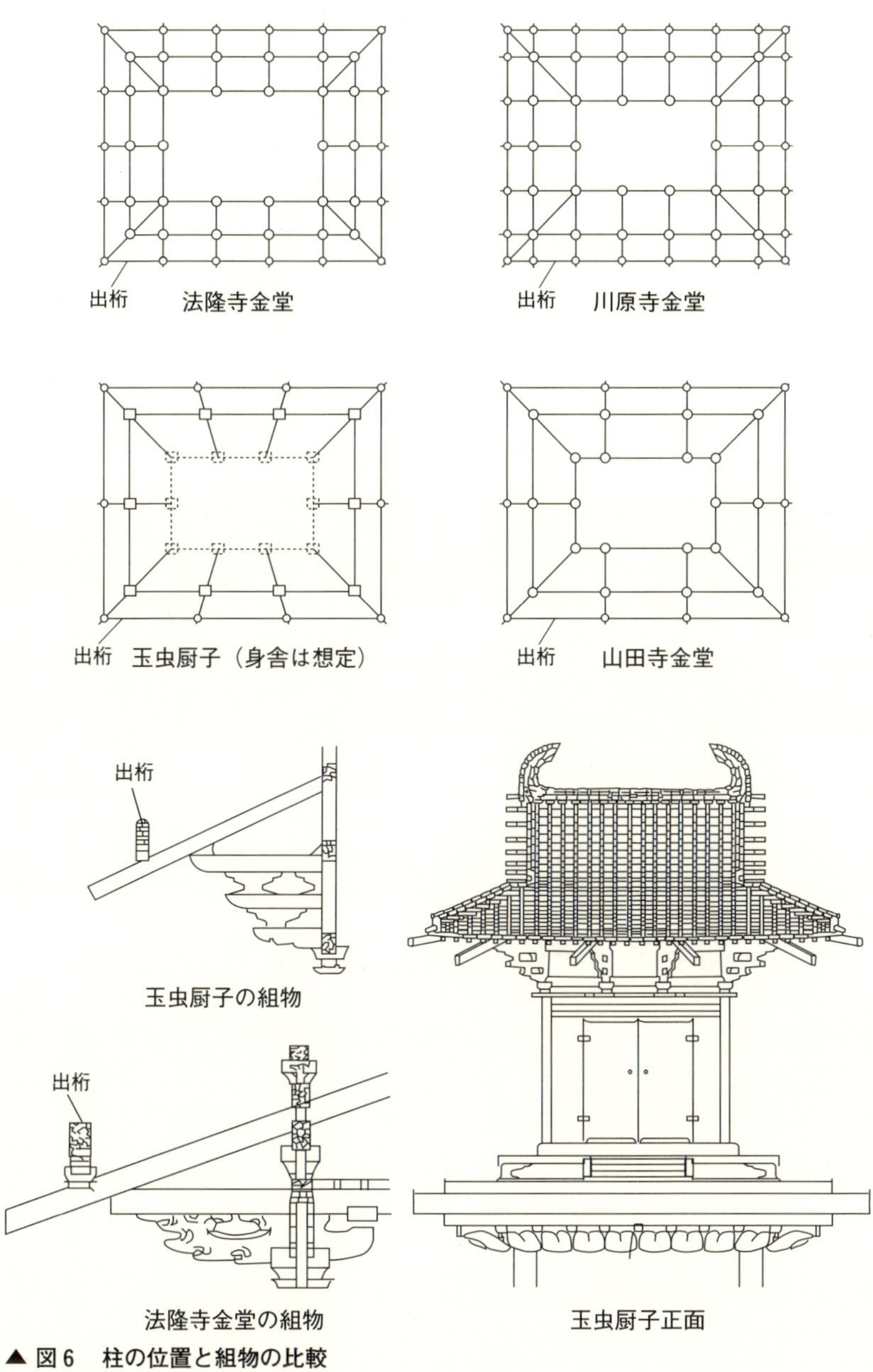

▲ 図6　柱の位置と組物の比較

と柱の並びが違うことからそういうことが導き出され、そのことによって山田寺が六四三年の建立なら、玉虫厨子の様式もこの頃には日本に来ているのではないかと考えられた。玉虫厨子が日本製か朝鮮半島で作られたものを持って来たものかという議論もあるが、今ではだいたい日本製だと考えられているので、少なくとも、六四三年にはこういう様式が日本に入ってきていたとしてよさそうである。

さて、今度は玉虫厨子と法隆寺の金堂を比べてみよう。玉虫厨子は肘木《ひじき》を二段にし、雲斗《くもと》も二つ重ねていて組物の形としては素直である。また、玉虫厨子は柱の上の大斗を通肘木で結んでいるが、これも中国では、だいたい六世紀の半ば頃までの古いやり方である。法隆寺の建築と玉虫厨子ではどちらが古いのかという議論は再建・非再建論争の始めからあるが、こういう組物の形からみて玉虫厨子の方が古いと考えてよい。だいたい山田寺と同じ頃には玉虫厨子の建築様式が入り、それを少し整備したのが法隆寺ではないか。

現在の法隆寺がいつ造られたかという議論とは別に、建築の構造や形としては少なくとも、六四〇年頃には日本に入って来ていると推定されるのである。

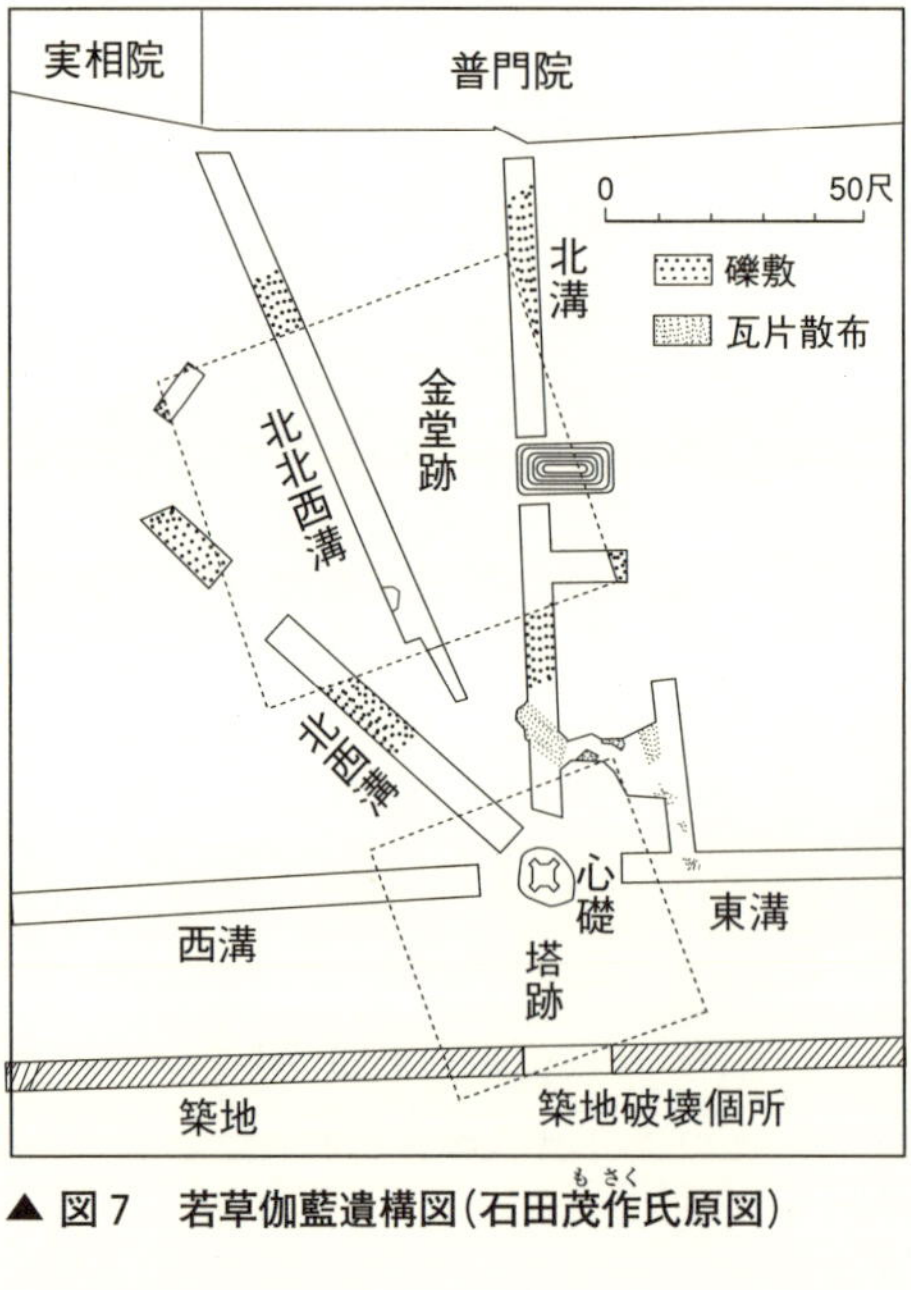

▲ 図7　若草伽藍遺構図（石田茂作《もさく》氏原図）

若草伽藍の発掘

法隆寺再建非再建論争はさまざまな角度から問題が提起され、日本の建築史や美術史の研究に大きな役割を果たした。

たとえば、関野貞はもう一つ、法隆寺の建築の尺度に注目して、後の天平尺に比べると一・二倍の高《こ》麗《ま》尺《じゃく》と呼ばれる古い尺を使っているので非再建なのだと論じている。つまり、法隆寺金堂の母屋《もや》は三間になっていて、それが高麗尺の九尺、その脇の庇《ひさし》が高麗尺の六尺となる。これが天平尺ならそれぞれ十尺八寸と七尺二寸の半端な寸法なので、法隆寺は高麗尺を使っているから古いというのである。

しかし、関野は高麗尺を大化改新以前の尺度と考えていたのだが、尺度は大化改新で変わったのではなく、その後も使われていることがわかり、最近では平城京の条坊の割付けも最初は高麗尺で始めたというところまで研究が進んでいる。高麗尺を奈良時代まで使っていたのだとすると、法隆寺金堂が高麗尺だから飛鳥時代という説は成り立たなくなる。

こうした論争が続くなかで、昭和十四（一九三九）年の若草《わかくさ》伽藍《がらん》跡（図7）の発掘は決定的なものとなった。ここでは塔と金堂が南北に並ぶ四天王寺《してんのうじ》式の中心部が明らかになり、若草伽藍跡から出る軒丸瓦《のきまるがわら》の文様が単弁《たんべん》の飛鳥式の非常に古い瓦であることがわかった。現在では、その文様から一部は飛鳥寺で使った瓦と同じ木型を修整して作ったこともわかっている。これに対して西院伽藍の方は、白鳳式の複《ふく》弁《べん》瓦で年代的にも違うから、若草伽藍は聖徳太子が造った創建法隆寺であり、今の西院伽藍は再建であると明らかにされたのである。

しかし、建築史家はやはり法隆寺建築の古めかしさに牽《ひ》かれる。その代表が福山敏男で、法隆寺金堂の天蓋《てんがい》が中国でも六世紀に流行した古い形式というのを重視して、天蓋は建物と一緒につくられるはずだから、天蓋の作製年がそんなに下がるはずがない。だから、火災があったのは天智九（六七〇）年ではなくて皇極二（六四三）年で、この時、蘇我入鹿《そがのいるか》軍によって斑鳩宮が焼き討ちされ、山背大兄王《やましろのおおえのおう》とその一族が滅びたが、その焼き討ちで創建の伽藍が焼けて、今の金堂はその後に建てたのだという説を発表している。

新再建論について

さて、私は二十年ぐらい前に新再建論を発表した。その前提としては若草伽藍が創建の法隆寺であって、聖徳太子が建立した伽藍であることは間違いないし、天智九年に焼けたというのもそれで良いと考える。そうしたうえで現存の西院伽藍の中で、個々の建物を比べてみよう（図8）。

中でも、金堂が非常に古いことがわかる。まず、斗栱《ときょう》を見ると、金堂では組物の表面に渦《うず》が彫ってあり力強いが、五重塔、中門、および法輪寺、法起寺にはそれがない。また、金堂の雲肘木《くもひじき》の上の方は半月型で双斗の形が確かに大小二つ表現されているが、五重塔では造型のもとの意識が薄れて、二つはあってもあいまいな感じである。筋彫りで力強い造形が五重塔以下ではなくなるのも、本来組物の持っていた原型的なものからだんだん離れているようである。そこから、法隆寺の金堂というのは他の五重塔、中門、あるいは法起寺より年代が古いことが感じられる。エンタシスと呼ばれる柱の胴膨らみも、

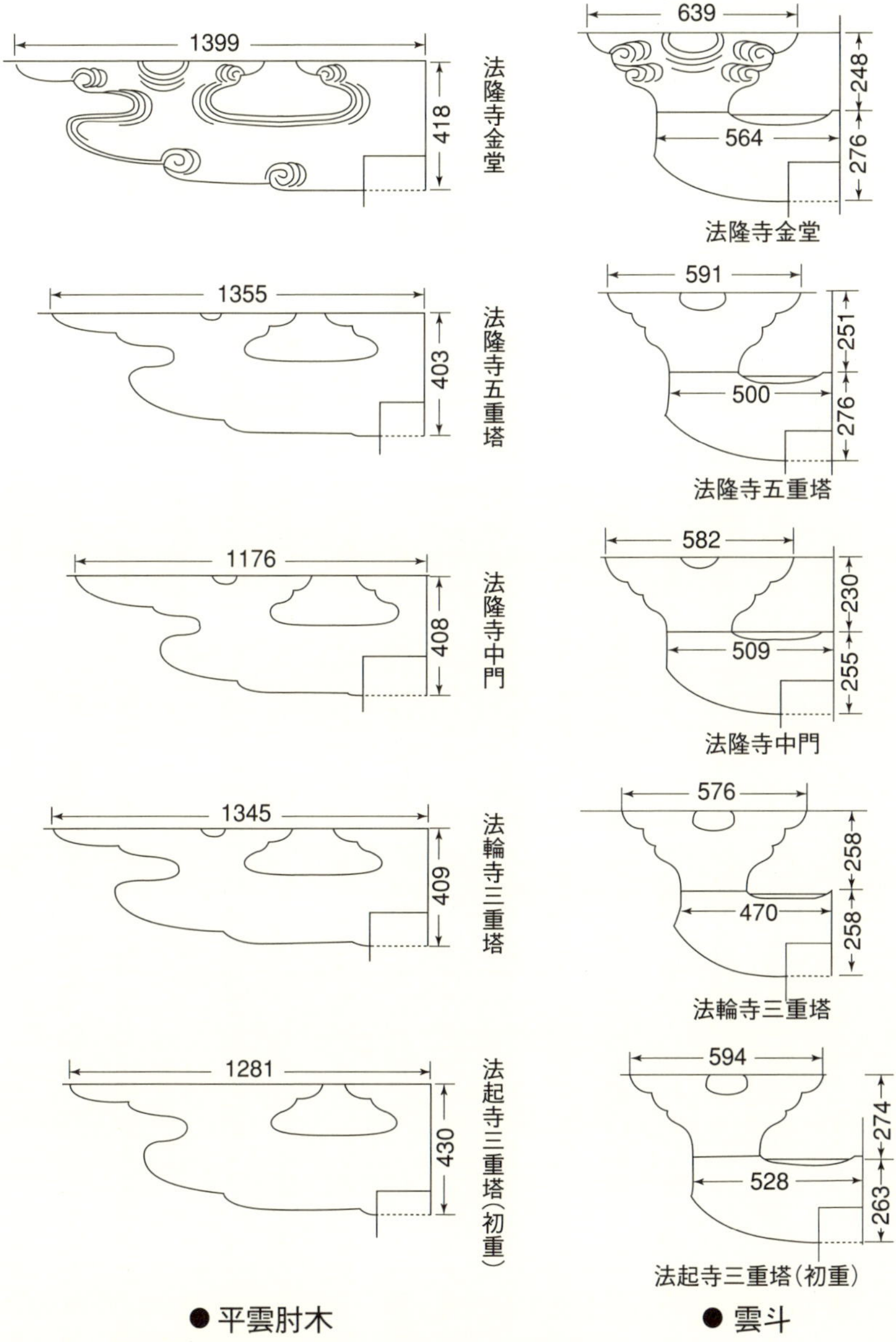

▲ 図 8　法隆寺西院伽藍・法輪寺・法起寺の建物の比較

金堂は一番大きい。

そこで、私の新再建論であるが、若草伽藍のところに創建の法隆寺があったが、しかしそれとは別に今の金堂を造りはじめたのではないか。つまり、天智九(六七〇)年に若草伽藍が焼けるより前に、現在の金堂は造り始められていたと考えるのである。

なぜかというと、釈迦三尊像《しゃかさんぞん》は最初は斑鳩宮にあったのではないか。もともと聖徳太子の没後、その冥福を祈って造られた仏像であり、太子は斑鳩宮で六二二年に亡くなった。そのあと山背大兄王が斑鳩宮を邸宅にしていたが、皇極二(六四三)年に焼き討ちされてしまう。この時、宮殿に釈迦三尊像を祀《まつ》るお堂があったと私は想像するのである。斑鳩宮跡に建てた現在の東院伽藍には夢殿、伝法堂《でんぽう》、舎利殿・絵殿があり、昭和の大修理の時に発掘してみたら、天平時代に造った建物の下から掘立て柱の建物が出てきた。しかもそれには焼けた跡があるので、斑鳩宮に違いないと判断された。そのうえ、そこから瓦が出土した。日本で宮殿に瓦を使うのは時代がずっと下がってからのことで、実際に宮殿に瓦を使うのは藤原宮が始めてである。そこで、斑鳩宮で瓦を使っていたのは、そこに仏像を祀る施設があったからに違いないと考えたわけである。釈迦三尊像をお祀りしていた斑鳩宮が焼けた時に、仏像を救い出して一時仮に置いたのが、今の西院の金堂の造り始めというのが私の説である。

斑鳩宮が焼かれたのが六四三年で、その後、大化四(六四八)年に法隆寺は食封《じきふ》を賜《たまわ》っている。この食封には斑鳩宮を襲撃した巨勢徳太古臣《こせのとこたこのおみ》が関与していて、焼き討ちに対する贖罪《しょくざい》の意味が強いと解されている。それを西院金堂建設の原資にしたと考えると、六五〇年代の終わりくらいに建設がはじまったのではないだろうか。六七〇年に創建の法隆寺（若草伽藍）が焼けた時には、今の西院の金堂はすでに完成に近づいていた。

普通なら、焼けたところに再建するというのが通例である。例えば、大阪の四天王寺なども何回も同じ所で再建するのだが、法隆寺だけは平地に若草伽藍があったのに、わざわざ一段上がった西院で、しかも西院伽藍を造るときには、両脇の谷を埋める大規模な造成工事をして、新しく寺を造っている。『日本書紀』の記述通り「一屋《いちおく》も余ること無し」というなら、そのまま以前の場所をもう一度利用してもいいはずが、なぜ別の場所に西院を造ったのか。金堂の基壇は最初傾斜した土地に造り始め、あとで周囲を整地して今の地表面にしたという奇妙な造営工程を経ている。それは、やはり若草伽藍が天智九年に焼けた時には、西院伽藍の金堂の完成が近かった。だから、そこへ全部を移転するような形でお寺を造ったというのが私の説である。

金堂だけが先に完成したから古く、六七〇年の火災で本寺が焼けてから、西院を整った伽藍にするために塔・中門・回廊《かいろう》とだんだん整備した。それで金堂だけは非常に古くて力強さを持っているのである。

部材の年輪によって年代を推定する

近年、奈良文化財研究所の光谷拓実《みつたにたくみ》氏の長年の研究によって、部材の年輪で建築の年代を推定する方法が日本でも進められている。

年輪年代法で調べたのは、金堂の外陣の天井板の中で端に樹皮が付いている二枚である。外陣の天井板は、金堂が昭和二十四(一九四九)年の火災で焼けた時に、下から炎であおられて黒焦《こ》げになってしまったので、それを取り外《はず》して寺に保存してある。その中で端に樹皮の付いているヒノキとスギの各一枚を年輪年代法で調べると、ヒノキは六六八年晩秋から六六九年初春の間、スギは六六七年晩秋から六六八年初春の間に伐《き》られていることがわかった。六六七年から六六九年の間に木を伐って、二~三年のうちに絵を書いて天井に乗せたとなると、六七〇年の火災よりも明らかに前となる。

また、他にも多くの部材の計測をして、雲肘木は最も外側の年輪が六六一年と出た。少し被皮が取られているので、伐採されたのはそこから四~五年後とみられる。初重の戸口脇の辺付《へんつけ》と呼ぶ材は六五三年で、これも辺材(白太)部分がかなり残っているので、その外を十年分くらい取られていても、六六〇年前後である。とすると、金堂の材木は六六〇年代のはじめころから伐採が始まっていると思われる。六六〇なお内陣の天井板は、火災の前に取り外していて修理後はすべて再用された。今はその上にも板が貼ってあって、内陣の天井板は調査はできない。

天井板を作るのは普通、工事の最後で、古い建物では建物完成時には天井まで資金がまわらず、天井を張らずに一度完成式をすませ、しばらく経ってから天井板を張ったという記録がいくつもあるぐらいである。天井板を六六七~六六九年に伐っているというのは、そのころ金堂の完成が近づいていたという私の説とだいたい付合している。

他にも五重塔は二重目の雲肘木の内側部分が皮付きに近いくらい残っていて、それが六七三年であった。五、六年分の年輪がないとしても六八〇年頃には材木を伐り始めていて、金堂と五重塔ではやはり二十年位の差がある。中門は明治の修理の時に取り外した大斗が測定では六八五年とわかった。その大斗は、まだ樹皮までは余分があるのでそこから十年〜十五年経った六九〇年代終わりくらいの代採と目され、資財帳に和銅《わどう》四(七一一)年に仁王《におう》像が造られたとあるので、その頃に中門自体も完成したのではないかと考えられる。

これらの年輪年代法の成果は信頼できるもので、金堂、五重塔、中門の造られた年代がほぼこれで確定したといってもよいと思うのである。

金堂の謎はまだ続く

こうして、それぞれの建物の建築年代が明らかになっても、法隆寺の論争は終わらない。

まず最初の問題は新再建論では、釈迦三尊像を祀るために今の金堂を造り始めたといったが、その仏像がどこにあったかである。私は斑鳩宮にあったと考えたが、奈良大学の東野治之《とうのはるゆき》教授の説は、銘文からは斑鳩宮ではなくて、法起寺など聖徳太子ゆかりの別の寺ではないかということである。また、金堂には四天王像など天智九年以前に遡る古い仏像があるが、こうした仏像などもどこから来たのか問題になる。

これと似たことだが、従来のように六七〇年に焼けて六八〇年頃に金堂が出来上がってその天蓋《てんがい》を作ったということになると、先に示した福山敏男の指摘する天藍の古さが説明できない。天蓋はいつのものであろうか。

もう一つ、年輪年代調査は新たな問題も提起した。平成十三（二〇〇一）年に光谷氏が、五重塔の心柱について五九四年という測定結果を発表したのである。もしこれが元来法隆寺の用材とすると、最初の法隆寺が造られたのと飛鳥寺（法興寺）が造られたのが併行していることになる。日本最初の仏教建築の飛鳥寺を建設するのとほとんど同年代に、法隆寺の心柱が伐られて、それが現存の五重塔に使われているのはどうしてだろう、という新たな謎が生まれることになった。

長い再建・非再建の論争の中で、建築史家がどうしても明らかにしたかったのは、この世界最古の木造建築物が造られたのはいつかという問題である。そういう中で建物の年代は年輪年代法でほぼ明らかになってきた。とすると今度は全体的に法隆寺がどう伝わったか、これまでの議論の見直しが必要になってきたと思われるのである。

4章

聖徳太子信仰と世界遺産

1 聖徳太子の伝説と遺訓

法隆寺長老・一二八代管主
髙田 良信

聖徳太子といえば、かつての一万円や五千円・千円の紙幣の顔として馴染み深い。私たちが名前と顔を同時に思い浮かべることのできる歴史上の人物は極めて少ない。そのような中で日本人から最も親しみをもって受け止められている人物、それが太子である。

太子への敬慕

太子が誕生したころ、百済《くだら》から渡来した仏教の受容を巡って蘇我《そが》氏と物部《もののべ》氏が真っ向から対立していた。それは、欽明《きんめい》や敏達《びだつ》の政権をも揺るがす大問題に発展している。そのころの仏教は先進の優れた文化を携えて、東アジアに広まっていた。人びとは、金色に輝き「相貌端厳《みかおきらきらし》」な異国の神の姿に驚いたに違いない。しかも、それに付随して伝わった素晴らしい文化にも大いに魅了されたことであろう。とくに、そのような渡来文化の導入に蘇我氏が積極的であった。それに対し、神道を重んじる保守派の物部氏は、大伴《おおとも》氏や中臣《なかとみ》氏とともに仏教を排斥《はいせき》する立場をとっている。そのような時代に蘇我氏と血縁関係にある橘豊日皇子《たちばなのとよひのみこ》（用明《ようめい》天皇）と穴穂部間人皇女《あなほべのはしひとのひめみこ》の長子として誕生したのが太子であった。

廐戸《うまやと》の近くで誕生したとする伝説によって廐戸皇子と呼んだり、橘豊日皇子が自分の宮殿の上方にある建物に住まわせたことから「上宮《かみつみや》太子」とも呼んでいる。とくに、大正時代ごろまでは上宮太子の名前で呼ばれることが多い。明治三十年に河瀬秀治《かわせひではる》(富士製紙会社社長)などの有志の人びとが、太子讃仰を喚起する運動を興《おこ》したときにも「上宮教会」という名称を付けている。法隆寺でも、上宮太子と呼ぶことが多かったという。法隆寺境内に現存する太子へ奉献した石灯籠《いしとうろう》の十四基《き》に「上宮太子」、三基に「聖徳太子」と刻している。私たちが慣れ親しんでいる聖徳太子というポピュラーな名前は太子が亡くなってから、その遺徳を讃《たた》えて付けた諡《おくりな》であることはよく知られている。

▲ 聖徳太子摂政像　太子42歳の姿といわれている。

聖徳という名称が登場するのは、八世紀はじめの法起《ほうき》寺三重塔の露盤銘《ろばんめい》が最も古い。そのような諡の登場によって、太子が歴史上の人物から信仰の対象へと移行したことを意味する。とくに崇峻《すしゅん》天皇に対する弑逆《しいぎゃく》(君父などを殺す大罪)事件のあと、わが国最初の女帝推古《すいこ》天皇が即位した。これは、天皇暗殺という異常な政治状況の中で国家の安泰《あんたい》を願った人びとが、そのころ皇室のリーダー的存在であった敏達天皇の皇后豊御食炊屋姫《とよみけかしきやひめ》を天皇に推戴《すいたい》したのであろう。そのような背景のもとに、天皇は太子を皇太子に任命して政治を委《ゆだ》ねた。そのときから、聡明《そうめい》さを大いに発揮する皇太子の時代が始まる。とくに、太子は天皇暗殺という前代未聞の大事件に遭遇した人びとの心の動揺を思い量りつつ、仏の教えという精神的な支柱によって、人心の安定を図ることに懸命となったのかもしれない。

いずれにしても、太子が、天皇を中心とする中央集権国家の建設を目指し、日本国の基礎を築くことに尽くした功績に対する評価は高い。やがて、太子は政治家として文化人としてその優れたリーダーシップのもとに、先進の外来文化や仏教の教えなどを採り入れることに積極的となった。そのような時期、仏教の指導者として高句麗《こうくり》僧の慧慈《えじ》や百済僧の慧聡《えそう》が渡来して太子の仏教の師となっている。おそらく、太子は慧慈など多くのブレーンたちの意見を取り入れながら国家として必要な諸制度を立案し、それを施行することに専念したのであろう。

太子が取り組んだ政策は、まさに内政の一大改革の断行そのものであった。まず推古《すいこ》十一（六〇三）年には「冠位《かんい》十二階」を制定し、朝廷に仕える豪族や役人たちの階級を十二階に分けて、位階ごとに異なる色の冠《かんむり》を着用させている。これは、役人たちに忠勤を励む意欲を起こさせることにも大いに役立ったに違いない。この画期的な改革が人びとに浸透したことを見計らった太子は、推古十二（六〇四）年四月三日に自らが「憲法十七条」の草案を作ったという。これは、まさに太子にとって内政改革の集大成そのものであった。その憲法は、「国家のあるべき姿」「政治に携わる人びとの心がけ」などを中国古典の文言などを引用しつつ、具体例を示しながら国家の規範を表明したものであり、豪族や役人に対する政治的道徳的訓戒《くんかい》でもあった。この憲法の内容は、仏教はもちろん儒教や法家《ほうけ》の考えなどの影響も受けたものである。『日本書紀』（以下、『書紀』と略す）には「皇太子、親《みづか》ら肇《はじ》めて憲法十七條を作《つく》りたまふ」と記載するだけで、太子が発布をしたとは記していない。あくまでも、その発布を命じたのは推古天皇でなければならない。太子は、独裁者でもなければ専制君主でもなかったからである。もし、憲法を太子が制定をしたとするならば、『書紀』が伝える「三宝興隆《さんぼうこうりゅう》の詔《みことのり》」や「神祇《じんぎ》を祀《まつ》る詔」などを推古天皇が命じていることとの間に不合理が生じる。決して推古天皇は形式的な存在ではなく、強い政治力を持ったカリスマ的女帝として優れた政治手腕を大いに発揮していたはずである。太子が憲法を作ったものであっても、推古天皇が発布したとするのが最も自然ではないだろうか。『書紀』を編纂《へんさん》したころから、太子が敬慕《けいぼ》の対象へ移行したことによって憲法も太子が作ったと記すようになった可能性は高い。

いずれにしても、この国政の改革によって国家の姿が整った時期を選んで、アジアの覇者《はしゃ》である隋《ずい》の煬帝《ようだい》のもとへ使者を派遣している。それは積極的な先進文化の摂取と、将来に向けての若い人材の育成を期待するものでもあった。おそらく、国家体制の安定を計るためにはアジアの超大国である隋との対等外交を開くことが一大使命であったからであろう。それが遣隋使の派遣であった。ところが六一八年に隋が亡び、そして太子も六二二年に薨去《こうきょ》している。

そのころから、太子を敬慕する機運が高まる。『書紀』にも太子を超能力者と捉える記事があり、『上《じょう》宮聖徳法王帝説《ぐうしょうとくほうおうていせつ》』にも古い説話が散見する。そして、『聖徳太子伝補闕《ほけつ》記』には奇異《きい》な説話なども加えられている。とくに『書紀』には「太子 未然《ゆくさきのこと》をしろしめす」とあり、太子に予知能力があったと伝える。それらの説話や予言を修飾して集大成したのが『聖徳太子伝暦』である。そこには、神格化された太子の説話や予言などが体系的に語られている。

●穴穂部間人皇女《あなほべのはしひとのひめみこ》が夢に金色の僧を見て懐胎《かいたい》したこと。

●穴穂部間人皇女が廐戸《うまやと》の前で太子を出産したこと。

●(二歳春)二月十五日に東に向かって合掌《がっしょう》して、「南無仏」と称えたこと。

●(三歳春)桃花より松を好まれたこと。

●(五歳春)蘇我馬子に先んじて、敏達天皇の皇后(推古天皇)に奉拝したこと。皇后が必ず近い将来に天皇に即位すると予言をしたこと。

●(六歳)天皇に経論《きょうろん》の閲覧《えつらん》を申し出て、前身は中国の衡山《こうざん》で修行をしていたと告げたこと。

●(十二歳)太子に対面した日羅《にちら》が「救世観世音《くせかんぜおん》」であると礼賛《れいさん》をしたこと。

●(十六歳)太子が物部守屋《もりや》との戦いのときに四天王に戦勝を祈願したこと。

●(十七歳)太子は崇峻《すしゅん》天皇の相を占って、不吉な未来を予言したこと。

●(二十四歳)一度に八人(十人)の訴えを聞き分けたこと。

●(二十六歳)百済の阿佐《あさ》太子が太子を「救世大慈観音菩薩」と礼拝し、そのときに太子は眉間から光を放ったこと。

●(二十七歳)太子は黒駒に乗って富士山まで駆け登ったこと。

●(三十七歳)太子が夢殿《ゆめどの》に籠《こ》もって、魂が青龍《せいりゅう》車に乗って中国の衡山へ法華《ほけ》経《きょう》を取りに行ったこと。

●(四十二歳)太子が大和の片岡山《かたおかやま》で飢人に出会ったときに紫袍《しほう》を与えたこと。

このような説話には、太子を超人的な偉聖者とするために粉飾《ふんしょく》をしたものもかなり多い。とくに、その中には仏教説話や神仙思想の影響が取り入れられて、太子の実像からはほど遠い姿を形成している。やがて、このような説話や予言は太子信仰の展開において中心的な役割を果たすこととなり、治暦五(一〇六九)年には、この『太子伝暦』に基づいて法隆寺の絵殿に太子の一代記を描いている。これは現存する絵伝としては最も古い。そこでは絵解きが行われ、太子信仰を布教する中心的な糧となった。

▲片岡山で飢人に出会い紫袍《しほう》を与える太子　右は舎人《とねり》の調《ちょう》子丸《しまる》(『聖徳太子御絵伝』より)。

とくに寛弘《かんこう》四(一〇〇七)年に、四天王寺の金堂内から太子の朱印を押した『荒陵村御手印縁起《あらはかむらごしゅいんえんぎ》』が発見されたことは、その後の太子信仰の展開に大きな影響を及ぼすこととなる。それには四天王寺は釈迦が説法《せっぽう》を行った場所であり、宝塔《ほうとう》と金堂は「極楽浄土《ごくらくじょうど》東門の中心なり」と記していたからである。それと歩調を合わせるかのように太子の「未来記」なども登場した。やがて、法隆寺や太子墓所の叡福寺《えいふくじ》(大阪府南河内郡太子町)などでもそれらの影響を受けつつ、独自の太子信仰を展開している。

しかし、このような太子信仰の変遷によって太子のイメージは大きく変貌して独り歩きをしている箇所も少なくない。

遺訓と遺願

太子の遺訓的な言葉は、『天寿国曼荼羅《てんじゅこくまんだら》』や『書紀』などに登場する。その代表的なものは、つぎのようなものである。

㈠『**世間《せけん》は虚仮《こけ》にして、唯仏《ただほとけ》のみ是《こ》れ真《まこと》なり**』

（世間は虚《むな》しい仮のものであり、ただ仏のみが真実である）

太子の死を悼《いた》んだ妃の一人である橘大郎女《たちばなのおおいらつめ》が作らせた『天寿国曼荼羅』の中に、太子の言葉として伝えているものである。おそらく、太子は幼少のころから叔父たちの皇位継承をめぐる政争の悲劇や豪族たちの血を血で洗う争いを体験したことから実感をした言葉であった。太子の人生観そのものを伝えたものといえよう。

㈡『**諸の悪《もろもろあしきこと》をな作《せ》そ。諸の善奉行《よきわざおこな》へ**』

（もろもろの悪をしてはならない、すべての善を行い、自らの心を浄《きよ》めよ、これが諸仏の教えである。）

七仏通戒偈《しちぶつつうかいげ》という。これは、過去七仏が共通して保ったといわれる偈文で、仏教思想を一偈に要約したものである。

推古三十六（六二八）年、天皇が崩御《ほうぎょ》されたときに山背大兄王《やましろのおおえのおう》を次期天皇に推戴《すいたい》しようとした境部臣《さかいべのおみ》摩理勢《まりせ》に対して、山背大兄王が太子の遺訓として語ったと『書紀』は伝えている。おそらく上宮王家の人びとは、これを訓戒として大切に受け継いでいたのであろう。この太子の言葉は、その後の法隆寺で行われる法会《ほうえ》の表白文《ひょうびゃくぶん》（法要を行うときに、その趣旨を告げるために読みあげる文）の中にも登場することとなる。

とくに、中世に始まった『唯識講《ゆいしきこう》』という法会の表白文の中に、つぎのように記している。

「爰《ここ》に聖徳法王 忝《かたじけな》く東海之含識を愍《あわれ》んで慇《ねんごろ》に西域之遺教を弘め（中略） 始めて諸悪莫作之化宜《けぎ》を垂《た》れ弥《めずら》しく諸善奉行之道理を訓《おし》えたまいしより以降《このかた》漸《ようや》く因果を弁《わきま》え屡《しばしば》 仏法を信ず」

このように法隆寺では、これを太子の言葉として最も大切に語り継いできたのである。

㈢**「財物《ざいもつ》は亡《ほろ》び易《やす》くして永《なが》く保《たも》つべからず。ただ三宝《さんぼう》の法《ほう》のみ絶《た》えずして以《も》って永《なが》く伝《つた》うべし」**

（財宝はいずれは亡びるもので永くは伝わらない。しかし、仏教の教えは絶えることなく、末永く伝わるであろう）

推古二十七（六一九）年、推古天皇が太子の病気見舞いに派遣した田村皇子《たむらのみこ》（舒明《じょめい》天皇）に対して太子が語ったとして『大安寺伽藍縁起《だいあんじがらんえんぎ》并《ならびに》流記資財帳《るきしざいちょう》』に記載している。

そのとき、太子が天皇からの詔問に答えたものが『四節願文《しせつがんもん》』である。太子が、仏法を興隆するために四つの願いを天皇に奏上《そうじょう》したものをいう。①代々の天皇と国家の安泰《あんたい》を祈って法隆学問寺・四天王寺・法興寺《ほうこうじ》・法起寺《ほうきじ》・妙安寺《みょうあんじ》・菩提寺《ぼだいじ》・定林寺《じょうりんじ》の七カ寺を興隆すること。②法隆寺の僧侶は法華《ほけ》、勝鬘《しょうまん》、維摩《ゆいま》の三部経を講讃《こうさん》すること。③太子が創建した寺院へ俗権力が介入しないこと。④大和の熊凝《くまごり》に建立した寺院の護持《ごじ》を願うこと。この四願の中で、とくに第二願が法隆寺における太子信仰の根幹となった。

「二に云く、法隆学問寺に住する僧侶は毎年九旬《まいねんくじゅん》（安居《あんご》のこと）に法華、勝鬘、維摩三部経を講《こう》ぜしめ法輪《ほうりん》つねに転《てん》じて、而《しか》して万民《ばんみん》を済《さい》し、三宝《さんぼう》を紹隆《しょうりゅう》して以《もっ》て率土《そつど》を護《まも》れ」
法隆寺では、三経を講じることを太子の遺命とする信仰を法統《ほうとう》として受け継ぐこととなる。そして、これが『法隆学問寺』と呼ぶ由来ともなっている。

とくに、この第二願と法隆寺の功徳《くどく》安居に纏《まつわ》る信仰が法隆寺の再建がほぼ完成した八世紀初旬ごろまでには成立していたものと考えたい。そして、奈良時代から三経の講讃が法隆寺の教学や信仰の両面において不動の地位を築くこととなった。この第二願が法隆寺で厳修する『三経講《さんきょうこう》』や『義疏講《ぎしょこう》』などの表白文にも記《しる》されることとなる。

「天皇の勅問《ちょくもん》に預《あず》かって四節の意願《いがん》を留《とど》めたもう。即《すなわ》ち其《そ》の言に云《いわ》く、法隆学問寺に住する僧侶《そうりょ》は毎年九旬に法華・勝鬘・維摩の三部経を講転《こうてん》せ令《し》め、法輪常《ほうりんつね》に転《てん》じて人民を済《すく》い三宝《さんぼう》を紹隆《しょうりゅう》して率土《そつど》を護《まも》らん。即《すなわ》ち播磨国　鵤庄《いかるがのしょう》三百六十町の水田を以《も》って永《なが》く当寺に寄附《きふ》して夏中講経《げちゅうこうきょう》を置《もうけ》るを始《はじ》め被《ら》る。住侶懇懃《じゅうりょいんぎん》（丁寧な態度で）の意願《いがん》（意義のある願い）を守《まも》って講経《こうきょう》数年の星霜《せいそう》（歳月）を送《おく》る。」

太子観の移り変わり

太子は、仏教の護持者であり、仏法興隆の最大の功労者であることから「法皇」とか「聖王」と呼ばれていた。やがて、太子を観音の化身とする信仰へと発展し、天台宗の最澄《さいちょう》も太子を慧思《えし》（中国天台宗の二祖）の後身として大いに尊崇《そんすう》をしたという。また、真言宗でも空海《くうかい》を太子の後身と位置づけている。禅家では太子が大和の片岡山で遇《あ》われた旅人を達磨《だるま》の化身として敬うこととなり、その片岡山に達磨寺が創建された。とくに、親鸞《しんらん》が太子を「和国の教主」と讃えて「太子和讃《わさん》」を作り、やがて寺院の本堂には太子孝養《こうよう》画像（十六歳）を懸けることとなり、その遺徳を大いに奉賛したことが、太子信仰を全国的に広める要因となっている。また、日蓮《にちれん》も太子を法華経を弘通《ぐずう》した高祖として貴んだという。とくに、太子が信濃（長野県）の善光寺如来《ぜんこうじにょらい》に手紙を送り、如来からの返書を受け取った。太子は、それに目を通してから小箱に収めて厳重に封印し法隆寺に秘蔵させた。これが「善光寺如来御書箱」の信仰である。

やがて、武将たちも物部守屋との戦いで太子が勝利を収めたことから戦勝の神として、武運長久《ちょうきゅう》を祈願する対象となった。また大工や瓦《かわら》大工、杣《そま》、木挽《こびき》、左官、石工などの職人たちも守護神として太子を崇め、曲尺《かねじゃく》を手にした太子像までもが登場し、その組織を「太子講」と呼ぶ。このように、太子は多くの人びとから敬慕《けいぼ》されつつ信仰の対象へと発展した。

ところが、江戸時代にはいると国学者や儒学者たちから、太子は痛烈に批判されることとなる。それは太子が外来の仏教を広めて、わが国古来の神道を軽視したこと、蘇我馬子《そがのうまこ》による崇峻《すしゅん》天皇暗殺を傍観していたこと、などとして非難中傷の矢面《やおもて》に立たされたのである。これは、儒学者の極端な排仏思想のもとに太子非難を大いに助長する起因となった。たとえば近世の儒学の基礎を築いた林羅《はやしら》山《ざん》は、つぎのように批判をしている。「（馬子）崇峻を弑《しい》す。太子何ぞ馬を党《とう》して賊《ぞく》（馬子）を討たざるや。太子は宗室《そうしつ》なり。已《すで》に守屋の悪を揚げて稲城《いなぎ》の役（物部守屋との戦い）を発す。守屋未《いま》だ嘗《かつ》て君を弑せざるなり。其の悪、其の罪何くにかある」と。また、大坂の儒学者中井履軒《なかいりけん》も「弑逆王子の建てられし寺などは、是を拝みなば、わが身に汚れのつくべきことにこそ」と、太子を痛烈に非難した。このように太子は誹謗《ひぼう》の対象となり、儒学や国学を学んでいた武士や知識人たちから「不忠不孝の代表」のような批判を浴びせられている。

法隆寺でも、若い寺僧たちが国学者として名高い平田篤胤《ひらたあつたね》の影響を受けて寺を去る姿も見られた。明治維新前後の状況を口述筆記した『参考の演説』（法隆寺住職・千早定朝《ちはやじょうちょう》口述）に、つぎのように記している。

「抑《そもそ》も我法隆寺に於て今より三十六・七年前、安政《あんせい》、万延《まんえん》年中の頃、破仏家平田篤胤風の国学大に流行す。我本寺若輩の僧等も之《こ》れを学ぶ。

彼の破仏之説を深く信じ仏法は浅間敷者《あさましきもの》と思ひ誤り、甚敷《はなはだしき》に至ては我等坊主になりしは自分の本心より出しに非《あら》す、父母師匠に誘はれ父母の進めにより坊主に成りしなり。今想へは国家の罪人、今父母の誤りを速《すみやか》に帰俗して之を謝罪せんと、遂に退寺離散す。又朝野《ちょうや》にも廃寺廃仏の論に立てり」

このような幕末から明治維新への退廃期から、法隆寺がようやく立ち直りを見せ始めたのは明治五（一八七二）年ごろであった。それは法隆寺に伝来をしていた寺宝に対する価値観が高まり、優れた宝物が現存していたことが大きな要因となった。そのことが幸いして、しだいに太子への非難も沈静化しつつあったという。

やがて太子の遺徳を高揚し、法隆寺を復興する方向へと向かうことになる。それには多くの知識人たちの協力が必要であった。そのような背景のもと、大正七（一九一八）年には待望の『聖徳太子一千三百年御忌奉讃会《ぎょきほうさんかい》』の設立が実現した。その組織を立ち上げるときにも、太子批判に関する一つの逸話が伝

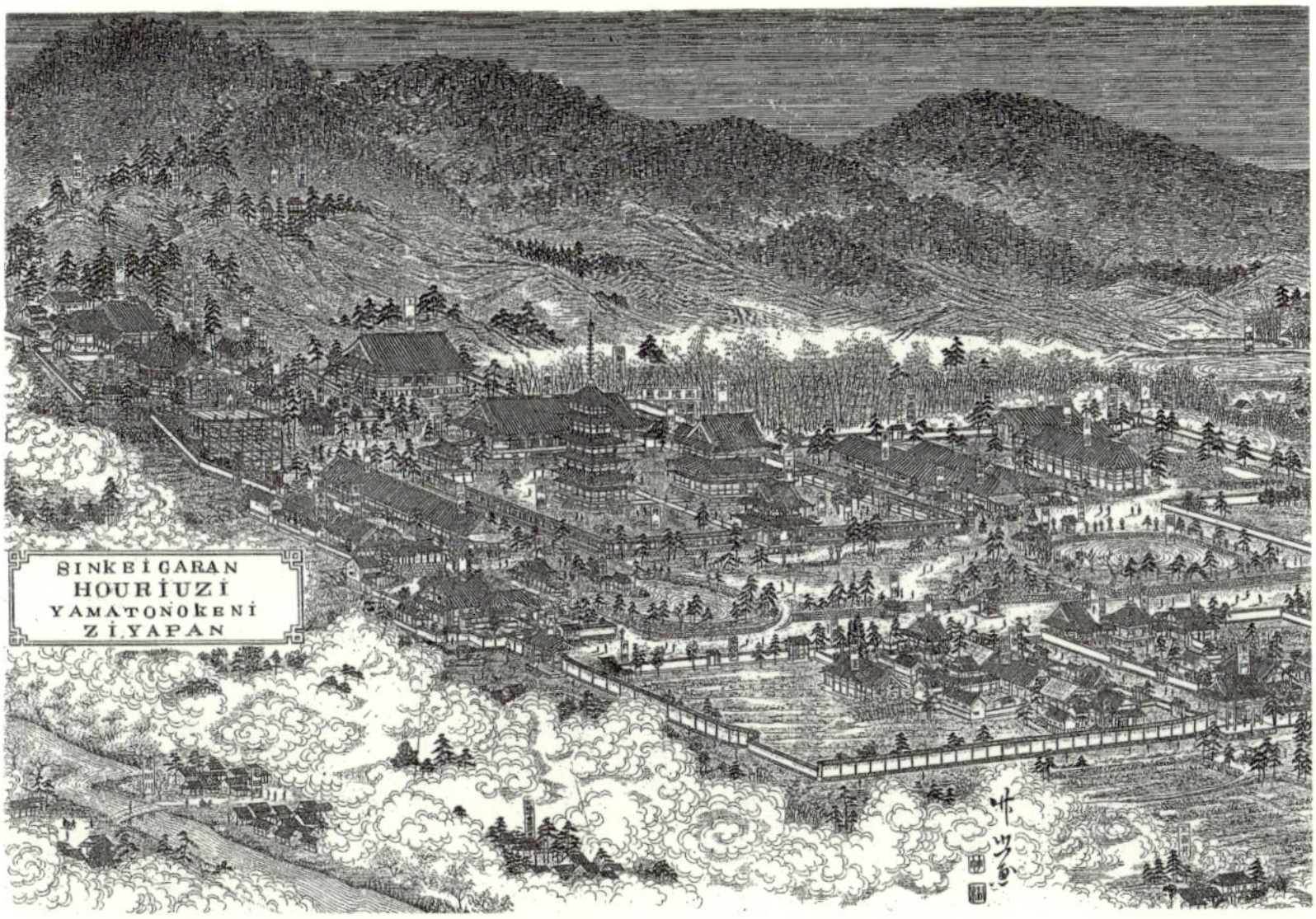

▲ 大和国法隆寺七堂伽藍図・部分（明治24年版）

えられている。それは、経済界の大御所であった渋沢栄一《しぶさわえいいち》に協力方を依頼したときのことである。

渋沢は若いころに国学を学んでいたことから、なかなか難航をしたという。そのとき「予は水戸学派の徒なり、聖徳太子は嫌いなり」と自己の所信を述べて、渋沢は協力することを断然拒否をしたのであった。それに対し、東京帝国大学教授の黒板勝美《いたかつみ》は国史の立場から太子の偉業を説き、国学の見解は誤りであることを切々と訴えたという。

黒板の話を聞いていた渋沢は、しばらくして、つぎのように語った。

「始めて太子の真面目《しんめんもく》を自覚し大いに発明をしました、永々の誤解を訂正いたします。応分のお力を尽くしましょう。」

やがて、この渋沢の協力表明によって奉賛会の組織作りが大きく前進し、大正十年に行われる聖徳太子一千三百年御忌への準備態勢が整ったのである。やがて、待望の『聖徳太子一千三百年御忌奉賛会』設立によって、太子の偉業を奉讃し、太子への非難を一掃《いっそう》打破することとなる。ここに晴れて太子の威信が回復をすることとなった。

しかし、そのようなときでも、某紙の投書欄に「聖徳太子のために大法要をやると云うのはけしからぬ。あんな大義名分をみだした人の為になるをやるのか」という非難が、大きく掲載されたこともあった。未《いま》だ太子に対する非難が堂々と唱えられた時代である。私たちがイメージしている太子も、また普遍的に人びとから尊崇を受け続けた人物ではなかったのである。時代によって、その評価が変化するのが歴史というものであることを痛感する。

そのようなことから『聖徳太子一千三百年御忌奉賛会』では、それまでの誤った太子観を是正したことが最大の成果であったと回顧している。

「顧《かえりみ》れば本会が法隆寺会と称したる最初より、ここに年を閲《えつ》すること實《じつ》に十有二年、専《もっぱ》ら力《ちから》を徳川時代の誤《あやま》れる太子観の打破《だは》に尽《つ》くして世人の蒙《もう》(誤解・覆われている)を啓《ひら》き同時《どうじ》に太子の偉徳鴻業《いとくこうぎょう》(帝王の偉大な事業)を、知悉《ちしつ》(細かいところまで知り尽くす)せしめて、其信仰の熱誠《ねっせい》(きわめて深い真心)を喚起《かんき》(呼び起こす)せしめ得《え》たるは、幾多《いくた》本会の功績中、財団設立の大業《だいぎょう》(大事業)と共に、最も大なるものの一つと云うべし。」

このように、江戸時代からの偏った太子観が『聖徳太子一千三百年御忌奉賛会』の尽力によって一掃されたのである。

とくに、そのころから太子の名称も聖徳太子に定着した感が強い。そして昭和五(一九三〇)年には太子の姿がはじめて百円紙幣に登場した。これによって太子を日本の礎《いしずえ》を築いた優れた人物として人びとから最も親しまれる地位を築くこととなる。しかも、その紙幣には太子の姿とともに法隆寺の西院伽藍《がらん》全景と夢殿《ゆめどの》の全容が図案化され、太子と法隆寺のオンパレードの紙幣となった。これはまさに太子の再生を意味する象徴的なものとなり、法隆寺も創建以来はじめて経験する檜舞台《ひのきぶたい》への登場となったことはいうまでもない。しかし、そのころの百円札は庶民にとって高嶺の花であり、一般化したのは戦後のことといわれている。

第二次世界大戦の敗戦によって、人びとは疲弊《ひへい》から立ち直ることに懸命となっていた。そのようなときに、日本を平和国家として再建するためには、憲法十七条の第一条にある「和」が最も受け入れ易い言葉であった。国粋《こくすい》主義が色濃い紙幣の図案は、占領軍司令部の指示によって追放寸前の運命にあった。ところが、そのときの一万田尚登《いちまだひさと》日本銀行総裁が、太子は平和主義者であり、文化的な人物であったと主張したこともあって、紙幣からの追放を免れたという。このように、太子の姿が戦後の紙幣へ受け継がれたことによって、太子は「和」の提唱者として、日本文化の先駆者として新しい太子観が形成された。

しかし、太子が「和」を唱えられたとする記録を私は憲法十七条以外に見たことはない。もし、「和」が憲法にだけ登場するものであれば、それを太子の代表的な言葉の中に含めることは難しくなる。すでに触れたように、憲法を太子が草案したものとしても、必ず推古天皇や蘇我馬子たちの同意のもとに天皇が発布をしたはずである。けっして、太子が憲法を独断で決定をすることはなかった。とくに憲法の

第十七条には、つぎのように規定をしていることからも、その念《おも》いをいっそう強くする。

「十七に曰《い》はく、夫《そ》れ事は獨《ひと》り斷《だん》ず可《べ》からず、必《かなら》ず衆《しゅう》と與《とも》に宜《よろ》しく論《ろん》ずべし」

そこには、物事を決定するときに、独断で行ってはならない、人びとと十分に検討をすべきことを規定しているからである。

しかし、私は和を太子の言葉でないとする立場をとるものではない。むしろ、太子の提唱によって天皇をはじめとする多くの人びとが最終決定をしたものであることを強調したいのである。

すでに紹介したように、法隆寺に伝来する文献の中に「和を以って貴しと為す」を太子の言葉として言及したものを見たことはない。『聖徳太子一千三百年御忌奉賛会』の趣意書の中にも「和」については触れた箇所はない。とくに、戦前までは第三条の『三に曰《い》はく、詔《みことのり》を承《うけたまわ》りては必ず謹め。君は則ち天たり。臣は則ち地たり』が太子の代表的な言葉として宣揚《せんよう》していたことも事実である。

ところが、戦後になって太子の言葉も変貌を遂げ『和を以て貴となす』が代表的なものとなった。それを太子の代表的な言葉としたのは、おそらく歴史上はじめての現象ではないだろうか。

このように、太子の言葉も社会情勢を背景として刻々と変化しているのが実状である。おそらく、太子も天寿国で苦笑されていることであろう。

その意味からも「**諸《もろもろ》の悪《あしきこと》をな作《せ》そ。諸の善奉行《よきわざおこな》へ**」こそ、永久不変の太子の遺訓として多くの人びとが実践されることを望みたい。

私たちは口先だけの「和」に終始するのではなく、まず、一人一人が「悪いことを行わず、善《よ》い行いをすること」に努めることによって、一歩一歩と「和」が実現する世界へと近づくもの、と思われてならない。

そのようなことから、まず太子薨去《こうきょ》の日である二月二十二日を『太子の日』、そして憲法十七条発布の日である四月三日を『和の大切さを考える日』とすることを改めて強く訴えつつ、正しい太子観の高揚が促進されることを大いに期待したい。

▲ 太子の葬送(『聖徳太子御絵伝』より)

2

資料からみた太子信仰の成立

華頂短期大学教授
田中　嗣人

聖徳太子（以下、太子とする）の研究で最も大切な事柄は、いかなる史料を用いて太子の実像を組み立てていくかという問題である。周知の通り、太子研究は古来より今日に至るまで極めて厖大《ぼうだい》な研究量を有していて、その資料も金石文《きんせきぶん》・太子伝・古典籍・歴史書・研究書など枚挙に遑《いとま》がないほどである。こうした諸資料の中から、まず信頼すべき史料を弁別し、次いで聖徳太子の研究を行うのであるが、これまでの研究成果を単純に分けてしまうと、人間「聖徳太子」の研究と「聖徳太子信仰」の研究とに分けることができる。これらの研究のうち純粋に客観的な研究を求めるとなると、太子信仰の研究でしかない。その理由《わけ》は、太子薨去《こうきょ》直後から、周辺の人々の間に、太子に関する信仰的なものが芽ばえていて、仏像の光背銘《こうはいめい》とか繡帳銘《しゅうちょうめい》などにその残滓《ざんし》をうかがうことができ、そういうものをすべて信仰的な側面からとらえると、客観的な叙述や研究が可能になるのである。

ところが、「そうした資料を、本当の聖徳太子の事績はどこまでなんだ」、というふうに一つ一つ分析を加えていくと、それこそ玉葱《たまねぎ》の皮を剥《は》ぐように、剥いでも剥いでも、どれが芯《しん》かわからなくなってしまうのが現状である。人間「聖徳太子」の研究を行う研究者は、自らの主観によって太子史料の中から有効なものを選び、自ら想い描いた聖徳太子像を創り上げてしまうのである。それゆえ、聖徳太子の客観的な研究を行うには、太子信仰の研究を行うしかないのである。

しかしながら、信仰の研究は聖徳太子の周辺だけを追っているだけで決して実像に迫ることができない。人間「聖徳太子」と「聖徳太子信仰」の二つの研究をドッキングさせるような接点を見つけることが、今後の課題になってくる。ここでは、そうした太子研究の状況を踏まえて、太子信仰の推移を古代から現代に至るまで辿《たど》り、紙幅の許す範囲で太子信仰の基盤になった諸資料を紹介してみたい。

■聖徳太子信仰推移の概観

太子信仰の推移を述べるに当たって、まず「聖徳太子伝の系統推定図」と「聖徳太子創建寺院の推移」（次ページ参照）を紹介したい。この図は、『日本書紀』（以下『書紀』とする）ぐらいから平安前期に成立した『聖徳太子伝暦《でんりゃく》』（以下『伝暦』とする）までの、聖徳太子について書かれた史料を系統別に分けたもので、聖徳太子の関係資料を整理していく中で、相互の引用関係が明確になったものを図示したものである。『書紀』に先行する文献には「帝紀《ていき》」とか「旧辞《くじ》」があり、また数種の太子伝（神仙《しんせん》思想をはじめ儒・仏・道の思想を反映した数種の太子伝）や寺院縁起などが存在したと思われる。

それらを『書紀』が纏《まと》めるなかで、一種の太子信仰的なものが加わった史料ができ、さらに奈良時代から平安時代の初めまでに、各種の太子伝が出来上がり、最終的にそれらすべてを集めたのが平安時代の『伝暦』（十世紀の成立）という基本構図が見えてくる。

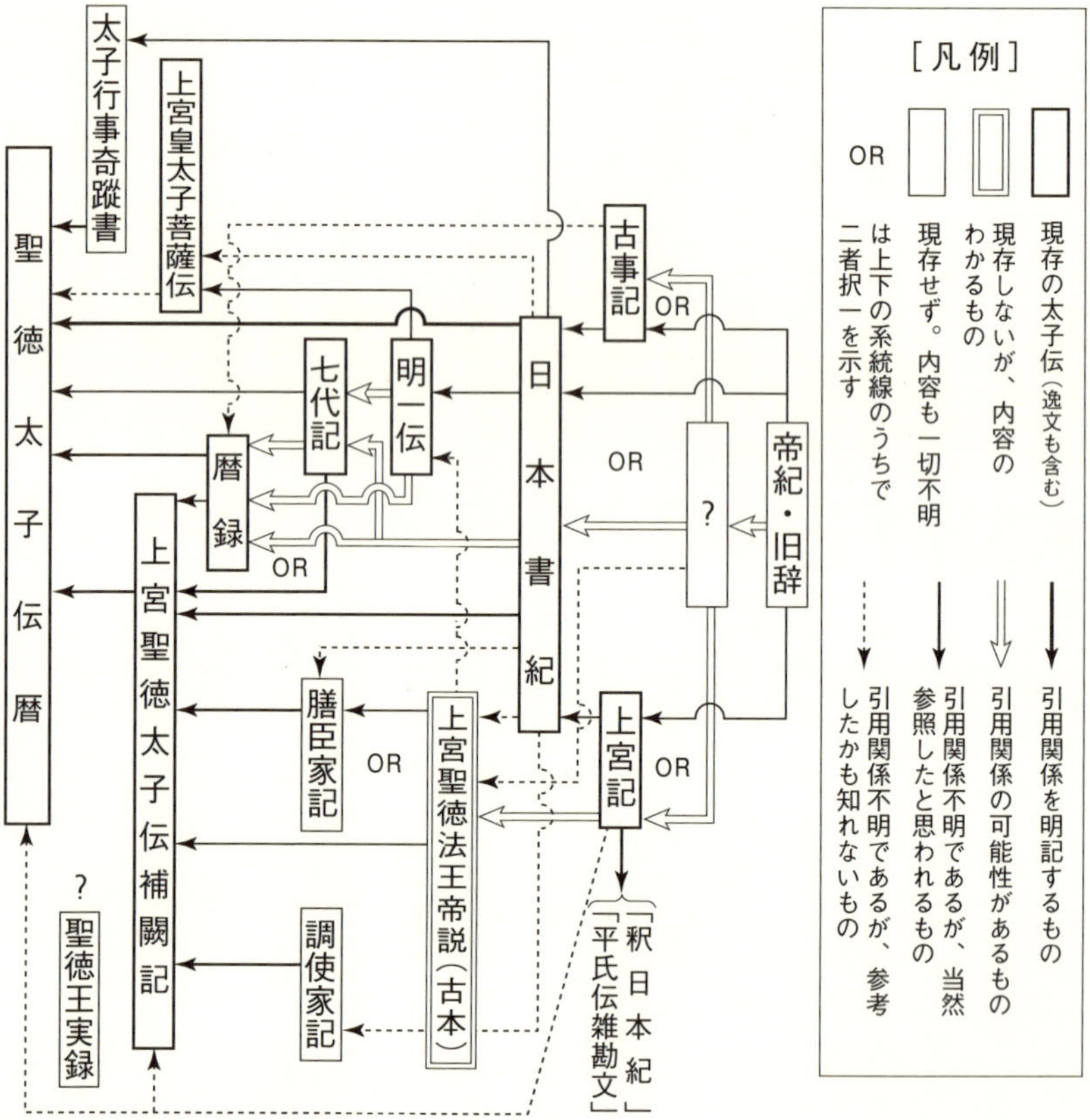

▲ 聖徳太子伝の系統推定図

(A)二ヵ寺	古本帝説の基本資料の部分(四天王寺・元興寺)
(B)五ヵ寺	日本書紀
(C)七ヵ寺	帝説(数え方によっては八ヵ寺)、法隆寺縁起、補闕記、四節願文、復元本伝暦
(D)八ヵ寺	七代記、上宮皇太子菩薩伝
(E)九ヵ寺	観智院本三宝絵、元亨釈書
(F)十一ヵ寺	流布本伝暦
(G)四十六ヵ寺	磯長廟の碑文、古事談、拾遺記、太子伝私記

▲ 聖徳太子創建寺院の推移

このような太子史料の流れは、実は太子信仰が発展していく流れでもあり、聖徳太子に関する種々様々な伝説や奇瑞《きずい》の物語などが付加され、太子信仰の基本のすべてが『伝暦』に集成される。次いで『伝暦』を基に絵画や彫刻が製作されたり、また『伝暦』に注釈を加えたり、研究を行うことで新たな太子伝が作られたりするなど、ますます複雑な方向に太子信仰は展開する。

こうした太子信仰の発展を客観的に把握するものとして、前表の「聖徳太子創建寺院の推移」を参照してほしい。(A)～(G)までそれぞれの史料によって聖徳太子が建てた寺院の数が二ヵ寺・五ヵ寺・八ヵ寺と次第に増えている。このように寺院数が増えていくことは、聖徳太子に関するいろいろな伝承も同様に増えているわけで、太子信仰というものが、どんどん膨《ふく》れ上がっていくようすが客観的に見てとれるのである。以下、太子信仰の展開を時代順に見てゆきたい。

『日本書紀』以前の太子信仰――太子信仰の成立――

『書紀』成立(七二〇年)以前に聖徳太子のことを記した史料には、『上宮記《じょうぐうき》』『古事記』『播磨国《はりまのくに》風土《ふど》記《き》』「天寿国《てんじゅこく》曼荼羅《まんだら》繡帳銘《しゅうちょうめい》」「法隆寺金堂釈迦《しゃか》三尊像《さんぞんぞう》光背《こうはい》銘」「法隆寺金堂薬師如来《にょらい》像光背銘」「飛鳥《あすか》寺丈六《じょうろく》釈迦像光背銘」(『元興寺縁起《がんごうじえんぎ》 并《ならびに》 流記資財帳《るきしざいちょう》』所収)「飛鳥寺塔露盤《ろばん》銘」(『元興寺縁起并流記資財帳』所収)「伊予国《いよのくに》湯岡碑文」(『釈日本紀』所収)などが存在する。

ただ、『上宮記』『古事記』にみえる太子の存在は系譜記事的なもので、その事績は伝わらず、その他の史料は断片的なもので、太子の実像を把握するには不充分である。また、銘文などは成立年代に若干の疑問を残すので（一応、『書紀』成立以前に遡る）、『書紀』以前の太子伝が現存しない状況では、「諸太子伝の系統推定図」からも明らかなように、聖徳太子に関する基本文献は『日本書紀』ということになる。しかも、それは正史に書かれた太子の事績であり、太子の最古の纏《まと》まった史料ということである。

『日本書紀』にみえる太子の記事は、敏達《びだつ》五年（五七六）三月の太子妃記事から舒明《じょめい》即位前紀の太子遺《ゆい》誡《かい》記事まで二八条で、そのうち太子が表面に出るものは二三条を数える。ただ、推古朝における太子の立場を考えるならば、推古紀の記事すべてが太子と何らかの関わりをもつことは当然と考えられる。

太子記事の特徴は、全般的に紀年・日付は信頼できず、また記事内容の特色を整理すると、①明らかに造作・修飾と考えられる記事、②先行太子伝が移用された形跡のある記事、③寺院関係に拠ったと思われる記事、④「帝紀」などの史料に拠ったと思われる記事、⑤朝廷関係の記録に拠ったと思われる記事、⑥類聚《るいじゅ》的な史料に基づくと思われる記事など、おおよそ六種の記事に大別できる。これらの記事を厳選峻別《しゅんべつ》して、太子の事績を求めると、皇太子として当然考えられる事績を除き、冠位《かんい》十二階の制定や遣隋使《けんずいし》の派遣、朝儀の整備、仏教興隆などがある。やや史料批判を緩くしても、『書紀』記載どおりではないが国史の編纂や勝鬘《しょうまん》経の講経などの事績があった程度である。しかも『日本書紀』や『上宮《じょうぐう》聖徳法王帝説《しょうとくほうおうていせつ》』（以下、『帝説』という）の記載から考えると、太子ひとりの事績とは限らず、大臣蘇我馬《そがのうま》子《こ》との協力によって行われたとする方が妥当なようである。

こうした太子の人物像は、『帝説』の中で最古の記事と推定される「少治田宮《おはりたのみや》御宇《あめのしたしらしめしし》天皇之世上《うえの》宮廐戸豊《みやうまやとのとよ》聡《と》耳命《みみのみこと》嶋大臣《しまのおおおみ》共輔《たすけ》天下政《まつりごと》而興隆三宝起元興四天皇（ママ）等寺制爵十二級大徳少徳大仁少仁大礼少礼大信少信大義　小（ママ）義大智少智」という記事にほぼ匹敵する。また『隋書』の倭《わ》国記事とも抵触しないので、後世、太子を聖人と見なした理由はどこにも見つからない。しかし、『書紀』には造作記事や太子伝の影響を受けた記事が多く、太子の聖人観に満ちあふれており、こうした原因がいったい何に基づくのか興味の尽きないところである。拙著『聖徳太子信仰の成立』（吉川弘文館、一九八三年）では、天武天皇の諸事績の中に太子崇敬の念がうかがわれ、天智九（六七〇）年に焼失した法隆寺の再興造営が天武末年に開始され、天武発願の記・紀編纂に太子聖人観が強く影響を与え、それが太子信仰の成立に繋がったと推察した。

万一、太子が皇位に即《つ》いていたら、舒明《じょめい》や天智・天武の即位などあり得ないから、皇位にあまり執着されなかった太子の存在は、天武天皇にとって崇敬の対象そのものであったわけである。そのことが『書紀』の太子記事全般にわたる記述、特に太子の薨去《こうきょ》記事や上宮王家滅亡事件（六四三年）記事の記述に独特な光彩を放っているのである。

なお、太子の実名はおそらく厩《うまや》戸《と》王《おう》であろう。その生涯は『書紀』以外の金石文などを勘案すると、敏達三年（甲午《こうご》）生まれで、推古三十年（壬午《じんご》）二月二十二日に四十九歳で薨去されたことがわかる。ちなみに、『三正綜覧《さんせいそうらん》』で推古三十年二月二十二日は西暦六二二年四月八日（ユリウス暦）、もしくは四月十一日（グレゴリオ暦）である。

■奈良時代の太子信仰

奈良時代の太子信仰は、おおむね『日本書紀』の太子記事を中心とする程度で、あまり大きな変化はみられない。ただ、天平《てんぴょう》十九(七四七)年ごろには、太子の講経伝承が発展して、太子が法華《ほっけ》・維摩《ゆいま》・勝鬘《しょうまん》三経の講説をしたことになり、ついには三経《さんぎょう》義疏《ぎしょ》まで太子が製作したとの伝承が生まれた。天平十九年の『法隆寺伽藍縁起并流記資財帳』や天平年中の『正倉院文書《しょうそういんもんじょ》』のなかにも、そうした伝承が著されている。また、大安寺《だいあんじ》(奈良市)の草創も太子建立の熊凝《くまごり》道場に由来するとの伝承が生まれ、天平十九年の『大安寺伽藍縁起并流記資財帳』に登場する。

天平勝宝《しょうほう》六(七五四)年の唐僧鑑真《がんじん》の来朝を機に、唐仏教の影響のもとで、太子信仰の内容は一段と深化し、太子の慧思《えし》禅師後身説や法華経将来説話が生まれている(『明一伝』『七代記』『上宮皇太子菩薩伝』)。そして、天平宝字《ほうじ》五(七六一)年の『法隆寺縁起并資財帳』(東院資財帳)には、「上宮王等身観世音菩薩木像壱軀金簿押」の記述がみられ、後世、太子を観音菩薩の生まれ変わりとする伝承の淵源《えんげん》を示す。

■平安時代の太子信仰

平安時代に入ると、空海《くうかい》・最澄《さいちょう》ら高僧の摂津《せっつ》(大阪市)四天王寺巡錫《じゅんしゃく》があり、仏教興隆最初の寺院として飛鳥寺や四天王寺、法隆寺など太子ゆかりの寺への参詣が識者の間で注目され始める。

特に、法華経を中心とした日本天台宗《てんだいしゅう》を開いた最澄の熱烈な太子信仰は著名である。弘仁《こうにん》七(八一六)年、四天王寺上宮廟に入った最澄は、法華経を中心とする天台教学の弘通《ぐずう》を願い、わが国に法華経を将来した太子は慧思禅師（天台第二祖）の後身であり、自らはその玄孫《げんそん》（やしゃご）として、天台教学正統の継承者たる自己の立場を明らかにした。最澄は妙法《みょうほう》弘通を宣揚《せんよう》して（『伝述一心戒文《でんじゅついっしんかいもん》』）、四天王寺と天台宗との結びつきを強め、天長《てんちょう》二（八二五）年二月八日付「太政官符」で、四天王寺安居講師《あんごこうじ》に天台僧を請ずべきことが定まり、四天王寺の天台的色彩が強まる。こうした最澄の太子信仰は、以後、天台宗の僧侶たちに継承される。特に慈覚《じかく》大師円仁《えんにん》の『入唐求法巡礼行記《にっとうぐほうじゅんれいこうき》』によると、円仁が在唐中（八三八〜八四七年）に五台山大華厳寺《だいけごんじ》で、太子の慧思禅師後身説を述べたところ、中国僧の間に共感を得たという逸話も残されている。

　こうした天台僧による太子信仰のほか、太子伝の中には太子の奇瑞《きずい》の物語や委曲《いきょく》を尽くした内容を伴うものが数多く作られるようになる。その代表が、『上宮聖徳太子伝補闕記《ほけつ》』（以下、『補闕記』という）である。同書は、『書紀』や先行太子伝に見えない異説を述べ、明らかに太子の奇異の状を録することが目的となっている。太子の事績を神秘化することで、太子を聖人からさらに礼拝の対象にまで崇《あが》めようとする意図が充分に汲《く》み取れる。例えば、救世《くぜ》観音化身の前提となる金色僧入胎伝承や「南無仏」伝承、物部《もののべ》戦争における「四天王の矢」の物語、四天王寺玉造《たまつくり》東岸（現在の大阪城あたり）建立説、山代楓《やましろかえで》野《の》村帝都の予言、烏斑《うはん》馬伝承などである。

　このような太子信仰の変化は、僧侶のみならず一般識者の間にも拡がり始め、当時の貴族たちの日記にも四天王寺や法隆寺への参詣記事が散見する。例えば、六歌仙《ろっかせん》のひとり在原業平《ありはらのなりひら》（八二五〜八八〇）の四天王寺参詣を伝える『在原業平朝臣《あそん》集』は著名である。また、天慶《てんぎょう》三（九四〇）年正月に平将門《たいらのまさかど》調伏《ぶく》のための六足法を四天王寺で修していることも（『貞信公記《ていしんこうき》』）、太子の物部戦争参陣の故事を当時の公家が強く意識していたことにほかならない。

こうした太子信仰の発展と多様化した太子伝を十世紀前半に集大成し、一つの完成した太子伝に仕上げたものが『伝暦』である。以後、この書物で物語られた太子の事績がすべて事実のように受け取られ、また太子が観音菩薩の生まれ変わりとする信仰も定着する。そうすると、太子信仰の担い手は、もはや仏家や有識者の間だけではおさまらず、次第に一般の人々の間へも浸透し、太子ゆかりの寺院への参詣が流行し始める。太子信仰のたかまる中の寛弘《かんこう》四（一〇〇七）年の『四天王寺御手印縁起《ごしゅいんえんぎ》』の発見や、また天喜《てんき》二（一〇五四）年の太子廟での「記文」の発見は太子信仰の隆盛を決定的なものにする。

特に四天王寺では、浄土教の日想観《にっそうかん》とも深く結びつき、四天王寺の西門が極楽浄土の東門に当たると考えられるようになり、折からの浄土信仰の隆盛とともに、いっそうの太子信仰の発展がみられる。ことに、平安貴族の太子信仰の根強さは、当時の日記類に色濃く反映されている。なかでも治安《じあん》三（一〇二三）年の藤原道長《みちなが》の四天王寺参詣が著名である（『御堂関白記《みどうかんぱくき》』）。特に道長の場合は、大和の長谷寺《はせでら》僧の夢に出てきた太子が弘法大師に生まれ変わり、さらに道長となってこの世に出たとする風聞を知っていたので（『栄華《えいが》物語』）、彼の日記の記述の仕方は興味深い。なお、長保《ちょうほう》二（一〇〇〇）年の東三条院の摂津の住吉社《すみよししゃ》・四天王寺への参詣（『日本紀略』）、長元《ちょうげん》四（一〇三一）年の上東門院《じょうとうもんいん》の参詣（『日本紀略』）、延久《えんきゅう》五（一〇七三）年の陽明門院《ようめいもんいん》の参詣（『扶桑略記《ふそうりゃくき》』）なども著名である。

平安後期には、応徳《おうとく》元（一〇八四）年の藤原師実《もろざね》・師通《もろみち》らの四天王寺参詣（『後二条師通記』）や、康治《こうじ》二

（一一四三）年の藤原頼長《よりなが》の四天王寺参詣（『台記《たいき》』）も興味深い。悪左府とまでいわれた保元《ほうげん》の乱の主人公頼長が、後の自らの運命をも知らず、聖霊殿で、将来天下の政を執《と》ることあらば、太子の十七条憲法の精神に従った政治を施すと起請している逸話など、歴史の裏面をみるようで興味が尽きない。

■中世（鎌倉―戦国）の太子信仰

鎌倉新仏教の台頭と南都《なんと》仏教の復興という宗教界にあって、太子信仰はいっそう発展する。新仏教側は日本仏教の開祖として、また旧仏教側は新仏教への対抗策として原点回帰を唱え釈迦《しゃか》（舎利《しゃり》）信仰とともに太子信仰をよりいっそう推し進めたのである。天台に限らず、真言系や禅宗系（『日本書紀』の飢人伝説を達磨《だるま》禅師化身説と評価）・浄土系への浸透が著しい。こうした風潮の中で『伝暦』の注釈書や研究書が数多く著され、また『伝暦』記事を基にした絵画や彫刻も多数製作されるようになる。

天台の出身で、浄土真宗開祖の親鸞《しんらん》は熱心な太子信仰者であった。六角堂《ろっかくどう》（紫雲山頂法《ちょうほう》寺、京都市中《なか》京《ぎょう》区）での百日間の参籠《さんろう》中、聖徳太子（如意輪観音）の夢告により師の法然《ほうねん》上人との邂逅《かいこう》を得た宗教体験からいっそう熱烈な信奉者となり、『伝暦』などを基に「太子和讃《わさん》」を著したことは特筆される。また、日蓮《にちれん》や時宗《じしゅう》の一遍《いっぺん》らの四天王寺参詣などにみられるように、次第に民衆との結びつきが生まれていった。中世後期以降に顕著にみられる庶民信仰としての太子信仰（＝観音信仰）を、大々的に発展させていくのである。

こうした太子信仰発展の中で見逃せないのが、太子の「未来記」の存在である。聖徳太子に仮託した予言の書を、俗に「太子の未来記」などと称している。『太平記』巻六「正成《まさしげ》天王寺ノ未来記被見事」条にも、元弘《げんこう》二(一三三二)年八月に、摂津四天王寺を参詣した楠《くすのき》兵衛《ひょうえ》正成が同寺架蔵の未来記を披見したこと。明年、後醍醐《ごだいご》帝が隠岐島《おきのしま》より還幸するものと解釈したことが一事も違わず実現したことを、『太平記』の作者は的確で不思議な予言書と讃嘆している。こうした太子の予言や予知能力については、『書紀』推古元年四月条の立太子記事に「兼《か》ねて未然《ゆきさきのこと》を知ろしめす」と見えることに由来する(おそらく儒教や道教に関する易占《えきせん》・陰陽五行《いんようごぎょう》説・讖緯《しんい》説などの推命・予言のこと)。奈良時代末期の唐僧思託《したく》撰の『上宮太子菩薩伝』にも、太子二百年後の戒律興隆の予言がある。また、平安初期の『補闕記《ほけつき》』にも平安京造営の予言がある。極めつけは寛弘四(一〇〇七)年の『四天王寺御手印縁起《ごしゅいんえんぎ》』の発見で、これ以降も各時代に数多くの未来記が作られたが、なかには太子未来記の名を借りて自己の主張や敵対者に対する誹謗《ひぼう》を旨とするようなものが生まれている。例えば慶安《けいあん》元(一六四八)年刊行の『聖徳太子日本国未来記』は、明らかに一遍・日蓮を、太子未来記の名を借りて誹謗中傷《ちゅうしょう》したものである。

こうした太子信仰隆盛の中で、南北朝の争乱や戦国期の武将たちの中には、太子未来記を利用することで、他勢力との連衡《れんこう》・合従《がっしょう》の企ての手段にした者も数少なくなかった。

近世(桃山・江戸)の太子信仰

近世の太子信仰は、『伝暦』記事に依拠した前代以来の太子信仰と変わるところがなかったが、中世後期に顕著にみられる庶民信仰としての太子信仰を大々的に発展させていったのである。ことに四天王寺や法隆寺を造営したという太子伝説から、建設業者（大工）や材木商の太子信仰は熱心で、太子の忌日には、太子講《こう》を行うなどの行事を通じて太子信仰は維持され現代に至るまで根強い信仰を得ている。また、推古十八年紀には、高句麗僧曇徴《どんちょう》が絵具・紙・墨・碾磑《てんがい》の製法を伝えた記事があることから、これも後世では太子との関連でとらえられ、紙漉《かみすき》工や紙問屋・製墨業者らの太子信仰と結びついている。

この太子信仰隆盛の中で、四天王寺は、寛弘四年の『四天王寺御手印縁起』発見以来、太子信仰の中心的地位を不動なものとし、法隆寺は、太子が胎内《たいない》より持ち来た舎利《しゃり》に対する信仰、叡福《えいふく》寺（大阪府南河内郡太子町）は、太子の墓所が在ることに対する信仰として太子信仰の拠点となった。また、各時代を通じ新たに加わった太子建立寺院（北は秋田県の四天王寺から南は熊本県の聖徳寺までほぼ全国的に拡大。中には駿河四十六箇寺というものまで含まれる）では、太子の忌日に聖霊会《しょうりょうえ》を催し太子信仰を盛り上げたのである。

こうした庶民信仰としての太子信仰の発展や寺請制度によって保護されてきた仏教を批判する儒者たちも存在したが、彼らも『伝暦』記事にみえる太子を批判するのみで核心を突くことはできなかった。

■近代・現代（明治～平成）

近代・現代になっても太子信仰のあり方に大きな変化はなかったが、太子研究の面では大きな変化が起こった。

近代歴史学では、厳密な史料批判と歴史認識能力や歴史大系全体の中での問題の位置付けが要求されるので、近代史学による太子研究は、従前の太子研究の多くが平安時代の『伝暦』を主要典拠として行われていた状況から脱却し、根本史料を見極めるべき史料検討の問題から開始された。明治二十八(一八九五)年の薗田宗恵《そのだそうけい》著『聖徳太子』と明治三十六(一九〇三)年の久米邦武《くめくにたけ》著『上宮太子実録』の二書がその先鞭《せんべん》をつけたといえる。しかしながら太子関係史料のもつ特殊性は、史料解釈をめぐって、研究者の意識をそのまま映し出す傾向から、戦前の皇国史観の台頭とともに、太子研究の中には近代史学の精神を装いながら、中身はきわめて非学問的な内容を伴うものも少なくなかった。

戦後になると、今度はいっそう徹底した太子批判が一次的に提示されたものの、再び時代の落ち着きとともに、太子は新生民主主義国家日本の文化人の代表者のような評価が与えられた。紙幣にも、御物《ぎょぶつ》「聖徳太子画像」(おそらく、帝王図巻の系統に属するもので、鎌倉時代ごろ太子像とされた)の肖像が採用されている(昭和五年発行の百円券から昭和三十三年発行の一万円券まで八種類)。現在では紙幣から太子の肖像は姿を消したものの、小説や漫画などにしばしば登場し、太子人気は依然衰えていない。

こうした状況から太子研究はますます発展し、二十一世紀に入ると、再び太子否定論が展開され、改めて太子研究が活況を呈したが、太子否定論者の史料批判は極めて大雑把なもので(特に金石文に関して)、充分な説得力を持つとはいえない。

▲ 池田理代子『聖徳太子』より ©池田理代子プロダクション

3 「唐本御影」は聖徳太子像か

大阪大学副学長
武田佐知子

聖徳太子というと、日本人の誰もが顔までも知っていると思いこんでいる、日本史上最高の有名人である。それはとりも直さず、長い間聖徳太子がお札《さつ》の顔であったからである。いったいいつ頃から、私たちはあの太子像を聖徳太子と認識し、顔まで知っているつもりになってきたのだろうか。

一万円札の聖徳太子像

昭和七(一九三二)年、はじめて聖徳太子が百円札に登場する。当時の百円というと大変な高額紙幣であった。この聖徳太子像は、宮内庁所属のいわゆる「唐本御影《とうほんみえい》」を元に、当時の帝室博物館の歴史課長であった高橋健自《たかはしけんじ》と東大国史の教授であった黒板勝美《くろいたかつみ》が考察・歴史考証をして、大蔵省の紙幣寮技官の磯部忠一《いそべちゅういち》が下絵を描いたものである。

さて、この「唐本御影」であるが、原画としては八世紀に描かれたものとみてよいと思う。ところが、この絵に使われている顔料が、鎌倉時代のものらしいという説があり、もしもそうだとすれば、現在唐本御影とよばれているものは、八世紀に描かれた聖徳太子像を鎌倉時代に模写したものであるという可能性が出てくることになる。

昭和七年に初めてお札に登場した聖徳太子は、敗戦を迎え、天皇制を支えたシンボルであったことからGHQのパージ（追放）の対象であった。しかし時の日銀の一万田尚登《いちまだひさと》総裁が、『十七条憲法』には「和を以て貴《たっと》しと為《な》し、忤《さから》うこと無きを旨《むね》と為《せ》よ」という言葉があり、聖徳太子は平和主義者であるとGHQに説明して、太子はお札の顔からパージされることを免れたという経緯がある。

こうして、昭和二十五（一九五〇）年に太子は千円札の顔になったが、昭和三十七（一九六二）年には千円札は太子から伊藤博《いとうひろ》文《ぶみ》にかわる。しかし、その前の昭和三十二（一九五七）年に五千円札が発行されることになったとき、聖徳太子がその顔に選ばれた。そして昭和三十三（一九五八）年に一万円札が発行されると、またその顔として太子が登場するのである。

聖徳太子がお札から消えた理由

お札の聖徳太子が唐本御影の画像からとられたことで、私たちは、聖徳太子というと誰もがこの顔を思い浮かべるようになってきた。ところが、昭和五十六（一九八一）年、渡辺美智雄大

▲ 旧１万円札の聖徳太子像

蔵大臣が記者会見で紙幣の衣替えを発表する。当時千円札は伊藤博文であったが、それを夏目漱石《なつめそうせき》に、五千円札の聖徳太子は新渡戸稲造《にとべいなぞう》に、一万円札の太子は福沢諭吉《ふくざわゆきち》に替えると発表されたのである。

紙幣の全面刷新は、ニセ札に対抗するために印刷する技術が非常に難しいお札を作らなければならなかったことや、キャッシュディスペンサー、ATMや自動販売機への対応のために必要となった措置であり、肖像のお札の顔も政治家を全面的にやめて、文化人にしてしまおうということになったのである。

こうして、昭和七年に登場した紙幣の聖徳太子像は、昭和五十九（一九八四）年、新紙幣の発行とともに姿を消したのだが、当時、私たち歴史研究者の間では、紙幣刷新で聖徳太子が候補からはずされたのは、この肖像が実は聖徳太子のものではなかったからではないかという噂があった。

「唐本御影」は聖徳太子像ではなかったのか

昭和五十七（一九八二）年、朝日新聞に東京大学史料編纂所所長今枝愛真《いまえだあいしん》先生の「聖徳太子像は実は聖徳太子ではない」という説が載った。東京大学史料編纂所長というと、日本歴史学界の官学アカデミズムの最高峰である。

今枝説は、この唐本御影の掛け軸の隅に「川原寺《かわらでら》」と読めるような微《かす》かな墨痕《ぼっこん》があって、しかもその「川原寺」と書いた後でそれを刷《す》り消したような跡が見えるということから展開される。川原寺というのは大和の飛鳥《あすか》（高市《たかいち》郡明日香村）にあった寺院で、大陸系、百済《くだら》系の寺院であり、聖徳太子とはあまり関係のないお寺であるとされている。したがって、もしもここに川原寺と書いてあったとすれば、唐本

▲「唐本御影」と呼ばれる聖徳太子二王子像(宮内庁蔵、奈良国立博物館提供)

御影が聖徳太子との関係が少ないお寺の所蔵だった可能性が高くなり、当初から聖徳太子像として描かれた可能性は少ないというのである。

この唐本御影に関しては、先述のように原画としては八世紀の作、奈良時代の半ば頃に成立したものと考えられる。ところが、永らく法隆寺に伝えられたこの画像について、たとえば、奈良時代の法隆寺の宝物《ほうもつ》に関しては、『法隆寺伽藍縁起《がらんえんぎ》并《ならびに》流記資材帳《るきしざいちょう》』という目録があるのだが、その中にはこの聖徳太子像が出てこない。初めてこの太子像に関する記録が現れるのは、十一世紀の半ばのことである。つまり、非常に長い空白期間があるわけである。

今枝氏はこのことに対して、来歴について謎の多い肖像画であるが、隅に「川原寺」と書いてあることから、実はこの画像は、法隆寺に入ってくる前には、川原寺に伝来されていたものであろうと考えられた。また、川原寺は、太子とはほとんど関係のない寺だから、本来、他の人物像として描かれた可能性がある。そして、平安時代のはじめに川原寺が廃寺になったとき、伎楽面《ぎがくめん》が伝わっていたのを法隆寺が引き取っている事実があり、今枝氏はここに着目して、川原寺伝来の宝物が法隆寺に引き取られたとき、この画像も一緒に引き取られたもので、そのとき、法隆寺の僧侶の中で心ある人が、これはもともと川原寺にあったものだということを表すために「川原寺」と書いた。それが、平安時代の初期のことであったろうと推定している。

そして、法隆寺は、元来、聖徳太子の時代の寺院であるから、やがてこれが太子像であるという伝承が生み出された。そうなると、皆がこれを太子像だと思って信仰しようとしているのに、ここに川原寺と書いてあるのが非常にまずいということで、また別の僧侶が、これをかき消したために、現在はよくよく見ないと川原寺とは読めないのだという結論になったわけである。

この説は、昭和五十七年十月に朝日新聞の文化面に非常に小さい、原稿用紙でいえば四〇〇字三枚程度の研究ノートとして発表された。ところが、翌五十八年の一月七日に、もう一度文化面で非常に大きく採り上げられたのである。

これは、当時の私たちにとっては非常にセンセーショナルな説であった。その頃大学院の学生だった私は、それまで「唐本御影」を見る機会はなかった。それが、昭和六十(一九八五)年になって、天皇陛下の在位六十周年記念展覧会が開かれ、東京国立博物館の一室で唐本御影が展示されることになった。しかし、照明技術の進化した今と違って、光が画像を劣化させるということで、非常に暗い中で展示され、なかなかその「川原寺」と書いてあるところを確かめるには至らず、それでも、今枝先生がいうのだからそうなんだろうと思っていた。歴史研究者はほとんどこのセンセーショナルな説を受け入れ、唐本御影は聖徳太子像ではなかったので、こっそりとお札から降板させたのだと納得したのである。

しかし、お札の肖像を替えると発表されたのは、昭和五十六年七月に行われた大蔵大臣の会見であり、この今枝説が出たのは翌五十七年であるから、大蔵省は、その前に替えることを決めていたことになる。この前後関係を厳密に認識していれば生ずるはずのない誤解だったのだが、こうした誤解が私たち歴史研究者の間にもまかり通ってきたということは、それほど今枝説が衝撃的だったということでもあると思う。

■今枝説の矛盾点

私は一九九〇年代の初めに、ある雑誌からこの聖徳太子像について原稿を依頼されて、いろいろと調べてみた。そこで、よくよく今枝先生の記事を読んでみると、どうもおかしいのである。以前はなかなか掛け軸の状態では見ることができなかったのだが、このときにカラー写真を取り寄せてみたところ、今枝説の矛盾点が浮かびあがった。

それは、「川原寺」という文言《もんごん》の書かれた場所についてである。私は、これは太子の三尊像、つまり、聖徳太子と山背大兄王子《やましろのおおえのおうじ》および殖栗《えぐり》王子といわれている三尊像の右端、つまり絵が描かれた紙の上に直接書かれているものだとばかり思っていた。ところが、今枝先生のいう「川原寺」の文字というのは、掛け軸の部分の布の上に書かれた文字だということだった。唐本御影の写真をご覧いただきたいのだが、ちょうど聖徳太子の刀の延長上、掛け軸の上に、なにやら黒いシミのようなものが見えると思う。ここにある黒いものをじっと凝視《ぎょうし》してみると、川原寺と読めるということである。

掛け軸というのは、巻いたり伸ばしたりするので、非常に傷みやすい。それなのに、今枝説によれば、ここに「川原寺」と書いたのは、廃寺になった平安時代初期、すなわち八〇〇年の初めのころであり、法隆寺に移管された後、この像が聖徳太子だという説が生まれたので、平安時代の半ば以降にこれをかき消したということである。だから、この掛け軸は、平安初期から現在に至るまで、一度も表装《ひょうそう》替えをされていないという事実が前提になければいけない。しかし、そのような大切な掛け軸が千二百年もの間、一度も表装替えをされていないということは、まったくあり得ないことではないだろうか。

宮内庁所蔵の皇室御物を、専門的に表装しているという京都の表具屋さんがいるのだが、私はこのとき、すぐにここへ確認してみた。すると、一九八〇年代に、一度これが法隆寺に貸し出されたことがあるので、そのときに調べたところ、掛け軸には江戸時代中葉以降の、中国製の絹《きぬ》が使われていたそうである。しかも、昭和に入ってから、もう一度これを修理したことがあり、先代の店主が、まさにここの部分を取り替えたことを記憶しているという。そうすると、ここに「川原寺」と書いてあろうとなかろうと、今枝説はまったく成立し得ないことになる。

もう一つ、明治時代に書かれた『法隆寺大鏡《おおかがみ》』という書物がある。これは、法隆寺の宝物についてたいへん詳しく記述した本だが、その著者である平子鐸嶺《ひらこたくれい》（一八七七～一九一一）が、実は、この掛け軸の錦の中には、瑞字《ずいじ》といって非常に縁起の良い文字が銀線で織りこんであると記している。銀というのは、酸化すると黒くなる。そういう理由で黒くなっているということも、平子鐸嶺が、すでにここに書いている。そして、織り込まれている文字に関しても、「寿」とか「明」とか「康」、「福」という字が銀糸で織り出してあると述べている。おそらくは、この「康」という字が、川原寺の「原」の字に似ているので、東野治之氏は今枝先生はそれを見誤ったのではないかと推定している。今枝先生自身も、実は京都御所の東山文庫ではなく、私たちとまったく同じ条件の東京国立博物館で、薄暗い照明の中で、ガラス越しに見たのだということが後で判明した。

「唐本御影」は唐人が描いたものだった

こうした誤解は、いわば唐本御影が研究者の目に触れない宝物として、宮内庁の奥にしまわれていたゆえに起こされた騒動だったのである。川原寺と書いて消したのではないとすれば、これが聖徳太子像であるということを疑う根拠がなくなるはずである。

しかし私は、この唐本御影が平安時代の末にはじめて文献に現れたとき、すでにこれについては世間が疑いの目をもっていたという事実を見出した。というのは、十一世紀の末に大江親道《おおえのちかみち》が、奈良・南都《なんと》の七大寺を巡って『七大寺巡礼私記』という本を著している。その中に、当時はまだ、夢殿《ゆめどの》の中にあった唐本御影について、聖徳太子の俗形《ぞくぎょう》、つまり俗人としてのお姿の御影が一つあり、「この御影は唐人の筆跡である、不可思議なり、よくよく拝見すべし」と書いている。これが唐本御影と呼ばれる原因となったのだが、ではなぜ唐人の筆跡であると書いたのであろうか。それは、つまりこの肖像があまりに日本人ばなれしているので、中国人が描いたものに見えるからなのである。

顕真《けんしん》の主張――応現《おうげん》思想とは

そして、次に唐本御影が文献に登場するのは、法隆寺の顕真という僧が著した『聖徳太子傳私記《でんしき》』である。顕真は、鎌倉時代に法隆寺を復興したたいへん精力的な僧侶である。彼は、その書の中で夢殿の唐本御影に関して、「この画像についてはお寺では多くの解釈があるのだが、唐本御影として相伝《そうでん》しており、その理由は、この像が唐人の前に、応現した聖徳太子の姿を表したものだからだ」と述べている。

応現とは、超能力者である仏が、能力的に限界がある下々の者の前には、たとえば中国人の前には中国人になって現れ、アメリカ人の前ではアメリカ人になって現れるという、仏教の考え方のことである。

つまり、この唐本御影も中国人の前に現れたから中国人の姿をしているのだというわけである。中国の画家が日本にやって来たときに、聖徳太子は彼の前に中国人の装束《しょうぞく》で現れ、その姿絵を二枚描いて、ひとつは日本に残し、もう一つは中国に持ち帰ったのだという説を、顕真は述べている。しかし、この『聖徳太子傳私記』の中で顕真は、実はもう一つの説を注記の形で書いている。それは、「この御影は、百済《くだら》の阿佐《あさ》太子の前に（聖徳太子が）現れた姿を描いたものである」というものである。要するに、唐人ではなくて百済の阿佐太子の前に応現した、そのときの聖徳太子の姿を描いたものであるから、この装束は百済流のファッションなんだということをいっているのである。そして、このことは慶政上人《けいせいしょうにん》（一一八九～一二六八）がいっている説であるとも書いている。

この慶政という人物の出自については、非常に謎が多かったのであるが、実はある史料から、たいへん興味深いことが判明した。

■慶政上人と顕真の二人三脚

慶政上人は、時の関白《かんぱく》の九条道家《くじょうみちいえ》（一一九三～一二五二）の兄にあたり、摂家《せっけ》将軍の九条頼経《よりつね》（一二一八～一二五六）の従父《おじ》にあたる。彼は、まだ乳呑み児《ちのみご》だったときに乳母《めのと》が誤って彼を取り落としてしまって、そのときの怪我《けが》がもとで背骨が曲がる病気になった。本来ならば、彼自身が摂政・関白の位を継ぐべきであったのに、その身体障害のために、僧籍《そうせき》に入って京都郊外の、西山というところで庵《いおり》を営んだということが明らかになっている。

そのような身の上の慶政上人が、当時、中国に二度も行き、しかも、「一切経《いっさいきょう》を請来《しょうらい》」して、膨大な量のお経を買い込んで日本へ持ち帰った。これは、普通の僧侶にできることではない。本来ならば九条家の家督を継ぐべき嫡男であったからこそ、摂関家の豊富な財力をもとにしてできたのである。そして、彼は現在の福建省《ふっけんしょう》にある泉州《せんしゅう》という港町を訪れている。そこで、紅毛碧眼《こうもうへきがん》の胡人《こじん》(中国北方・西方の異民族)と出会った。それはペルシャ人だったようだが、慶政はその人に、「あなたの国の言葉で南無阿弥《なむあみ》陀仏《だぶつ》と書いてくれ」という意味のことを、身振り手振りで一生懸命伝え、紙に書いてもらったらしいのである。そして、帰国後、このペルシャ語の「南無阿弥陀仏」を高山《こうざん》寺(京都市)の栂尾明恵《とがのおみょうえ》上人に贈っている。しかし、実は、これは中世ペルシャ文学の物語に出てくる恋歌で、しかも、皇子がお后《きさき》に横《よこ》恋慕《れんぼ》したその思いを熱烈に歌ったものであった。その恋歌を慶政は「南無阿弥陀仏」の名号と信じて明恵上人に贈っていたということが、最近明らかになった。非常に面白い逸話《いつわ》である。

また、慶政は『閑居友《かんきょのとも》』という仏教説話集を著している。この中には『九相詩絵巻《くそうしえまき》』の元になったストーリーが含まれている。妙齢《みょうれい》の女性が病に倒れて死んで、その死体がしだいに朽《く》ちていく様子を描いたものである。死後硬直をおこし、やがて体内にガスがたまって膨《ふく》れ、そこを犬が食い破ってウジが湧《わ》き、最後には髑髏《どくろ》だけが残るという、要するに、妙齢の女性も一皮剥《む》けば同じ骨なのだと謳《うた》ったものだが、慶政の屈折していた心のうちを示すものと考えるのはうがちすぎだろうか。

慶政はたいへん豊富な九条家の財力を利用して、二度も中国へ行ったが、そのとき中国人から、日本の達磨《だるま》寺（奈良県）には五重塔はあるのかと聞かれたそうである。実はそれまで、彼は達磨寺に行ったことはなかったが、「日本の達磨寺にだって、五重塔ぐらいある」と答えた。そして帰国後に調べたところ、なんと達磨寺に五重塔はなかったのだ。仏教には妄語戒《もうごかい》というのがあって、嘘をついたら厳しく罰せられる。「妄語戒」に陥らないために、彼がどうしたかというと、自分で達磨寺に五重塔を建ててしまったのである。それほど、お金に不自由しなかったのであろう。

この慶政上人が法隆寺の顕真と結託《けったく》して、大々的に法隆寺復興運動に乗り出した時期があった。顕真という人は、実は法隆寺の僧侶の中でも、かなりの冷飯《ひやめし》食いで収入は潤沢《じゅんたく》ではなかった。いろいろな塔頭《たっちゅう》（大寺院の境内に付属している小寺院）の僧侶たちの競合関係にある中で、拠《よ》って立つ経済基盤があまり豊かではなかったようである。顕真は、太子信仰の熱心な推進者だったが、彼が法隆寺内における自身の地位をどうにかしてのし上げたいと考えて、それを九条家の御曹司《おんぞうし》である慶政上人と結託することによって、見事にやってのけるのである。

■一大イベント京都出開帳《でがいちょう》

聖徳太子は、『法華経』・『勝鬘経《しょうまんぎょう》』・『唯摩経《ゆいまきょう》』の三経を解説したといわれているが、その中の『法華義疏《ぎしょ》』（義疏とは注釈書の意）は、聖徳太子の真筆として有名である。明治時代に、法隆寺の宝物が百五十点ばかり皇室に寄付された際、『法華義疏』と先ほどの「唐本御影」も一緒に東京へ送られたが、『法華義疏』は行方不明になってしまった。それがなんと、明治天皇がお亡くなりになったときに、天皇の書斎の机の引き出しを開けたら、その中から出てきたという、いわくつきのものである。これは実は、聖徳太子のご真筆ではない可能性がある。これに関しては色々な議論があり、仏教界には、今でもこれは絶対に聖徳太子が書かれたものだと言い張る方もおられる。

八世紀に法隆寺の復興をした行信《ぎょうしん》という、夢殿に肖像が残っているたいへんやり手な僧侶がいた。彼は、光明皇后《こうみょうこうごう》(聖武天皇の皇后)や孝謙《こうけん》天皇(光明皇后の娘)から莫大《ばくだい》なお金を集め、聖徳太子の遺品を方々から買い集めて、法隆寺の宝にしていった。そのときに、おそらくは遣唐使の一行として中国へ行った人物が、中国のどこかで買ったと思われる非常にお粗末な省略本の、『法華経』の注釈書を持ち帰り、それが聖徳太子ご真筆の『法華義疏』とされたのだろうと、私は思っている。なぜなら、この『法華義疏』の上に、「これは海の向こうからやってきたものではない」という意味の、行信の筆による書き入れがある。それはおそらく、彼自身、この『法華義疏』の来歴について、かなりうしろめたいところがあり、くだくだしく弁解しているのだと考えられる。語るにおちる、というべきであろう。

この『法華義疏』は、貞永《じょうえい》元(一二三二)年に表装替えをしたという記録が残されている。唐本御影の表装替えに関しても『聖徳太子傳私記』中に記事が見えるのだが、私は、おそらく唐本御影も『法華義疏』と一緒に、鎌倉時代初期に表装替えをしたのだろうと考えている。それは、暦仁《れきにん》元(一二三八)年、鎌倉四代将軍の九条頼経《くじょうよりつね》が京都の実家に戻って来ているときに、法隆寺の宝物が大々的に集められて、それが大挙して京都に出展されたが、この出開帳の準備のために、表装替えが行われたと考えるからである。この時、宝物は京都の貴族たちの邸宅を、延々と巡業してまわったという記録が残っている。

暦仁元年の八月十四日、近衛《このえ》家にこれらの宝物が運ばれる。このとき、時の関白近衛兼経《かねつね》は、唐本御影に対して、「これは異国の像ではなく、日本人の装束なのだ。昔はみなこういう服装をしたのだ。これはまさしく聖徳太子のご真影である」という特筆すべきコメントをした。

平安末期以来、唐形《とうぎょう》の御影とか、唐人の筆であるなどというように、日本人はこの絵に対して、非常に異質なものを感じていた。だからこそ、顕真や慶政上人が、新しい意味付けをこの絵に与えなければ、この絵が異国のものであるという感覚を払拭《ふっしょく》できない。そこで先述のように、慶政上人が、これは唐人が描いたものではなくて、百済の阿佐太子が描いた聖徳太子像なのだと言ったのである。それが、暦仁元年八月十四日の、猪熊《いのくま》御所と呼ばれていた近衛兼経の家への出開帳の時ではなかったかと私は推理する。

百済の阿佐太子といえば、『聖徳太子傳暦』で、阿佐太子の前に聖徳太子が姿を現したときに、「この方はなまじの方ではない」というと、聖徳太子は眉間《みけん》の白毫《びゃくごう》からものすごい光を放って、彼の超人性を証明したという話が伝えられている人物だ。顕真は自分の立場を確固たるものにするために、自分は阿佐太子に縁のある調子丸《ちょうしまる》(調子麿)の二十八代の子孫であるというふうな系図もでっち上げる。

調子丸は、聖徳太子の舎人《とねり》(天皇や皇族に仕えて雑役を務めた者)で聖徳太子の愛馬であった甲斐《かい》の黒駒《くろこま》という名馬を飼育していたといわれ、阿佐太子に連れられ中国からやってきた奴婢《ぬひ》の子供であるという伝承がある。その調子丸の二十八代の孫として自分を位置づけることは、当時非常に盛んになっていた太子信仰の上で、非常に興味深いことである。聖徳太子自身は一度も出家せず、俗人のまま仏教を外から保護した仏教の守護者として位置づけられている。太子が何ゆえに信仰の対象になったかといえば、聖徳太子は、自分の息子である山背大兄王の一族が蘇我氏によって滅ぼされて、子孫が断絶してしまっていることであると考える。子孫が脈々とつながっている人を信仰の対象にすると、係累《けいるい》がいろいろ出てきて生臭い話になってしまう。しかし、太子は子孫を滅ぼされた悲劇的な人物だから、彼一人を信仰の対象とするだけなら、そのさまざまな系譜の人物が出てくることはまずない。

顕真は、その中でたった一人、調子丸という人物に目をつけたのである。調子丸は馬の世話だけでなく、太子の身の回りのさまざまなことをしていたわけで、例えば、お釈迦様にとっての阿難《あなん》のような存在であると位置づけることができる。顕真は、巧妙にそうした存在の子孫として自らを位置づける系譜づくりをしたのである。そのうえ、唐本御影が実は阿佐太子の作であるのだと、自分ではなく慶政上人の説として取り上げたところがまた、顕真のすごいところであろう。暦仁元年の猪熊御所への出開帳のとき、近衛家あるいはその親族の貴婦人たちを前にした慶政上人は、表装が仕上がったばかりの唐本御影の肖像画が、法隆寺で伝えているように、唐人、つまり中国人の作ではなくて、百済の阿佐太子が日本にやってきたときに、阿佐太子の前に姿を現した聖徳太子の姿なんだと語って聞かせた。そして、横にいた顕真を指差して、「実はこの男こそ、百済の阿佐太子と一緒に日本へやってきた調子丸の二十八代目の子孫である。聖徳太子関係の人はすべて死に絶えてしまったけれども、この調子丸の子孫一人が、今も法隆寺にいて、聖徳太子をお守りしているんですよ」というふうに演説したのではなかろうか。

おそらく、近衛兼経《かねつね》やその場に居合わせた貴族たちは、その場でこの唐本御影にまつわる新しいドラマティックなストーリーを聞かされ、その上、顕真が調子丸の子孫というふうに紹介されたのではないだろうか。そして人々は、顕真その人を太子信仰の生きている存在として位置づけたに違いないと私は

▲ 聖徳太子腰掛石《こしかけいし》（三宅町）　太子が太子道を通って飛鳥から斑鳩へ向かう途中、黒駒を柳の木につなぎ、休憩したという伝承にもとづく。斑鳩町の南方、磯城《しき》郡三宅町屏風《びょうぶ》の白山《はくさん》神社境内（⇨p. 111）にある。前を太子道が通る。

▲ 黒駒の墓（駒塚）と調子丸墓（斑鳩町）　手前が調子丸古墳、向うが駒塚古墳。南方の上宮《かみや》遺跡（⇨p. 79）方面から撮影。法隆寺のすぐ東方にある前方後円墳の駒塚墳頂（4世紀末～5世紀初）には、享保《きょうほう》19（1734）年建立の宝篋印塔《ほうきょういんとう》があり、基礎石に標題を「駒塚石碑銘曰」とし、黒駒墓の由来を刻んでいる。調子丸古墳は5世紀代の円墳で、黒駒を飼養した舎人の調子丸の墓と伝える。

想像する。

顕真と慶政上人との、二人三脚による「唐本御影＝百済の阿佐太子作者説」は、見事にアピールされた。このとき、近衛兼経は大変感激して、先に紹介した「確かにこの像は、今まで異国的だといわれてきたけれど、これは他国の像ではなくて、日本人の装束は、昔はみなこのようであった。これこそが聖徳太子の真の御影である」というコメントを述べたわけである。

「唐本御影」は真の聖徳太子像である

顕真は、これを機に法隆寺の中で大出世を遂《と》げた。それから約二十五年後の弘長《こうちょう》元（一二六一）年、後嵯峨《ごさが》上皇が法隆寺にやってくる。法隆寺はこのとき大金をつぎ込んで大改築工事を行った。その際、顕真が代表して上皇をお迎えし、金堂・五重塔のある西院伽藍《がらん》を案内し、そして東院へ上皇をお連れしたホスト役も務めた。

そのとき後嵯峨上皇が、「天王寺にも増して、この法隆寺はたいへん尊い寺院であると思う。天王寺は尼たちの念仏《ねんぶつ》が西に向かってうるさいばかりだ。そして、東大寺とか興福寺《こうふくじ》は、ただ広大なばかりだけれども、尊さにおいてはこの寺が一番である」と仰《おっしゃ》ったと伝えられている。顕真を前にして、聖徳太子の関係者、調子丸の子孫がいるから、この寺は尊いのだという上皇の言葉を引き出したわけである。

同時にこのとき、それまで聖徳太子像としては怪しいと思われていた唐本御影が、はじめて、これこそが聖徳太子の御真影だという、確固たる位置づけを得ることができたわけである。正中《しょうちゅう》二（一三二五)年に、法隆寺が播磨国《はりま》(兵庫県)に持っていた鵤庄《いかるがのしょう》という荘園が、鎌倉幕府に取り上げられた事件の顛末《てんまつ》が、この位置づけを証明している。

事件とは、鵤庄の中で荘官どうしの殺し合いが起こったため、幕府はそれに乗じて鵤庄を取り上げてしまったというものである。それで、この荘園を取り戻すために、法隆寺側は一大プロジェクトを組み、何人もの僧侶が鎌倉に常駐して、一生懸命に鵤庄を返してくれるよう訴えかけるが、なかなかうまくいかない。そこでとうとう、この唐本御影が鎌倉に下るのである。つまり、鎌倉幕府に圧力をかける道具に使われたのである。「比叡《ひえい》の山伏《やまぶし》と双六《すごろく》の賽《さい》は意のままにならぬ」と、後白河《ごしらかわ》法皇も言ったように、比叡山の山伏たちは坂本(滋賀県大津市)の日吉大社《ひえたいしゃ》のお神輿《みこし》を、春日大社(奈良市)はご神木をそれぞれ利用して圧力をかけた。同様に、唐本御影も幕府に対して圧力をかける手段として非常に有効だと考えられていたということである。迎える幕府の側に、あれは聖徳太子かどうかわからないという認識があったとしたら、唐本御影が幕府に威圧を与える為の有力な道具にはなり得なかっただろう。法隆寺最大の鵤庄奪還《だっかん》のプロジェクトが最終的には成功したことをみても、当時、唐本御影は聖徳太子の御真影として認知されていたということがいえるわけである。

ところで、はじめは中国人の描いた肖像だといっていたのに、なぜ顕真と慶政上人は百済の阿佐太子作ということにしようとしたのか。実はこれには、もう一つ非常に面白い事件が関わっている。

先述したように、表装替えが行われたのが貞永《じょうえい》元(一二三二)年で、出開帳が暦仁《りゃくにん》元(一二三八)年である。ちょうどその間の嘉禎《かてい》元(一二三五)年の八月二十五日、大和国《やまと》平群《へぐり》郡の竹林寺《ちくりん》(生駒《いこま》市)から、奈良時代の僧侶で、大仏開眼に聖武天皇を助けて力を注いだ行基《ぎょうき》大僧正の墓誌《ぼし》と舎利《しゃり》が発見され、当時、奈良と京都で大フィーバーを起こした。何と嘉禎元年から徳治《とくじ》二（一三〇七）年までの七十年間、十万人の人々が行列をなしてこの「行基墓誌」を見に行ったという記録がある。そして、二年後には京都で出開帳が行われ、それを勅使《ちょくし》が見に来たということも言われている、この「行基墓誌」の中に、実は非常に面白い文言が刻まれていたのである。そこには、行基は百済《くだら》王子である王仁《わに》の後裔《こうえい》氏族である高志《こし》氏の出身である、と記されている。ここでいう王仁とは、日本にいわゆる千字文《せんじもん》（中国六朝における初等教科書と習字手本を兼ねたもの）を伝えたといわれている王仁博士のことで、『続日本紀《しょくにほんぎ》』（平安初期の成立。桓武《かんむ》天皇の勅命を受けて作られた）の中では、行基についてはいっさい語られていない。行基を百済王族の末裔《まつえい》とする説は、この行基の墓誌が発見されて初めていわれたことである。

このことで当時の仏教界には、行基信仰というか行基フィーバーが爆発的に起こった。ここに百済王子という文言があったことで、顕真と慶政が考えついたのが、百済の阿佐太子が唐本御影を描いたという説だったのではないか。私は、この間には非常に密接な関係があると考えている。顕真と慶政は行基信仰をうまく利用する形で、顕真もまた同じように百済関係の人物なのだとし、唐本御影を描いたのは百済王子阿佐であるとする説を作ったと想定するわけである。そして、この二人が作り上げたドラマティックなストーリーによって、顕真自身は法隆寺の中で地位が上がったし、唐本御影自体も聖徳太子のご真影としての地位を確得していったのである。

やはり「唐本御影」は聖徳太子像だった

こうして中世の初期になって、はじめて、唐本御影が真の聖徳太子像としての位置づけを得ることになった。ただし、依然として問題なのは、本当にこれが聖徳太子像として描かれたものなのかということである。私の結論としては、これは聖徳太子像でよいと思っている。私たちは、こうした絵を、何の変哲もない肖像画であると受け止めがちであるが、実は、古代の絵というのは肖像として、ポートレートとして描かれることはまずない。信仰の対象として描かれるものがほとんどである。古代の肖像画というのはすべて、僧を描いたものにしても、仏像を描いたものにしても、信仰の対象であるのだ。

この肖像画は承知のように三尊形式である。これは観音《かんのん》、勢至菩薩《せいしぼさつ》という脇侍《わきじ》を伴った阿弥陀如来《あみだにょらい》のように、三尊形式で描かれていること自体がこの肖像画が信仰の対象であったということを表しているかと思う。俗人を三尊形式で描きながら、しかもそれが信仰の対象となり得る人物というのは、聖徳太子以外には考え難い。死後まもなく、聖徳太子に対する信仰が芽ばえたということは歴史的に確認されている。また、先述のように、奈良時代には僧の行信《ぎょうしん》が法隆寺の復興運動を兼ねて、大々的に孝謙天皇や光明皇后に働きかけることによって、太子信仰が興隆する。おそらくその事態とからんで、八世紀に盛んになった太子信仰の結果として、この肖像画が描かれたのではないかと私は考えている。

発掘された「楼閣山水図木簡《ろうかくさんすいずもっかん》」

さて、聖徳太子像の衣服によく似ているものがある。ちょうど平成十一(一九九九)年頃に、奈良市の

▲『楼閣山水図木簡』裏（奈良文化財研究所提供）

長屋王邸《ながやおう》（現イトーヨーカ堂奈良店）の西側溝で発見された「楼閣山水図木簡」という、たいへん大きい木簡《もっかん》である。非常に中国的な切り立った山や雲、それから寺院、楼閣の図が描かれているのだが、その裏側に、このような人物像が描かれている。この人物像と、唐本御影は、非常に衣服も似ている。笏《しゃく》を持って前かがみになっている人物の帽子は、幞頭《ぼくとう》といわれる頭巾《ずきん》である。この頭巾は非常に長い尾紐《おひも》が伸びているが、長い紐を巻き上げて、帽子のうしろのところで結ぶと、聖徳太子像のようになる。図は解《ほど》いている状態である。このようにほぼ同じ被《かぶ》りものをしているし、衣服のだぶつき加減というか、袖の長さ加減も非常に似通っている。

こうして見てみると、表に描かれている山水楼閣図が、どう見ても中国的なので、「もしかしたら、この画像そのものが中国で描かれたものではないか。ということは、聖徳太子像もやはり、平安時代からいわれているように、唐人の筆によるものなのではないか」と思えるかもしれない。

しかし、この絵をよく見てみると、そうではないということが言える。まず一点目として、ここに出てくる人物名が、天平十(七三八)年段階の正倉院文書の中に出てくるものと同じであるということが挙げられる。もう一つは、ここに描かれている、笏を持ち、中腰になって礼をしているような役人らしき人物の肖像の足元に置かれている立方体状の箱である。この箱が、実は決定的なポイントになるのである。この箱は、朝廷で自分の立つ場所を示す版位《へんい》というもので、この版位については、古代の律令に規定があり、中国の版位と日本のそれとでは決定的に違っている。中国の版位は、長方形の非常に薄い板であり、一方、日本の版位は、まさにここに描かれているような、立方体状のものと規定されているのである。この役人とおぼしき人物は、版位の元に立って、おそらく天皇のいる方に向かっておじぎをしているように見える。

そうすると、この画像は日本で描かれたものとして良いだろう。そして、これが日本の役人の姿を表しているものだとすると、まさにこれが出土した溝は、天平十年頃に埋まった溝なので、この絵は奈良時代の半ば頃に描かれたとみてよいであろう。すると、この役人とよく似た衣服を身につけた唐本御影は、必然的に、聖徳太子信仰の盛んだった頃に、信仰の対象として礼拝するために描かれた聖徳太子像と考えられるという結論が導き出されるわけである。

4 法隆寺・世界文化遺産への道

法隆寺長老・一二八代管主
髙田　良信

聖徳太子の創建と伝えられる法隆寺は、姫路城《ひめじ》（兵庫県）とともにわが国ではじめて世界文化遺産に登録された。そして、現代に至るまで一四〇〇年もの間、多くの人びとの努力によって滅亡の危機を乗り越えてきた。

■法隆寺創建と再建

法隆寺は推古《すいこ》十五（六〇七）年に推古天皇と聖徳太子が用明《ようめい》天皇の遺願を実現をするために創建したものと伝える。それは『金堂薬師如来像光背銘《こんどうやくしにょらいぞうこうはいめい》』に、「大王天皇《おおきみすめらみこと》と東宮聖王《ひつぎのみこのひじりのみこ》、大命《おほみこと》を受《う》け賜《たま》いて、歳《ほし》は丁卯《ひのとう》（六〇七）に次《やど》る年に仕《つか》え奉《たてまつ》りき」と記していることによる。

日本へ仏教が伝わったころに百済《くだら》から多くの技術者たちが優れた技能を携《たずさ》えて来日した。『日本書紀』（以下、『書紀』と略す）によると敏達《びだつ》六（五七七）年に百済王から経論《きょうろん》若干巻、律師《りっし》、禅師《ぜんじ》、比丘尼《びくに》、呪禁《じゅごん》師《し》、造仏工《たくみ》、造寺工などの六人が遣《つか》わされたり、崇峻《すしゅん》元（五八八）年にも百済から仏舎利《ぶっしゃり》や僧とともに寺工や露盤博士《ろばんはかせ》、瓦《かわら》博士、画工《がこう》などが来日している。

そのような技術者たちの末裔《まつえい》や、彼らから直接に教えを受けた人びとが法隆寺をはじめとする寺院の造営にも携わったにちがいない。とくに『書紀』には「君親《きみおや》の恩の為に、競《きほ》いて仏舎《ほとけのおほとの》を造る。即ち是《これ》を寺《てら》と謂《い》う」とあり、推古二(五九四)年の仏教興隆の詔《みことのり》によって多くの人びとが積極的に寺院の造営に着手している。そのころ、太子が創建に着手したであろう法隆寺(若草伽藍跡《わかくさがらんあと》)の金堂や塔の遺構はほぼ確認されているものの、いまだにその全貌《ぜんぼう》は明らかとはなっていない。

おそらく太子は、高句麗《こうくり》僧の慧慈《えじ》などの助言に耳を傾けながら優れた技術を結集して造営したことであろう。しかし、法隆寺の不幸は早く訪れた。太子が六二二年に薨去《こうきょ》され、六四三年には山背大兄王《やましろのおおえのおう》などの太子一族が蘇我入鹿《そがのいるか》によって滅ぼされている。これによって、法隆寺の擁護者がなくなったことになる。そのようなときに、再び法隆寺は大惨事に見まわれた。

『書紀』は、つぎのように伝えている。

「(天智九年)夏四月《なつうづき》の癸卯《みずのとう》の朔《ついたち》壬申《みずのえさるのひ》(三十日)に、夜半之後《あかつき》に、法隆寺に災《ひつ》けり。一屋《ひとつのいえ》も余《あま》ること無《な》し。大雨《ひさめ》ふり雷震《いかづちな》る。」

この記事を巡って、明治二十年代から「法隆寺再建非再建論争」が華々しく展開された。しかし、昭和十四(一九三九)年の若草伽藍跡の発掘調査をはじめ、平成十六(二〇〇四)年に南大門前の東方地域から焼けた壁画片などを発掘したことによって再建論が決定的となっている。法隆寺が焼失をしたころにはすでに太子の一族は滅亡し、スポンサーとなる有力な人物の影は見られない。おそらく法隆寺の再建は、太子が施入していた多くの領地や太子を慕《した》う人びとの協力によって着手をしたと見るべきであろう。その再建事業は苦労しながら進められ、資金や資財の不足などから、その作業が中断することも、しばしばあったらしい。

やがて朝廷からも法隆寺への援助があり、平城《へいじょう》遷都が行われた七一〇年ごろには、現在の法隆寺の姿がほぼ完成した。

『七大寺年表』には、つぎのように記している。

「和銅《わどう》元年 戊申《つちのえさる》(七〇八)……詔に依《よ》って太宰府《だざいふ》観世音寺を造る。又、法隆寺を作る。」

それを裏付けるように、和銅四(七一一)年には五重塔内の塑像《そぞう》群や中門の金剛力士像《こんごうりきしぞう》が造られている。このときに再建された法隆寺の規模は、平城の都に建立したり、移設した寺院と比較するとBかCクラスの規模の寺院であったといわざるを得ない。

そのころの法隆寺では優れた資材を使用したり、最新の技術を屈指する余裕すらなかったと見るべきであろう。強力なる檀越《だんおつ》や豊富な資財を有していた寺院ほど、立派な堂塔を造営したと見るのが自然というものでもある。

ところが、不思議なことに、その法隆寺が一三〇〇年前の姿のままに現存し、資財に恵まれて豪華に造営された建物のほとんどが現存していないという、まことに不思議な現象に気づく人はきわめて少ない。そのことによって寺院を支えてきたのは、けっして材木や技術だけではなかったということになる。

いくら材質の良い木材を使い、優れた技能をもって造営したとしても、その寺院が歩んだ歴史がきわめて重要であることを物語っている。再建されてからの法隆寺は、ローカルな寺院として政争に巻き込まれることが少なかったことも大いに幸いした。それは法隆寺がその後、日本史の表舞台にまったく登場していないことによっても裏付けられる。

中世期の伽藍修理

法隆寺には多くの古い建物が現存している。その大きな理由は、修理を定期的に施したことに要因があるという。八世紀に再建した法隆寺は、十世紀から十一世紀ごろに第一回目の修理が行われたと考えられている。しかし、そのころの資料はほとんどない。第二回目の修理は、十三世紀ごろに行われた。それは、法隆寺にはじめて『棟木銘《むなぎめい》』や『棟札《むなふだ》』が登場したことによって知ることができる。棟木銘としては、建保《けんぽう》七（一二一九）年の舎利殿《しゃりでん》が最も古い。棟札は、寛喜《かんぎ》二（一二三〇）年の夢殿のものが最古である。

修理に従事した人びとの多くは、興福寺《こうふくじ》系の技能者たちであった。弘長《こうちょう》元（一二六一）年の「岡本寺《おかもとじ》（法起寺《ほうきじ》）塔修理棟上（京より番匠《ばんしょう》十人。下鍛冶《したかじ》二人。大工八人）」や文永《ぶんえい》五（一二六八）年の「西室《にしむろ》造営（番匠南都より下り被る）」にも、興福寺系の技能者たちが従事していたと記録している。そのころの修理の内容については、昭和九年から二十四年まで行われた昭和修理の技師として工事に携わった浅野《あさの》清《きよし》氏が『法隆寺の建築』（中央公論美術出版、一九七〇年）の中で詳しく記している。

「(鎌倉期の修理)かなり荒廃しかけていた寺の景観は、完全にととのえられた。これらの改修によって、古い姿の失われた部分もないではないが、新しくできた堂もそれぞれ生彩《せいさい》を放っていた」

その修理が終わった十四、五世紀ごろには、法隆寺の大工組織が成立しつつあったと考えてよい。法隆寺と大工職の結びつきを示すものとして『文明《ぶんめい》四(一四七二)歳公文所《くもんじょ》補任記』に「高座番匠の役也」とあることや、大永《だいえい》八(一五二八)年に法隆寺が任命した「番匠大工職金剛四郎子太郎四郎」とあるのが最も古い。

やがて法隆寺所属の技能者たちは、その由緒《ゆいしょ》を聖徳太子に結びつけることによって、その権威を高めることとなる。そして、仏法を守護する四天王に擬《なぞら》えて上位の四人を「四大工」と呼び、法隆寺はその工匠たちを「四大工職」に任命する慣例が生まれた。なお、十五世紀のはじめごろから瓦大工たちの活躍も活発となる。永正《えいしょう》十六(一五一九)年に法隆寺から「三郎兵衛」を瓦大工に任命した記録もある。その瓦工たちが残した興味深い刻銘が多いことも、この期の大きな特徴となっている。

その中には「コノシコトノトシハ、スイフンノ、ヒテリナリ」(永享《えいきょう》八〔一四三六〕年、この仕事の年はずいぶんの日照りであった)とか「ニシムロノ土ト、フクイノ土トヲ、ハフンアワセニシタル土ナリ。ヨキカ、ワルキカ、シランカ、ヨクハ、ノチニモトルベシ」(嘉吉《かきつ》二〔一四四二〕年、西室の土と福井の土とを半分合せにしたる土なり。良いか、悪いか知らんが、良くば、後にも取るべし)など法隆寺の公式記録に見られない、非常に興味深い資料がある。なお、そのころの修理費に関する資料は判明していないが、おそらく勧進《かんじん》僧たちによって各地からも多くの浄財が寄せられたことであろう。

慶長期の伽藍修理

豊臣秀吉の天下統一によって諸社寺の領地が改易《かいえき》され、法隆寺でも太子が施入した播州鵤庄《ばんしゅういかるがのしょう》(兵庫県太子町)などが没収されている。とくに、天正《てんしょう》十三(一五八六)年の秋に豊臣秀長《ひでなが》が大和大納言として郡山《こおりやま》(大和郡山市)の城主となったときに大和の諸大寺の寺領も悉く《ことごと》減額した。

秀吉は、文禄《ぶんろく》四(一五九五)年の検地によって法隆寺に「安部」(奈良県広陵《こうりょう》町)を中心とする地域を新しい知行所《ちぎょうしょ》として与えた。なお、そのころの南都《なんと》の諸大寺の知行高については『大日本神社仏閣御領』には、つぎのように記している。

「興福寺二万一千百十九石・多武峰《とうのみね》社三千石余・東大寺二千二百十石・法隆寺千石・唐招提寺三百石・薬師寺三百石・西大寺三百石」。

この法隆寺などの知行は、明治七年ごろまで安堵《あんど》されていた。天下人として実権を掌握した秀吉が、天正《てんしょう》十四(一五八六)年に京都方広寺《ほうこうじ》の大仏造建を発願したことは広く知られている。その大工事には全国から多くの優れた工匠たちが集められた。そのとき、法隆寺の「四大工」の一人である中井正吉《まさよし》が多くの工匠たちを率いて参画し、大いに技量を発揮した。この正吉は大坂城の築城にも従事したらしいが、その真相は定かではない。やがて、法隆寺の四大工職が正吉から嫡子の正清《まさきよ》へ受け継いだという。

慶長《けいちょう》三(一五九八)年、秀吉の死去にともない天下は徳川家康の手中に移ることとなる。そのようなときに、正清の器量《きりょう》が家康の目に留まった。しかし、その経緯や秀吉時代の正清の業績はまったくわかっていない。それは、正清が徳川政権の傘下《さんか》に入ることによって秀吉との関係を抹消した可能性もある。

やがて、関ヶ原の戦いのころから家康は正清を側近の一人に取り立てることとなる。家康は、正清を大和・山城・河内・和泉・摂津の五畿内に近江を加えた六カ国の大工頭《だいくかしら》に任命した。そして、慶長七（一六〇二）年ごろからは二条城や江戸城の造営にも関わらせている。とくに、慶長十一（一六〇六）年の後陽成院《ごようぜいいん》御所造営の手斧《ちょうな》始めのときに、正清は「従五位下大和守《やまとのかみ》」に叙任《じょにん》された。すでに、そのころ豊臣家と徳川家は一触即発《いっしょくそくはつ》の不穏な状況下にあった。そのような背景のもと、家康は秀吉の遺児である秀頼《ひでより》に対して父秀吉の菩提《ぼだい》を弔《とむら》って畿内一円の寺社の修理を行うことを勧めている。それは、大坂城に蓄えている財宝を少しでも減らさせようとする家康の策略であったという。家康の計略を知りながら、あえて豊臣家は社寺の修理に着手することとなる。この修理には、豊臣家の老臣として名高い片桐且元《かたぎりかつもと》が修理奉行として資金面の管理を行い、正清が「一《い》朝惣棟梁《ちょうそうとうりょう》」として修理の全体を指揮している。そのころ法隆寺でも堂塔の老朽化が著しく、早急に修復を行わねばならない時期に直面していた。やがて、秀頼を大檀越として中心伽藍をはじめ南大門・聖霊院《しょうりょういん》・伝法堂などのすべての殿堂がその姿を一新している。おそらく、正清も故郷である法隆寺の修理に格別の思いを込めて指揮をしたことであろう。

「法隆寺建立以来の大規模な修理となったが、その方法は決して神経のいきとどいた、入念なものではなかった。それどころではなく構造の安全をはかるために、思いきり大手術を断行したもので、このため従前の建物の建具や雑作などは惜しげもなく撤去され、補強用の貫《ぬき》が柱に縦横にさし通され、屋根は全面的に葺きかえられ、日本建築の表情を大きく左右する軒《のき》回りなども少なからず改造をうけた。これによって崩壊寸前にあった諸堂は、破壊をまぬがれたが、他面この無慈悲な決断によって、

それまでよく伝えてきた貴重な古形式が失われたものも多かった」(「慶長修理」前掲『法隆寺の建築』浅野清著より抜粋)

この修理によって崩壊寸前にあった堂塔は破壊を免れることとなったが、その反面、古い様式が失われたことも事実である。しかも、補強材の多くには杉材や松材が使われており、そのようなことがその後の老朽化を早めている。慶長の大修理がほぼ完成をしたころから、豊臣家と徳川家の対立はいよいよ激しさを増し、ついに大坂夏の陣によって徳川家康が天下をその手中に治めている。

元禄期の伽藍修理

法隆寺では、慶長の修理から八十年余りで堂塔の老化が目立ちはじめていた。そのような状況から寺僧たちは幕府に対して幾度となく修理の援助を嘆願したが、その願いは虚《むな》しく却下されている。そこで、法隆寺では元禄《げんろく》三(一六九〇)年に堂塔の開帳(公開)を決断した。これによって、参詣者から多くの浄財が喜捨《きしゃ》されることを期待したのである。このときにはじめて金堂の南正面が開かれたり、夢殿や聖霊院、舎利殿の内部なども公開され、まさに未曾有《みぞう》の大開帳となった。

幸い、この開帳によって多分の浄財が寄せられ、それによって翌元禄四年の太子一千七十年御忌法会を盛大につとめたり、応急的に五所社、綱封蔵《こうふうぞう》、西室《にしむろ》、金堂、夢殿、食堂《じきどう》などを修理している。しかし、建物の総数は三十数棟にものぼることから、自力だけではどうすることもできない状況下にあり、抜本的な対策を講じる必要に迫られていた。ちょうどそのころ、東大寺では大勧進《だいかんじん》の公慶《こうけい》が大仏殿の再興に

▲江戸時代、工匠たちが居住していた法隆寺西大門を望む西里《にしさと》の町並み（斑鳩町）

奔走《ほんそう》し、唐招提寺では英範《えいはん》が堂塔の修理を行うために東奔西走していた。これらのことも、法隆寺の寺僧たちを大いに刺激をしたことであろう。

そのころ、信濃《しなの》（長野県）の善光寺《ぜんこうじ》では金堂、宝塔、楼門などの再興を計るために元禄五（一六九二）年、江戸の本所回向院《ほんじょえこういん》で出開帳《でかいちょう》を行って大成功を収めていた。それに法隆寺の寺僧たちも大いに刺激を受け、出開帳を決断することとなる。元禄七年には江戸本所回向院、元禄八年には京都の真如堂《しんにょどう》、元禄九年には大坂の四天王寺で出開帳を行った。とくに、江戸では五代将軍徳川綱吉《つなよし》やその生母桂昌院《けいしょういん》から厚い庇護《ひご》と浄財を受けている。このとき、幕府との交渉で中心的な役割を果たしたのが寺僧の覚勝《かくしょう》であり、その功績は高く評価されている。

やがて、出開帳で集まった寄付金や賽銭《さいせん》などを資金として、切迫《せっぱく》していた伽藍の修理に着手した。

本格的な修理は、江戸での出開帳が成功を修めた翌元禄八年から始まっている。そのころ、建造物の新造や修理は南都奉行所や京都大工頭中井主水《もんど》に届け出て、その許可を得ることを必要としていた。とくに、中井主水は家康から大工頭に推挙された正清の末裔《まつえい》であり、畿内の建造物の造営や修理などを監督する江戸幕府直属の役人として、建築行政の惣元締《そうもとじめ》的な地位にあった。畿内の大工・杣《そま》・木挽《こびき》など一万数千人を傘下に治め、幕末までは京都に「中井役所」を構えていたのである。

そのような状況のもと、法隆寺が元禄九年十一月に南都奉行所へ差し出した覚書によると、すでに元禄九年に修理が完了していたものは、五重塔・御祈祷《きとう》所・金堂・大講堂・上之堂・食堂《じきどう》・細殿・鐘楼《しょうろう》・経蔵《きょうぞう》・仁王門《におうもん》・廻廊《かいろう》・護摩堂《ごまどう》・御霊屋《おたまや》・勧学院《かんがくいん》・八ッ足門・四ッ足門・東院廻築地《ついじ》・東院惣門・惣社宮であった。元禄十年から工事に着手したものは、太子堂(聖霊院)・上宮王院(夢殿)・西円堂・三経院・役行者《えんのぎょうじゃ》堂・綱封蔵《こうふうぞう》・権現《ごんげん》社・一切経《いっさいきょう》蔵・東室《ひがしむろ》・西室《にしむろ》・大湯屋《おおゆや》及び四ッ足門・南大門・西之大門・中之門(東大門)・寄門・北之門・山口之門であり、それに続いて舎利殿・絵殿・伝法堂・礼堂・東院廻廊・東之鐘楼・新堂・金光院・西惣築地・五所社・天満宮・立田《たった》社なども修理された。

このように、元禄期の修理は四十件余に及んでいる。これらの記録からもわかるように、きわめて短期間に堂塔の修理を実施していることである。それは修理のほとんどが屋根の葺き替えに、その中心を置いていたことによる。とくに、五重塔の修理は桂昌院を大檀越として元禄九年五月に着手し、その年の十一月に完成をしていた。この修理のときは、五層目を解体して屋根を急勾配に改めている。それは雨水の流れなどを考慮したものであった。また、軒先の重みを支えるために力士型の支柱などを新造したり、垂木《たるき》先の金具や露盤なども新調している。しかし、五重塔の四層から下層はわずかに部材の入れ替えをすることはあっても、解体をすることはなかった。とくに、この修理には徳川家と桂昌院の寄進に拠ることから、堂塔の甍《いらか》には「徳川家の葵《あおい》」と「桂昌院の九つ目の目結《めゆい》」の紋様《もんよう》の瓦を葺《ふ》いている。

なお、この修理のもう一つの特徴は、請負業者たちによる入札制度を導入していることである。最も多くの建物の修理を落札したのは、井筒屋《いづつや》七郎兵衛という業者であった。井筒屋は、元禄九年に五重塔や金堂、廻廊、鐘楼、経蔵、御供所などの諸堂の修理を落札しており、翌元禄十年にも諸堂二十箇所の修理を請負っている。このときの修理の内容については、ほとんどの工事の仕様書や決算書などが現存している。慶長の修理に比べて大改造はきわめて少なく、柱のゆるみを直したり、損壊した部材を取り替えることが中心で、基本的には現状維持的な工事内容であった。

これらの建物の修理と並行して、仏像や絵画、法具、雅楽《ががく》道具など多くの宝物類にも修理が及んでいる。とくに、秘仏として名高い夢殿の本尊の救世《くせ》観音像も元禄九年ごろに修理を受けていたことも明らかになっている。この元禄期の修理は、宝永《ほうえい》四(一七〇七)年ごろまで続いた。それがほぼ完成した宝永七(一七一〇)年ごろからは子院の修造が行われ、とくに現存する子院の表門はこの期に造立されたものが多く、子院研究の貴重な資料となっている。

近代の伽藍修理

明治維新という大変革によって、多くの寺院は大いに動揺した。法隆寺でも、旧弊《きゅうへい》を一新して新しい法隆寺に生まれ変ることに懸命となっている。皇室への宝物献納、真言宗《しんごんしゅう》からの独立などによって退廃から再興への道を歩もうと懸命な努力をしていた。幸い、明治二十六（一八九三）年からは古社寺保存法による補助によって金堂・五重塔・講堂・東室の修理をはじめていたが、その修理は、あくまでも応急的な処置に他ならなかった。やっと、明治三十五（一九〇二）年から中門の解体修理が始まっている。

それにつづいて、上御堂（明治四十四年）・南大門（大正三年）と鐘楼（大正九年）・経蔵（大正五年）・廻廊（大正九年）・三経院と西室（昭和八年）の修理が行われた。しかし、金堂や五重塔などの中心的な建造物の修理が大きな課題として残っていた。やがて文部省で抜本的《ばっぽんてき》な修理方法が計画され、百万円の巨費を投じて十か年計画（十五か年継続となった）で修理を行うことが決定している。その修理は、文部省が直轄する国宝保存修理として法隆寺国宝保存協議会、法隆寺国宝保存事業部、法隆寺伽藍修理出張所の機関を設置して万全を期すこととなった。

昭和九（一九三四）年四月から、荒廃が最も著しく、かつ学界で問題の少ない東大門、食堂、細殿の修理に着手し工事も順調に行われた。ところが、金堂壁画保存問題や第二次世界大戦で工期が大幅に遅れたのに加え、寺宝の疎開《そかい》、金堂壁画の焼損、五重塔秘宝公開問題などの予期せぬ事態が生じたこともあり、工事は停滞した。しかし、関係機関の献身的な努力によって昭和二十九（一九五四）年十一月三日に、金堂修理の完成法要を厳修し、昭和三十年に竣工《しゅんこう》した新堂の修理を待って、昭和大修理第一期工事が完了している。これにともなって、法隆寺伽藍修理出張所は閉鎖されたが、改めて翌三十一年に法隆寺文化財保存事務所を設置して、法隆寺の文化財保存と未修理の建造物修理を促進することとなった。

昭和期伽藍修理の実態

昭和修理の特徴は、すべての建物が解体されたことであった。とくに、復元が可能な部分はできるかぎり建立当初の姿に復すことにつとめている。

しかし、鎌倉期や慶長期、元禄期の大改造によって復元が不可能になっていた箇所も少なくない。その意味からも今、私たちが仰いでいる法隆寺の姿は各時代の様式が混合したものであり、かつて誰も仰いだことのない姿の建物となったというのが実情である。現在の人びとは、各時代の様式が混同した新しい姿を見ているといってよい。

とくに、金堂が焼損したことによって、その柱や雲形肘木《くもがたひじき》を復元するという難問に直面したのも、この修理の特徴である。かつて、それらには「ヤリガンナ」という工具を使用していた。しかし、ヤリガンナの技法はすでに絶えていたのである。ところが、幸いなことに金沢市の魚住為楽《うおずみいらく》(一八八六〜一九六四、人間国宝・砂張《さはり》銅鑼《どら》作家)が、ヤリガンナの古典技法を継承していることが判明した。昭和十三年に帝国美術院院長であった正木直彦《まさきなおひこ》が夢殿厨子《ずし》の新造を発願したときに、魚住為楽がヤリガンナの技法で厨子を仕上げている。

そのとき、魚住は使用をしたヤリガンナを法隆寺へ納めており、そのようなことも、ヤリガンナの古典技法を復元することが可能となった起因である。

やがて、その修理に従事していた工匠たちもヤリガンナを駆使して、その復元に取り組んでいる。しかし、どうしても「雲斗《くもと》」や「雲肘木《くもひじき》」の復元作業には困難を来したという。それらには、雲の流れる

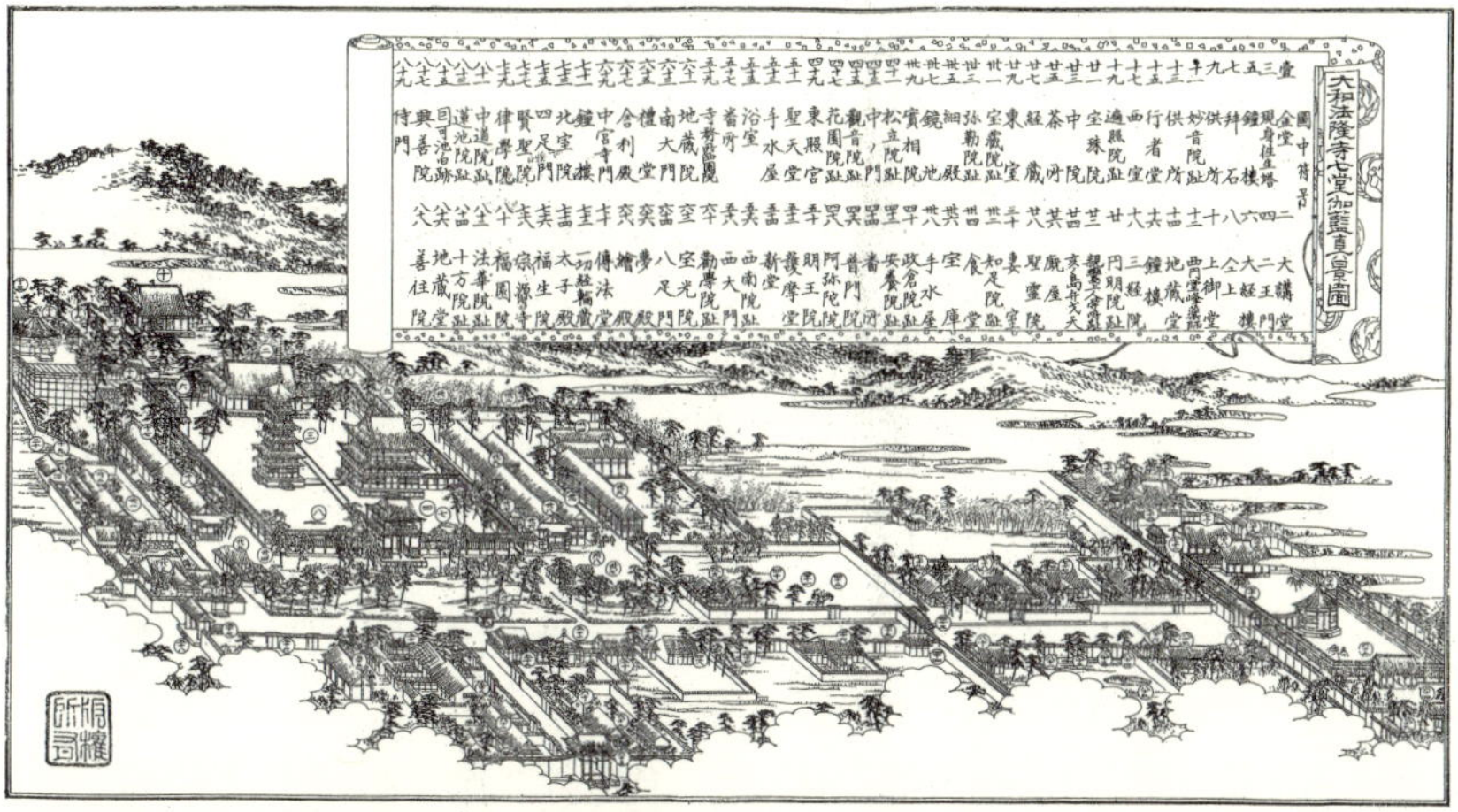

▲ 明治28年の「大和法隆寺七堂伽藍真景図」

ような美しい彫刻が施されていたからである。幸い、その難問を解消したのが日本を代表する彫刻家たちであった。東京芸術大学教授の石井鶴三《いしいつるぞう》（一八八七〜一九七三）をはじめとする六人の彫刻家たちがその作業に参画して、見事に古典技法を復元した。このように、昭和の大修理は多くの人びとの尽力によって古典の技法が復活したことは特記するに値する。しかし、明治三十五年の中門の解体修理のときに差し替えられた新しい柱や雲形肘木には、ヤリガンナでの復元は行われていない。それは、昭和期の修理までは古典技法の復元が行われていなかったことを物語るものでもある。

世界遺産となった真相

法隆寺地域の仏教建造物（法起寺の三重塔を含む）は、わが国を代表する貴重な文化遺産として日本で初めて「世界文化遺産」に登録された。

この条約を運営する世界遺産委員会は、一九九三年の十二月十日、コロンビアで開かれたユネスコの総会において姫路城と共に正式に承認したのである。

私たちは、奈良県文化財保護課からのファクシミリによって法隆寺が正式に世界文化遺産へ登録されたことを知らされた。

「コロンビアで十二月六日から開催されています世界遺産委員会において、文化遺産である「法隆寺地域の仏教建造物」が現地時間平成五年十二月九日午前十時三十分、日本時間平成五年十二月十日午前〇時三十分に登録されたとの連絡がありました。文化財保護課」

世界文化遺産に関する法隆寺への連絡は、ただそれだけであった。まして、認定書などが存在することはまったく知らされていなかったのである。そのころ文化庁などの行政機関でも、その存在を把握していなかったという声も聞く。ところが、しばらくして中国の始皇帝陵《しこうていりょう》などには認定書が存在することが判明した。中国にあって日本にはないことに不審を抱いた私は、関係機関に訴えたところ「外務省文化第二課」が保管していることが判明した。

すぐさま外務省と直接に連絡をとり、やっと平成六(一九九四)年十月、私的に認定書のコピーを入手することができたというのが実状である。まことに、文化庁などの行政の縦割り社会のお粗末さを露呈したものとの声が上がったことは否定できない。さて、このように法隆寺が日本で、はじめて条約に登録されたことは、世界最古の木造の建造物であることが大きな理由となったことはいうまでもない。これによって、法隆寺は世界の木造建造物を代表する世界文化遺産として認知されたことになる。

日本最初の世界文化遺産に法隆寺が登録された理由については、伊藤延男《のぶお》氏(元東京国立文化財研究所長)が法隆寺文化講演会で行った「世界遺産法隆寺」のレジュメの中で、つぎのように記している。

「法隆寺地域の建造物群は、基準の①芸術的傑作、②建築等に大影響、④儀式、景観の見本、⑥出来事、伝統、思想、信仰等に該当するとされました。オーセンティシティ(真正性+信頼性=確かさ)も合格しました。特に難関と思われた材料については、修理で取り外《はず》した古材をよく保存していたことが評価されました。文化財保護法に加え、古都法や風致地区等の規制もあり、法的保護措置は万全と判断されました。」

このような理由によって、法隆寺は世界文化遺産に登録されたという。しかし、現実には明治三十五年から昭和十二年ごろまでの期間の修理で取り外した古材のほとんどが法隆寺には残っていない。それは、昭和十三年にトラック三十四台余の古材を売却をしたからであった。やがて、そのことが大きな問題となり、それ以後は古材を慎重に保存したというのが真相のようだ。

また、法隆寺地域を風致地区に指定しようとしたときには一部の住民による反対運動も起っている。さらに、法起寺を文化財保護法による史跡に指定したのは、世界文化遺産に登録されるわずか十日前の平成五年十一月三十日のことであった。これは、まさに駆け込みの書類上の日付合わせそのものの処置である。これも辻褄《つじつま》合わせをしようとする役所の体質を露見したものといえよう。

このように法隆寺が世界文化遺産へ歩んだ一四〇〇年の永い道のりには、いろいろな紆余曲折《うよきょくせつ》があった。その意味からも永い歴史を紐解《ひもと》きながら、そこに秘められた真実を探りつつ、先人たちの労苦への理解と感謝の念を深めていただきたい。

付章　「和」の指標——輝かそう!　和の精神——

斑鳩文化協議会会長
亀井　龍彦

和の理念

日本仏教の開祖ともいえる聖徳太子晩年の言葉として「世間虚仮《せけんこけ》　唯仏是真《ゆいぶつぜしん》」がある。これは、現実世界は仮の虚《むな》しいものばかりであり、唯一、仏の教えが真実であるということと理解できる。

思うに、大乗《だいじょう》仏教の基本的思想は「空《くう》」と聴く。諸々の事物は因縁《いんねん》によって成立し、固定的な実体がないという。現世の宇宙全体のあらゆるものは、それ自体だけでは存在できず、神仏(人間界を超越した威力ある存在＝宇宙神秘や自然摂理とともに存在)や他から与えられるさまざまな原因(因)や条件(縁)と和して生じた森羅万《しんらばん》象《しょう》である。宇宙間において数限りない万物の生滅《しょうめつ》を繰り返しながら、四季の移ろいとともに存在する森羅万象の根本理法。それが「和の世界」である。だから「和」は偉大で貴いものであると私は考えている。その中に真実の宗教心・道徳心が薄れ、欺瞞《ぎまん》に満ちた現世人間社会が実在しているといえるだろう。いかにして現世に正常に和して行くべきか。和の指標を考えたい。

「一に曰《いわ》く、和を以《もっ》て貴《とうと》しと為し…」とはじまる聖徳太子の『憲法十七条』は、和の精神(心)を基として仏教・儒教などの思想を和し、君臣の道および諸人の守るべき道徳を示して「人の和」を説かれている。

人類の歴史が始まり、男女が結婚(和合)して肉体と心が和(合一)して人間が誕生した。人体は六十兆もの細胞が和（結合）してなりたち、生きるために動植物や魚介類を食し（自然摂理）、生体を構成する諸器官が相互に和（調整）して活動し生きているが、自分一人だけでは生きて行けない。周囲の多くの人に支えられて生きている。思考を伝えるために声を発したのが言葉となり、対話して種々な職業の人々が互いに和（協調）して各々の社会を形成し、労働し余暇を楽しみ文化をつくり、社会生活（共生共存）を営んできた。これら、すべてを包含《ほうがん》し生かしてくれる大自然の空気・水・土への感謝を忘れてはならない。生物は命尽きれば遺体焼却の煙は天空に和（吸収）し、遺骸《いがい》は大地の土か大海の水に和（融和《ゆうわ》）する。これは天命である。すべてが和の恩恵によって終始一貫されている。

人類の歴史は、闘争殺戮《さつりく》の歴史である。しかし、我々が生かされている現代社会では人の和を貴び、和の精神を育み善意の行動を発揚《はつよう》して、生命の宿る星〝地球〟を守るために、民族・宗教・文化の違いの域を超えて国際社会で「真実の和」の対話理解を深めるべきである。地球温暖化による気象異変・核兵器拡散による脅威。今、人類は滅亡の危機に向かって進んでいる。唯一、被爆体験をもつわが国は広島・長崎の悲惨な真実をもっと声高に訴え、『平和憲法』のもと核兵器廃絶を先頭に立って叫び続け、絶対に戦争をしてはならない。戦争のない、大気汚染の少ない地球平和を目ざし、国際政治で実現すべきである。もっとも、現代世界では至難《しなん》の業《わざ》ではあるが「真実の恒久平和」を常に叫び続け、一人でも多くの「和力」を結集し拡大し続けるべきである。

和の字源と意義

漢字の「和」の文字は、口《くち》と禾《いね》からなる文字で食足《た》りれば和《なご》むということである。字源は「咊《わ》」で、口偏《くちへん》と禾《のぎ》旁《つくり》がいつしか入れかわった。この禾は、昔、中国の戦場陣営の軍門に立てる大きな標識（垂《た》れた稲穂の形）を表し、口は𠙵《さい》のことで盟約《めいやく》など文書を収める器を表す。つまり、和は軍門で和議が成立し講和条約を締結して和らぎ合っている状態を本義と考える。いま一つ、「龢《わ》」の文字がある。字源は龠《やく》と禾《いね》が寄りそった文字で、龠は三孔竹管の笛で音律の調和を表す。禾は、稔《みの》った稲穂で穀物の総称を表すなど農耕儀礼にかかわる文字である。ゆえに、農耕民族が五穀豊穣《ごこくほうじょう》を感謝し、歓び笛を吹いて神楽《かぐら》を奉納して、和《やわ》らぎ合っている風情を本義と考える。

和と龢の字源は異なり本義も少々異なるが、相通ずる意義が多く、はやくから同意語として用いられ、現在では和が代表する。主意は、「真実に和らぎ仲良くする」「感謝の心から思いやり和らぎ応える」などである。和はコミュニケーションの基本であり、コミュニティーの基盤であると同時に、国家形成の重要課題でもある。森羅万象の世界は和の世界であるから、その意義は多義にわたる。

■和の指標、和の諸々の言葉

孔子《こうし》曰《いわ》く、「君子《くんし》は和して同ぜず、小人《しょうじん》は同じて和せず」と。真剣な協議の場で、人格者は道理に合った物事については真実賛同するが、道理に合わない物事ははっきり意見を述べてむやみやたらと賛同しない。これに対して、見識・思慮分別《しりょふんべつ》の浅い人は容易に付和雷同《ふわらいどう》するが、これは真実の賛同ではない、ということである。

挨拶《あいさつ》からはじまる対話の中で和にかかわる言葉は、その時の話題や雰囲気によって使い方は異なるが、和の精神による対話には輝きがあり、力がある。必ず、明るい明日を拓《ひら》くであろう。和の根本は真実の善である。和の指標の諸々の言葉のうち、特に大切と考えるものを区分して、次にあげよう。

一、挨拶の和

挨拶が対話のスタートであり、対話が人と人との交わりの基本である。

対話の始めは真心から「おはようございます」「こんにちは」「こんばんは」「ごめんください」などであり、対話の終わりは感謝の心で「ありがとうございました」「おじゃまいたしました」「さようなら」などである。

二、自然めぐみの和

わが国は元来農耕民族であり、四季の移ろいと共に生きてきた。天候が穏やかで和《やわ》らぐと人の気持も和らぐ。自然の風情と人の心は和が仲立ちするのである。

和らぐ＝①気候・風景・感情・気持ちなどが穏やかになる、柔和になる、厳しさが無くなり優しくなることなど。

②心がひらけ親しく睦《むつ》まじくなること。③心も体も柔らか和やかであれば、健康のもととなる。

和気《わき》＝①のどかな気候、温かい陽気など。②和やかな気色、睦《むつ》まじい気分などのこと（和気《わき》藹々《あいあい》）。

和順《わじゅん》＝①気候が順調であること。②和らぎ柔順であること。

温和《おんわ》＝①気候が温かくのどかなこと（温和な風土）。②性質が和やかなこと（温和な人柄）。

凪《なぎ》（和《な》ぎ）＝風が静まり海面や湖面の波が静かなこと。

和御魂《にこみたま》（にきみたま）＝和やか精熟などの徳を備えた心霊や霊魂のこと。

和稲《にこしね》（にきしね）＝籾《もみ》をすり去つた稲の実。米のこと。

三、平和の和

地域社会でも国際社会でも、対話で互いに利害関係を理解し合い、争いを避けて真心を結び、絶対に戦争を避けて、真実の平和を目指さなければならない。

平和＝①核兵器の廃絶なくして、人類の平和安全はない。②真実の平和とは安定し和らいだ状態のこと。③戦争がなく、安穏《あんのん》で互いに国家を尊重し合い共存すること。④世界平和の中で人類向上のための学術研究は、国境を超えた知的挑戦で共生共存することが望ましい。⑤暴力・テロ・戦争は厳禁。日本は絶対に戦争をしない・させない『平和憲法』を堅持すべきである（平和宣言、平和主義など）。

講和＝戦争を終結し平和を回復するための交戦国間の合意（講和条約）。

安全＝①安らかで危険のないこと。平穏無事。②物事が損傷したり、危害を受けたりするおそれのないこと。

和敬《わけい》＝心を和らげ互いに敬《うやま》い合うこと。茶道では特に和敬静寂を重んずる。

友好＝友達として仲良くすること（友好関係、友好条約など）。

和解＝①相互の意志が和らいで解け合い仲直りすること。②争う当事者が譲歩し合って争いを止めること（示談《じだん》）。③わげ＝外国語を日本語で解釈すること。

和議＝①和睦の評議、和やかに評議するなど。②債務者に破産原因があるとき、破産的な清算をさけるために債務者が和議条件を提案し、債権者が法定多数決でこれを承認して、裁判所が認可することにより成立する一種の和解。またはその手続のこと。

和う《あまな》（甘なう《あま》）＝①意見がまとまる、同意する。②和解する、仲良くする。③甘んじて受ける。

四、平等の和

平等権を守ること、格差の是正をはかることは、為政者の真実の義務である。

平等＝①差別や片寄りがなく、すべてのものが等しいこと（男女平等、平等心など）。②勤勉な者と怠《なま》け者、有能な人材と無能な人材などの報酬《ほうしゅう》は、自ずから異なることが平等であり、それが切磋琢磨《せっさたくま》の糧ともなる。

公平＝えこひいきで、片寄らないこと（公平委員会）。

安定＝①物事が落ち着いていて変化のないこと（物価の安定）。②物の釣り合いや運動の様子が、少しでも変化を与えた時に元の状態へ戻ろうとすること。③物質が反応や分解や壊変しにくいこと。

平均＝①等しくよく揃《そろ》っていること。②よく釣り合いがとれていること。

中道＝右でも左でもない、人の守るべき真の的《まと》（中心）への筋道のこと。

五、共生の和

地球世界の中でもちつもたれつの仲。慈《いつく》しみ合う心で共生し、共存共栄をはかることが望まれる。

共生＝①場所を共に同じくして生きること（共棲、多文化共生など）。②異なる種の生物が生理的・行動的な結びつきをもち、一か所で生活している状態のこと。共利共生（互いに利益があるヤドカリとイソギンチャク、豆科植物と根瘤菌《ねこぶきん》、地衣類《ちい》〈苔類《こけ》〉を構成する菌類と藻類《そう》など）と片利共生（一方しか利益を受けないもの）とに分けられる。寄生も共生の一形態といわれることがある。

共存＝①自分も他人も共に生存すること。②同時に複数のものが共に存在すること（自他共存）。

習合《しゅうごう》＝宗教で相異なる教理などを折衷《せっちゅう》・調和すること（神仏習合）。

思いやり＝自分のことと同じに思慮し、相手を慈《いつく》しみ、愛すること。世界宗教界が、各々相手の理解を深め和したとき世界平和は前進する。

六、協力の和

地域社会でも国際社会でも、互いに真実の力を合わせることが大切である。

協力＝ある目的のために心身の力を合わせ努力すること（一致協力）。

協調＝①協同と調和のこと。②利害で対立する双方が穏便《おんびん》に問題を解決しようとすること（労資協調）。③意見の異なった者同士が互いに譲り合って調和をはかること（国際協調）。④生体を構成する諸器官が互いに調整を保った活動をすること（各器官が協調し合って生かされる）。

協同＝心と力を合わせ助け合って仕事をすること（協同一致、協同組合など）。

共同＝複数の者が力を合わせること（共同募金、共同体など）。

共催＝二人（二団体）以上が共同で、一つの催事を行うこと（共催事業）。

賛同＝同意すること。賛成すること。

同意＝同じ意味。同じ意見。同じ意志（同意書面）。

妥結＝双方から折れ合って交渉をまとめる。また、交渉がまとまること（賃上げ交渉が妥結する）。

同盟＝個人や団体もしくは国家が互いに共通の目的のために、同一行動をとることを約束する。またはその結果、成立した提携関係のこと（同盟国、同盟条約など）。

七、調和の和

複数が調子を合わせること、調子が合っていることは心地がよいものである。

調和＝①調子がうまく合い全体が調《ととの》っていること（オーケストラ、合唱団など）。②いくつかのものが矛盾《むじゅん》なく、互いにうまく和合していること（人体の心身機能など）。

調整＝過不足をなくして、ほどよく整えること（意見の調整、マイクロホンの調整など）。

和諧《わかい》＝①和らぎ調和し、睦《むつ》び合うこと（和諧社会）。②離婚訴訟の当事者が裁判によらず、事件解決に合意すること。和諧の見込みがある場合は、一回に限り一年を超えない期間、訴訟を中止することができる。

和協＝①和らぎ心を同じく合わせること（和衷《わちゅう》協同）。②話し合ってまとめること。③音の調子を合わせること（調音、調律など）。

八、和合の和

複数のものが一つになること。複数のものを合わせると、それ自体が新しいものになる。

和合＝①和らぎ合い仲良くすること（和合僧）。②男女が結婚すること。③まぜ合わせること。

慈悲＝①広く万物を思いやる心。②仏・菩薩が衆生《しゅうじょう》をあわれみ慈《いつく》しむ心。

愛　＝①広く万物を思いやる心。②男女（夫婦）・親子血族・友達などを慈しみ合う心。③無条件の愛。

融和《ゆうわ》＝①融解してまじり合うこと。②うちとけて仲良くすること（民族の融和）。

融合＝①融《と》けて一つになる、一つにすること。②細胞・核・組織などが合一すること（核融合など）。

合一＝合して一つになる、一つに合わせること（知行合一《ちぎょうごういつ》）。

結合＝結び合う、結び合わせて一つにすること（分子結合）。

和《あ》える（韲《あ》える）＝まぜ合わせること。たとえば、和物《あえもの》＝野菜・魚介類などに、味噌《みそ》・胡麻《ごま》・酢《す》・辛子《からし》などをまぜ合わせて調理したもの。にこもの、にきものともいう。

中和＝①中正で適当によく調和していること。②酸とアルカリの溶液を同量ずつ混ぜる時、その各々の特性を失うこと。また同量の陰陽《いんよう》両電気がある時、電気現象を呈《てい》さないようになること。③異なる性質のものが融合して、各々その特徴もしくは作用を失うこと。

九、数式の和

二つ以上の数・式などを加えて得た値。足し算・寄せ算の合計のこと（総和）。

十、日本国の和

倭《わ》国は、日本国存在の原点といえる。倭は一世紀頃から、中国の『後漢書《ごかんじょ》』にみえるわが国の呼称であるが、聖徳太子が『憲法十七条』を制定して和を貴ぶ国をめざし、「日出ずる国」を自称して倭国のイメージを一新した。それから一四〇〇年、『日本国憲法』は人の和を貴び、戦争をしない、させない『平和憲法』を堅持している。これからの日本は、国際社会に和の精神を発信するに相応《ふさわ》しい真実の美しい国づくりをなし、国民は背筋を伸ばして国際対話のできる頼もしい国民でありたい。

大和心《やまとごころ》＝聖徳太子以来、日本民族固有の大いなる和の心は、大和魂《やまとだましい》でもある。太子の『憲法十七条』の基をなす日本人の和の精神に、大義名分《たいぎめいぶん》の立つ強い正義感を秘めて、勇猛《ゆうもう》で潔《いさぎよ》いのを特性とする。心情的には、敵対精神ではなく平和指向精神である。これは従来、日本文化の生活習慣の中での道徳教育から自然と芽生え育まれたもので、強制されるものではない。夫婦愛・家族愛・友達愛・郷土愛・愛国心にも通じるものであろう。

和の精神（心）＝聖徳太子の『憲法十七条』の基をなす精神である。ひとくちで言うと、和合の精神であるが、その時の環境やその場の情況によって適切に対応すべきなので、趣が少々異なる場合がある。①真実に和らぎ仲良くする精神。②思いやり・きくばりの精神。③道徳に則《のっと》った行いをなす精神。④和顔《わがん》・無償《むしょう》の愛の精神。⑤和にかかわる諸々の言葉を実践する精神、などである。

■「和の精神」と国際社会

平成五（一九九三）年、聖徳太子ゆかりの「法隆寺地域の仏教建造物」が世界最古の木造建造物として、世界文化遺産に日本初登録された。「和を以て貴しと為す」。太子の「和の精神」も地球人類の世界平和の願望として、法隆寺学問寺とともに登録されたのだと、私は思っている。

今、国内をはじめ世界各地で道徳秩序が著しく混乱し、人の和・国の和が欠落している面が多くある。互いに目先のエゴが先走り、将来が見通せず争いとなる。また、自然界と共生の和がなければ人類は生存できないことを知りながら、自然環境破壊や温暖化や核兵器拡散ストップに協力しない人々がいることも事実である。

宇宙神秘や自然摂理に包まれて浮かんでいる地球。その地球の四季の移ろいとともに存在する森羅万象《しんらばんしょう》、その中に人間社会が実在している。神仏の潜在を信じ、加護を信じている人、信じない人さまざまであるが、生きとし生きるものは、現世の社会生活で和の精神がなければ正常に生きて行けない。国際社会においても、国々と和の精神で対話がなければ「真実の恒久平和」は望めない。地球人類の最重要課題、「真実の和」の対話理解が地球的規模で、一日も早く成立することを願うものである。

●厩戸皇子（聖徳太子）略年表

西暦	天皇年紀	年齢	関係事項
五七四	敏達三	一	太子誕生
五八五	十四	一二	太子の父、橘豊日皇子即位（用明天皇）
五八六	用明元	一三	太子の母、穴穂部間人皇女立后
五八七	二	一四	穴穂部皇子が殺される　○蘇我馬子ら物部守屋を滅ぼす。太子従軍　○泊瀬部皇子即位（崇峻天皇）
五八八	崇峻元	一五	百済、仏舎利・僧・寺工・露盤博士・瓦博士・画工らを貢る　○法興寺（飛鳥寺）建立に着手
五九二	五	一九	馬子、東漢直駒に命じて天皇を殺害させる　○炊屋姫即位（推古天皇）
五九三	推古元	二〇	太子を摂政とする　○法興寺刹柱を建てる　○四天王寺を造る
五九四	二	二一	三宝興隆の詔を発する　＊現法隆寺西院伽藍五重塔心柱の年輪年代法測定値
五九五	三	二二	高句麗僧慧慈の来日、太子の師となる　○百済僧慧聡も来日
五九六	四	二三	太子、伊予温湯に浴す　○法興寺の造営終了し、慧慈・慧聡が法興寺に住む
五九七	五	二四	百済、王子阿佐を遣わして朝貢する
五九八	六	二五	天皇、太子に勝鬘経を講経させる。播磨国土地五〇万代を賜う。太子これを斑鳩寺に納入。
六〇〇	八	二七	新羅征討の軍を派遣し、新羅の五城を抜き、新羅、朝貢を約束する
六〇一	九	二八	太子、斑鳩宮を興す
六〇二	十	二九	来目皇子、新羅を撃つ将軍に任じられ、二万五千の兵を率いて筑紫に赴く。来目皇子、病に臥す　○百済僧観勒が来朝し、暦本などを貢る　○高句麗僧の僧隆・雲聡来日
六〇三	十一	三〇	来目皇子薨す　○当麻皇子を征新羅将軍とする　○当麻皇子、妻の死により帰京する　○推古天皇が小墾田宮に遷る　○太子、秦河勝に仏像を授ける　○冠位十二階を制定する
六〇四	十二	三一	冠位を授与する　○憲法十七条を制定　○宮門の出入の礼を改める
六〇五	十三	三二	天皇詔して太子以下諸臣に命じ、誓願を発して銅繡丈六仏像各一躯を造る　○太子、斑鳩宮に遷る
六〇六	十四	三三	丈六銅像、法興寺に坐す　○天皇、太子に勝鬘経を講説させる　○太子、岡本宮で法華経を講じる
六〇七	十五	三四	壬生部を定める　○神祇祭拝の詔　○小野妹子を隋に遣わす　○国ごとに屯倉をおく　○斑鳩寺（創建法隆寺）と金堂薬師像成るという

六〇八	十六	三五	小野妹子、隋より帰国し、隋使の裴世清来日 ○隋使帰国し、妹子再び隋に派遣され、学生・学問僧が随従する
六〇九	十七	三六	○小野妹子、隋より帰る ○太子、勝鬘経義疏に着手するという
六一〇	十八	三七	高句麗王、曇徴・法定を貢る ○新羅・任那の使来日、饗宴する
六一一	十九	三八	新羅、使者を遣わし朝貢する ○太子、勝鬘経義疏を完成するという
六一二	二〇	三九	○百済人味摩之来り、伎楽を伝える ○太子、維摩経義疏に着手するという
六一三	二一	四〇	難波より飛鳥京に至る大道を設ける ○片岡山飢人伝説 ○太子、維摩経義疏を完成するという
六一四	二二	四一	犬上御田鍬らを隋に遣わす ○太子、法華義疏に着手するという
六一五	二三	四二	御田鍬ら帰国する ○高句麗僧慧慈が帰国 ○太子、法華義疏を完成するという
六一六	二四	四三	新羅、使を遣わし仏像を献上
六一八	二六	四五	高句麗、使を遣わし、方物を貢る ○唐成立
六二〇	二八	四七	太子、馬子と議して天皇記・国記などを録す
六二一	二九	四八	穴穂部間人太后薨ずる
六二二	三〇	四九	太子、膳妃ともに薨ずる ○太子・妃を河内の磯長墓に葬る ○橘大郎女妃が天寿国繍帳を造る
六二三	三一		太子を偲んで王后王子ら、太子等身の釈迦像を造る ○新羅・任那ともに来朝し、太子の薨去を悼んで仏像一具・金塔・舎利などを貢る ○新羅征討軍を発遣する
六二六	三四		蘇我馬子死す
六二八	三六		推古天皇崩御
六二九	舒明元		田村皇子即位(舒明天皇)
六三〇	二		犬上御田鍬らを唐に遣わす
六三二	四		御田鍬帰り、唐使高表仁来る。学問僧霊雲・僧旻ら帰国
六四〇	十二		学問僧請安、学生高向玄理、唐より帰る
六四二	皇極元		皇后が即位し皇極天皇となる ○蘇我入鹿が国政を執り、権勢は父蝦夷に勝るという
六四三	二		入鹿軍、斑鳩宮を襲い、山背大兄王、一族とともに自尽、上宮王家滅亡する

坂本太郎『聖徳太子』(吉川弘文館、一九七九年)を基に改変。

あとがき

聖徳太子について語ることの魅力は、六世紀末から七世紀前半にかけての、わが国の政治、外交、仏教、美術、建築などの多面的な問題が総合的に把握しうる可能性を秘めているからである。だから、そのような学の領域を「聖徳太子学」とよんでいいだろう。

聖徳太子をめぐる研究は、長い歴史を経てきたが、なお未解決のまま残されている課題が少なくない。なかでも、聖徳太子の実像はとらえにくい。研究者は、それぞれに聖徳太子像を心の中に描いているにちがいない。そのイメージが、本書の各節の叙述に影を落としているはずである。読者の楽しみの一つは、執筆者の聖徳太子像を探りあてる気持ちでページをくることであろう。

本書には、聖徳太子の十七条憲法にみられる「和」についてふれた節がいくつかある。このことに関しても、聖徳太子の抱いていた理想的な人間社会を表現したとみるか、それとも、蘇我氏の専横に耐えがたい現実から発せられた言葉なのかで、「和」のもつ意味合いは異なる。さらに、そのことは聖徳太子が斑鳩に宮を営んだ動機についての理解にも影響する。

ここに指摘した「和」の意味を探ることをしないで、つまり、聖徳太子を歴史的な文脈でとらえないで、「和の精神」が一人歩きをし、それが聖徳太子のイメージを作ったという伝承的次元に自分がいるのではないかと、常に問い続けねばならないであ

—「聖徳太子学」入門—

ろう。

右の問題は、今後も検討されていくとして、一九九三(平成五)年に法隆寺地域の仏教建造物が世界文化遺産に登録された意義は大きい。十九棟の国宝建造物を含み、建立以来の貴重な文化財をもつ世界文化遺産は、まさに、飛鳥時代という日本の歴史の大きな転換期に生み出されたことを雄弁に物語る。

斑鳩を訪れる人々は、ただ単に古い建物を見るというような気持ちだけならば、来ないほうがよい。仏に合掌《がっしょう》しながら、激動期の息吹《いぶき》に思いをはせねばなるまい。文化遺産に登録された対象を、ハードと解するならば、ソフトは、聖徳太子が傾倒した仏教世界であろう。ハードだけで聖徳太子の精神に近づくことはできない。どうしても、飛鳥時代の仏教に耳を傾けねばならない。

本書は、聖徳太子をめぐるハードとソフトの両面にふれることができるように編集されている。学際的な「聖徳太子学」入門に寄与できることを祈ってやまない。

末尾になったが、本書の編集などに多大なお力添えを得た西田孝司氏に深い感謝の意を表したい。

二〇〇八年一月　　千田　稔

〈編著者紹介〉

上田正昭（うえだ　まさあき）　一九二七年、兵庫県生まれ。京都大学名誉教授。大阪府立中央図書館名誉館長。おもな著書に『上田正昭著作集・全八巻』（角川書店）、『聖徳太子』（平凡社）など。

千田　稔（せんだ　みのる）　一九四二年、奈良県生まれ。国際日本文化研究センター教授。奈良県立図書情報館館長。おもな著書に『古代日本の歴史地理学研究』（岩波書店）、『聖徳太子と斑鳩』（学習研究社）など。

〈執筆者紹介〉（執筆順）

大野玄妙（おおの　げんみょう）　一九四七年、大阪府生まれ。法隆寺執事長、法隆寺昭和資財帳編纂所所長などを経て、現在、法隆寺管長。

塚口義信（つかぐち　よしのぶ）　一九四六年、大阪府生まれ。堺女子短期大学学長。おもな著書に『神功皇后伝説の研究』（創元社）、『ヤマト王権の謎をとく』（学生社）など。

石野博信（いしの　ひろのぶ）　一九三三年、宮城県生まれ。兵庫県立考古博物館館長。おもな著書に『日本原始・古代住居の研究』（吉川弘文館）、『古墳時代史』（雄山閣出版）など。

森　公章（もり　きみゆき）　一九五八年、岡山県生まれ。東洋大学教授。おもな著書に『古代日本の対外認識と通交』、『長屋王家木簡の基礎的研究』（以上、吉川弘文館）など。

東野治之（とうの　はるゆき）　一九四六年、兵庫県生まれ。奈良大学教授。おもな著書に『日本古代金石文の研究』（岩波書店）、『日本古代木簡の研究』（塙書房）など。

本郷真紹（ほんごう　まさつぐ）　一九五七年、大阪府生まれ。立命館大学教授。おもな著書・編著書に『白山信仰の源流』（法蔵館）、『和国の教主　聖徳太子』（吉川弘文館）など。

森　郁夫（もり　いくお）　一九三八年、静岡県出身。帝塚山大学教授。おもな著書に『瓦と古代寺院』（六興出版）、『日本古代寺院造営の研究』（法政大学出版局）など。

和田　萃（わだ　あつむ）　一九四四年、中国・東北部生まれ。京都教育大学名誉教授。おもな著書に『日本古代の儀礼と祭祀・信仰（上・中・下）』（塙書房）、『大系日本の歴史２・古墳の時代』（小学館）など。

大橋一章（おおはし　かつあき）　一九四二年、中国・青島生まれ。早稲田大学教授。おもな著書に『日本の古寺美術５・斑鳩の寺』（保育社）、『天寿国繍帳の研究』（吉川弘文館）など。

山折哲雄（やまおり　てつお）　一九三一年、岩手県出身。国際日本文化研究センター名誉教授。おもな著書に『神と仏』（講談社）、『仏教とは何か』（中央公論新社）など。

上原　和（うえはら　かず）　一九二四年、台湾・台中生まれ。成城大学名誉教授。おもな著書に『玉虫厨子―飛鳥・白鳳美術様式史論』（吉川弘文館）、『斑鳩の白い道のうえに―聖徳太子論』（朝日新聞社）など。

鈴木嘉吉（すずき　かきち）　一九二八年、東京都生まれ。奈良文化財研究所元所長。おもな著書に『上代の寺院建築』（至文堂）、『法隆寺』（小学館）など。

髙田良信（たかだ　りょうしん）　一九四一年、奈良県生まれ。法隆寺長老（法隆寺一二八世管主）。おもな著書に『法隆寺日記』をひらく（日本放送出版協会）、『法隆寺辞典・法隆寺年表』（柳原出版）など。

田中嗣人（たなか　つぐひと）　一九四四年、大阪府生まれ。華頂短期大学教授。おもな著書に『聖徳太子信仰の成立』『日本古代仏師の研究』（以上、吉川弘文館）など。

武田佐知子（たけだ　さちこ）　一九四八年、東京都生まれ。大阪大学副学長。おもな著書に『信仰の王権聖徳太子』（中央公論社）、『衣服で読み直す日本史―男装と王権』（朝日新聞社）など。

亀井龍彦（かめい　たつひこ）　一九三一年、奈良県生まれ。斑鳩文化協議会会長。おもな著書に『聖徳太子から一四〇〇年―斑鳩の生活史』『和の美学』（以上、斑鳩文化協議会）など。

『聖徳太子の歴史を読む』協力者一覧（敬称略・五十音順）

本書の刊行にあたり、次の各氏ならびに諸機関に、貴重な資料のご提供をいただき、また、ご教示をたまわりました。記して感謝申し上げます。

〈個人〉

池田　貴則
石川　知彦
井上　義光
梅原　章一
岡島　永昌
奥田　昇
亀井　龍彦
近藤　本龍
佐藤　良二
髙田　良信
田中　雅信
平田　政彦
藤田　一男
藤田　三郎
古谷　正覚
堀　牧子
丸山　長平
吉村　公男
渡辺　晃宏
渡辺　光子

〈諸機関〉

朝日カルチャーセンター
飛鳥園
飛鳥寺
斑鳩町教育委員会
斑鳩町役場
斑鳩文化協議会
池田理代子プロダクション
叡福寺
NHKプロモーション
大阪市立美術館
王寺町教育委員会
香芝市教育委員会
香芝市二上山博物館
河合町教育委員会
宮内庁
広陵町教育委員会
桜井市教育委員会
三郷町教育委員会
四天王寺
太子町立竹内街道歴史資料館
橘寺
達摩寺
田原本町教育委員会
中宮寺
長林寺
帝塚山大学考古学研究所
奈良県立橿原考古学研究所
奈良県立橿原考古学研究所附属博物館
奈良国立博物館
奈良文化財研究所
文物出版社
平凡社
平隆寺
法起寺
放光寺
法隆寺
三宅町教育委員会
吉川弘文館

聖徳太子の歴史を読む

二〇〇八年一月三〇日　第一刷印刷
二〇〇八年二月二〇日　第一刷発行

編著者　上田正昭
　　　　千田　稔
発行者　益井英博
印刷所　天理時報社
発行所　株式会社　文英堂

東京都新宿区岩戸町一七　〒162-0832
電話　〇三(三二六九)四二三一(代)
振替　〇〇一七〇-三-八二四三八
京都市南区上鳥羽大物町二八　〒600-8691
電話　〇七五(六七一)三一六一(代)
振替　〇一〇一〇-一-六八二四